DROEMER

YVONNE HOFSTETTER

DER UNSICHTBARE KRIEG

WIE DIE DIGITALISIERUNG SICHERHEIT UND STABILITÄT IN DER WELT BEDROHT

Besuchen Sie uns im Internet:
www.droemer.de

Originalausgabe Oktober 2019
© Yvonne Hofstetter 2019
Dieses Werk wurde vermittelt durch die
Literarische Agentur Michael Gaeb.
© 2019 Droemer Verlag
Ein Imprint der Verlagsgruppe
Droemer Knaur GmbH & Co. KG, München
Alle Rechte vorbehalten. Das Werk darf – auch teilweise – nur mit
Genehmigung des Verlags wiedergegeben werden.
Covergestaltung: Martin Steiner
Coverabbildung: youworkforthem / Colorpong
Emoji im Innenteil: popicon / Shutterstock.com
Satz: Adobe InDesign im Verlag
Druck und Bindung: CPI books GmbH, Leck
ISBN 978-3-426-27786-7

2   4   5   3   1

Triggerwarnung

Dieses Sprachwerk enthält Informationen zu
politischer Macht und militärischer Gewalt,
die beim Leser Angst oder Empörung
auslösen können.

Inhalt

[DREI]

Das Wettrüsten der
künstlichen Intelligenz 135

[VIER]

Hack Back 177

Mitten im Frieden

Digital First. Bedenken Second.
Wahlkampfplakat der FDP 2017

Von: Anonymous Hacker
Gesendet: 30. Juli 2019
An: yvonnehofstetter@web.de

Hallo, Opfer.
Ich kenne dein Passwort: torno2001.
Das ist meine letzte Warnung.
Ich schreibe dir, weil ich einen Trojaner auf einer Pornografie-Webseite installiert habe.
Und du hast die Webseite besucht.
Meine Malware hat all deine persönlichen Daten aufgezeichnet.
Dann hat der Trojaner deine Kontaktliste gespeichert und deine Webcam eingeschaltet.
Du warst unanständig, und dabei habe ich dich gefilmt.
Das schmutzige Video und deine Daten werde ich löschen, wenn du mir 500 US-Dollar in Bitcoin bezahlst.
Hier ist die Wallet-Adresse für deine Zahlung:
135qVXXBZb3v2tQcLJRA8UAndiUYNybh3J
(Du kannst googeln: »Wie man Bitcoin kauft.«)
Ich gebe dir 24 Stunden Zeit ab dem Moment, in dem du meine Nachricht liest.
Und ich weiß sofort, dass du meine Nachricht gesehen hast.
Du kannst die Polizei alarmieren, aber sie wird dir nicht helfen.

Wenn du versuchst, mich zu betrügen, sehe ich es sofort! Stell dir nur die Peinlichkeit vor: Ich kann dein Leben ruinieren!

* * *

Nein, ich habe nie eine Pornografie-Webseite besucht, und bei mir gibt es auch nichts zu sehen oder zu hören, wenn ein Hacker Kamera oder Mikrofon an meinem Laptop oder Tablet einschaltet. Denn schon viele Jahre lang klebe ich die Sensoren meiner elektronischen Geräte ab. Deshalb ist die E-Mail-Drohung nichts weiter als ein Bluff. Sollten Sie ähnliche Erpresser-Mails erhalten, zahlen Sie nichts. Und wenn auf die Drohbotschaft eine weitere E-Mail mit Anhang folgt, hüten Sie sich, den Anhang zu öffnen! Er könnte Schadsoftware auf Ihrem Rechner installieren.

Während ich an diesem Buch schreibe, werde ich von Computerkriminellen einmal erpresst, einmal bestohlen und einmal gehackt. Obwohl ich für die Sicherheit meiner eigenen Rechneranlagen bis jetzt selbst sorgen konnte: Der Schutz von Informationen, die ich anderen Unternehmen überlassen musste, entzieht sich meiner eigenen Sorgfalt. Zum Beispiel bei Dropbox. Der Datenspeicher wurde angegriffen und die E-Mail-Daten der Nutzer gestohlen. Oder bei der Hotelkette Marriott. Adressen von 500 Millionen Hotelgästen wurden entwendet, viele Kreditkartendetails eingeschlossen. Auch ich bin Kundin bei Marriott. Nur wenn die Bank Verdacht schöpft – »Wir haben Ihre Kreditkarte gesperrt, weil wir eine verdächtige Transaktionsanfrage der *Air Nigeria* erhalten haben« –, verursacht der Datendiebstahl keinen unmittelbaren finanziellen Verlust beim Kontoinhaber. Trotzdem ist der volkswirtschaftliche Schaden durch Online-Betrügereien beträchtlich, weil er völlig unproduktiven Arbeitsaufwand verursacht.

Wenn Hackerangriffe publik werden, stellen sich Bürger wie Unternehmen gerne vor, die Angriffe würden von 18-jährigen Sonderlingen aus dem Schlafzimmer heraus geführt. Oft haben sie damit auch recht. Doch nun findet ein Bewusstseinswandel statt: Ermittler stellen immer häufiger fest, dass digitale Angriffe von Regierungen anderer Staaten beauftragt oder orchestriert sind, die sich privater Helfer bedienen, um online zu spionieren, Sabotageakte vorzubereiten und subversiv zu handeln. Der Angriff auf die Marriott-Hotelkette soll auf das Konto chinesischer Hacker gehen, die für das chinesische Regime spionieren.[1] Peking streitet die Angriffe ab – ein ganz typisches Verhalten, um sich von illegalen Aktionen auf fremdem Staatsgebiet zu distanzieren und Vergeltungsmaßnahmen der Staatengemeinschaft vorzubeugen. Die Externalisierung staatlicher Angriffe an Hacker, Internettrolle und Roboter, kurz: an die privaten Subunternehmer des Staates, erleichtert das Leugnen jedweder Regierungsbeteiligung.[2]

Die Digitalisierung hat nicht nur unser Privatleben und unseren Arbeitsalltag fest im Griff, mit ihr durchläuft auch die Kriegsführung die nächste Stufe der Evolution. Für Politik und militärische Gewaltausübung sind die allgegenwärtige Vernetzung, unsere permanente Ansprechbarkeit, die Geschwindigkeit der Kommunikation und immer intelligenter werdende Maschinen lohnende Mittel einer Art *Soft War*. Sie erlauben, Druck auf Staaten und deren Bevölkerung – selbst bei so etablierten Mächten wie den USA – auszuüben und trotzdem das Risiko von Vergeltung und Eskalation zum heißen Krieg klein zu halten. Ganz ausschließen lässt es sich aber nicht, wie wir noch sehen werden. Denn die sogenannten asymmetrischen oder hybriden Bedrohungen, zu denen digitale Spionage, Sabotage und Subversion zählen, sind zum erschwinglichen Kriegsersatz geworden.[3] Und weil digitale Angriffe billiger kommen als ein heißer Krieg, nehmen immer mehr Staaten – auch die ökonomisch schwachen mit geringen Militärausgaben und schlecht ausgerüsteten Truppen sowie die neuen globalen Aufsteiger – eifrig daran teil und stören die internationale Ordnung und ihr früheres Gleichgewicht.

Deshalb werden für die Kriegsführung im 21. Jahrhundert Universaltechnologien wie künstliche Intelligenz für kognitive Maschinen immer wichtiger. Einige Nationen haben klar erkannt: Digitale Technologien bringen nicht nur wirtschaftlichen Nutzen, sondern auch politische und militärische Überlegenheit. Wer geostrategische Einsatzkonzepte der Digitalisierung findet, wird im neuen Wettbewerb des Kräftemessens der Großmächte in Führung gehen. Die Vereinigten Staaten, bisher unbestritten digitale Führungsmacht, sehen ihren einstigen Vorsprung rasch schmelzen und geben unfreiwillig Einfluss an kraftstrotzende Parvenüs, besonders China, ab. Der Rückzug Amerikas und die Vehemenz, mit der sich konkurrierende Mächte räumlich ausdehnen, haben ein neues, beängstigendes Wettrüsten eingeläutet, das sich nicht nur auf Datendiebstahl, Sabotage und Subversion beschränkt. Durch die Vernetzung von allem mit allem zum *Internet of Everything* erfasst das digitale Wettrüsten auch die physische Welt, die noch smarter werden wird als unsere Smartphones, smarten Häuser oder Autos: Kampfroboter, Drohnenschwärme, intelligente Implantate, vernetzte Nuklearwaffen und hypersonische Trägerplattformen intelligenter Munition, die ihre Ziele mit einer Überschallgeschwindigkeit von bis zu 33 000 Stundenkilometern innerhalb weniger Minuten erreichen.

Die Ausbreitung des *Internet of Everything* macht die Mittel des Krieges im 21. Jahrhundert unüberschaubar, weshalb ich mir erlaubt habe, eine thematische Auswahl zu treffen.

Kapitel 1 beginnt damit, dass Staaten digital spionieren und sabotieren. Die Frage nach ähnlichen Operationen, die nicht staatliche Akteure im eigenen Interesse ausführen – etwa Kriminelle oder Terroristen –, wird bewusst ausgeklammert, weil wir Folgendes reflektieren wollen: Ist das, was wir gedankenlos als »Cyberkrieg« bezeichnen, wirklich Krieg? Eine völkerrechtlich ausdrücklich geforderte Voraussetzung des Krieges ist zwischenstaatliches Handeln. Geht Gewalt indes von Privaten aus, wie es Freiheitskämpfer, Aufständische, Terroristen oder private Hacker ohne staatliches Mandat sind, ist die völkerrechtliche Voraussetzung im strikten Wortsinn nicht erfüllt.

Steter Begleiter der Machtkontrolle in Zeiten von Krieg und Frieden ist die Unterminierung des Vertrauens einer Bevölkerung in ihre Regierung. Meisterstück einer solchen Subversion waren die koordinierten Angriffe Moskaus auf den amerikanischen Präsidentschaftswahlkampf 2016, die vom amerikanischen Sonderermittler Robert Mueller akribisch nachvollzogen und beschrieben wurden. Möglich wurde die Subversion erst durch die Geschäftsmodelle von Facebook, Twitter und Co. Wie der Informationsraum des 21. Jahrhunderts die Gesellschaft spaltet und den Humus für den Aufstieg von Demagogen bildet, ist Gegenstand der Überlegungen in **Kapitel 2.**

Kapitel 3 verlässt die virtuelle Welt und begibt sich hinaus in die physische Realität tödlicher autonomer Waffensysteme. Nicht nur Deutschland will gemäß Koalitionsvertrag der 19. Legislaturperiode bis 2021 letale autonome Waffensysteme ächten, auch andere Staaten ringen um eine Regulierung der bedrohlichen neuen Waffen, die aus dem Nichts auftauchen, ihren *Kill Cycle* aktivieren und ohne menschliches Zutun töten können. Doch die Chancen für ein Verbot stehen schlecht, auch weil Deutschland nicht reglementieren will, was es laut eigener Feststellung noch gar nicht gibt: selbstbestimmte Waffen, deren kritische Funktionen dem Menschen ganz entzogen sind. Liegt die Lösung eines Verbots dann vielleicht nicht beim Recht, sondern in der Aufrüstung von Gegenmaßnahmen der elektronischen Kampfführung?

Wen ein digitaler Angriff trifft, der will am liebsten Rache nehmen. »Wenn ich je einen Hacker zwischen die Finger bekomme, drehe ich ihm den Hals um«, höre ich von seriösen Programmierern, die immer wieder mit Zusatzarbeit als Folge digitaler Angriffe konfrontiert sind. Immer mehr Unternehmen wünschen sich daher, eigene Kompetenzen für das *Hacking Back* aufzubauen. Aber ist das Zurückhacken überhaupt erlaubt? Trifft die Vergeltung tatsächlich auch den wahren Angreifer oder vielleicht nur einen Unbescholtenen in einem alliierten Land, dessen Rechner für einen Angriff missbraucht wurde? Und wenn *Hacking Back* erlaubt sein soll, ist der Verteidiger auch auf die Folgen einer Eskalation vorbereitet? Die Verteidigung gegen digitale Angriffe ist eine heikle politische Angelegenheit und kann ernstliche diplomatische Verwicklungen nach sich ziehen. Wie das Völkerrecht zur Verteidigung in digitalen Zeiten steht, erörtern wir in **Kapitel 4.**

Wenn einige Staaten erkannt haben, dass die Technologien der digitalen Ära auch Geopolitik unterstützen, werden sie ihre Technologiestrategie darauf abstimmen. **Kapitel 5** stellt fest, dass es Unterschiede zwischen dem Westen einerseits und China und Russland andererseits gibt, was Digitalstrategien angeht. Abhängig vom politischen System wird insbesondere die künstliche Intelligenz als Schlüsseltechnologie für das 21. Jahrhundert anders eingesetzt – hier für mehr wirtschaftliche Wettbewerbsfähigkeit, dort für die politische und militärische Kontrolle wirtschaftlich relevanter Ressourcen. Die Unterschiede beim Einsatz künstlicher Intelligenz sind das Ergebnis zweier ungleicher Systemalternativen, die erstmals aufeinanderprallen: der Neoliberalismus und der chinesische Traum von der Weltherrschaft.

Zwischen beiden Systemalternativen ist Europa herausgefordert. Was bedeutet das neue Großmachtstreben Asiens für unseren europäischen Erdteil? Das Amerika Donald Trumps will jedenfalls nicht mehr für die Sicherheit Europas eintreten. Der Kontinent ist somit stärker auf sich selbst gestellt – gegen den Druck und die Spaltungsbemühungen aus dem Osten von nah wie fern. Kann Europa eine eigene Weltpolitik formulieren und auch leben? Die neuen Technologien könnten dabei unterstützend wirken. Eine kleine Auswahl an Ideen dafür betrachtet **Kapitel 6.**

Als ich begann, mich mit digitalen Technologien im Kontext politischer Macht und militärischer Gewalt zu beschäftigen, traf ich zunächst auf ein scheinbar kapitales Denkhindernis. Wer die bessere Waffe hat, so der erste Reflex, der setzt sich politisch oder militärisch durch. Erst langsam erschlossen sich mir die politischen Feinheiten und die Bedeutsamkeit des außerordentlichen Umbaus der Weltordnung, der sich vor unseren Augen vollzieht. Atemberaubendes geschieht, will gesehen, gewusst und thematisiert werden. Technologie steht dabei nicht nur am Spielfeldrand – sie ist ein, wenn nicht der wichtigste, Schlüssel dafür, welche Ordnung unser digitales 21. Jahrhundert dominieren wird.

EINS

Code als Waffe

Moderne Kriege sind anders,
in manchen Fällen so sehr,
dass die alten NATO-Handbücher
auf den Müll gehören.

Judy Dempsey

»Der Angeklagte Marcus Hutchins alias Malwaretech hat sich wissentlich mit dem Angeklagten N. N. verschworen und mit diesem vereinbart, die folgende Straftat gegen die Vereinigten Staaten von Amerika zu begehen: innerhalb eines Jahres vorsätzlich Computerprogramme, -codes und -befehle auf zehn oder mehr geschützte Computer zu übertragen, um Schaden zu verursachen.«[1]

So lautet die Anklage des United States District Court, Eastern District of Wisconsin, Aktenzeichen 17-CR-124, gegen den 23-jährigen britischen Staatsangehörigen Marcus Hutchins, ein Blogger zum Thema Schadsoftware und Mitarbeiter der US-amerikanischen Firma Kryptos Logic.

Auf dem Heimweg von der Teilnahme an den beiden amerikanischen Hackerkonferenzen Black Hat Briefings und DEF CON im August 2017 wartet der junge Mann in der Lounge des Flughafens Las Vegas McCarran International gerade auf seinen Rückflug nach Großbritannien, als er festgenommen, aus dem Flughafen eskortiert und zur FBI-Außenstelle Las Vegas geschafft wird. Dort konfrontiert man ihn mit dem Vorwurf der Verschwörung: Er habe den Banktrojaner Kronos, der Zugangsdaten zu Bankkonten stiehlt, programmiert und für wenige Tausend US-Dollar verkauft.

Was sich in die juristisch-trockene Sprache der Anklageschrift kleidet, die selbst nur Behauptungen aufstellt, aber keine Beweise vorlegt, kann dem jugendlich wirkenden Programmierer bis zu 40 Jahre Freiheitsstrafe einbringen. Schon im Teenageralter soll er als Black-Hat-Hacker ohne ethische Standards im Auftrag Dritter tätig gewesen sein, dann aber um das Jahr 2013 zu den White-Hat-Hackern, den »guten« Hackern, gewechselt haben. Aber sicher ist man sich nicht.

Je nach Beobachter pikant, verstörend oder strategisch unklug an der Anklage der amerikanischen Justiz ist, dass es ausgerechnet Marcus Hutchins war, der erst im Mai 2017 einen »Notausschalter« im Programmcode der Erpressersoftware WannaCry gefunden und betätigt hatte. Rein zufällig sei das geschehen, sagen die einen. Nein, er kannte den *Kill Switch* nur, weil er die Erpressersoftware mitentwickelt habe, behauptet hingegen das amerikanische FBI. Monate später sollte sich herausstellen, dass Marcus Hutchins, der seine Unschuld beteuerte, die Wahrheit gesagt hatte.

»Es ist offiziell«, titelt das *Wall Street Journal* im Dezember 2017. »Nordkorea steckt hinter dem Cyberangriff mit WannaCry.«[2] Ein Staat und seine Hacker hatten zahlreiche andere Staaten angegriffen.

Doch den Vorwurf, er sei für den Banktrojaner Kronos verantwortlich, konnte Hutchins nicht entkräften. Im April 2019 bekannte er sich schuldig, die Schadsoftware programmiert und vertrieben zu haben. Immerhin: Die restlichen Anklagen wurden fallen gelassen.

Sicherheitslücken

»Uuups, Ihre Daten wurden verschlüsselt! Überweisen Sie den Gegenwert von 300 US-Dollar in Bitcoin an die folgende Adresse.«[3] Was folgt, ist ein langer Schwanz aus Ziffern und Buchstaben – und etliche getätigte Überweisungen an die Erpresser. Im Sturm hatte

sich die Erpressersoftware WannaCry seit dem frühen Morgen des
12. Mai 2017 auf dem ganzen Globus ausgebreitet und 99 Länder
infiziert, darunter auch China und Russland, regelmäßig die ersten
Verdächtigen, denen man die Urheberschaft von Hackerangriffen
unterstellt. Die Schadsoftware nützt eine Sicherheitslücke im Micro-
soft-Betriebssystem aus, verschlüsselt wichtige Daten des infizierten
Computers und gibt den Zugriff auf die Daten erst nach Zahlung
eines Geldbetrags wieder frei.[4]

Lange war die betroffene Microsoft-Sicherheitslücke nur der US-
amerikanischen Heimatschutzbehörde NSA bekannt. Nicht nur die
NSA, auch andere westliche Sicherheitsbehörden sammeln Sicherheitslücken von Computerprogrammen – im Hackerjargon *Zero Days*
genannt –, um bei Bedarf in jeden Rechner weltweit einbrechen zu
können. Normalerweise sind Sicherheitslücken strikt geheim. Doch
mit der Geheimhaltung war es schnell vorbei, als die NSA selbst Opfer eines Datenklaus wurde. Eine Hackergruppe mit dem Namen
Shadow Brokers, die die NSA erfolgreich überrumpelt hatte, machte
die gestohlene Information über die Microsoft-Sicherheitslücke im
April 2017 im Internet öffentlich bekannt. Es dauerte nur wenige
Tage, und WannaCry trat seinen Raubzug rund um die Erde an.

Von WannaCry geschädigt waren zunächst britische Krankenhäuser, dann auch das US-Logistikunternehmen FedEx, russische
Banken, das russische Innen- und Gesundheitsministerium, die
staatliche russische Eisenbahn und das zweitgrößte Mobilfunknetz
Russlands. In Deutschland wurde schnell für jeden Bahnreisenden
offenbar, dass auch die Bahn AG Opfer war, so prominent prangte
auf Zugzielanzeigen deutscher Bahnhöfe die Erpresserbotschaft.

Microsoft zeigte sich besorgt, machte aber gleichzeitig sorglose
und leichtsinnige Nutzer mitverantwortlich für den entstandenen
Schaden. Denn außer der NSA war auch Microsoft selbst auf die Sicherheitslücke in seinen Betriebssystemen gestoßen – und hatte seinen Nutzern schon im März 2017 eine Softwarekorrektur geliefert,
die die Lücke schließen sollte. Nur: Millionen Nutzer hatten ihre

Rechner nicht aktualisiert und blieben weiter angreifbar. Schlimmer noch, zahlreiche Behörden nutzen für kritische staatliche Infrastrukturen noch heute ein veraltetes, vom Softwarehersteller seit April 2014 nicht weiter gepflegtes Betriebssystem: Windows XP.

Der erpresserische Angriff vom Mai 2017 offenbart ein Dilemma. Es ist die Ratlosigkeit der öffentlichen Hand bei der Beschaffung von Softwaresystemen. Bei der Digitalisierung kritischer Infrastrukturen – Verkehr, Energie, Verteidigung, Gesundheit, Ernährung, Finanzmärkte oder die staatliche Verwaltung – stehen die Behörden vor der Frage: *Make or Buy?* Soll man die Software für den Betrieb von Panzern, Atomkraftwerken oder Krankenhäusern bei Google, Microsoft, Amazon, SAP & Co. einkaufen oder lieber selbst bauen? Die Fachwelt spricht hier von *Commercial off-the-Shelf*, also von kommerzieller Fertig-Software, kurz: COTS. Auf den ersten Blick ist der Kauf von der Stange immer billiger, weil niemand nachbauen will, was ein anderer längst erfunden hat. Aber es gibt eine große Einschränkung. Standardsoftware ist sehr unsicher. Sicherheitslücken werden schnell weltweit bekannt und auch ausgenutzt. Die Folgen von Cyberangriffen auf den Betrieb kritischer Infrastrukturen können verheerend sein, denn obligate Sicherheitsstandards gibt es bisher keine.[5]

Was die Sache zusätzlich erschwert: Oft ist für die Digitalisierung kritischer Infrastrukturen oder für Kriegsgerät eine Zulassung nötig, so etwas wie ein Pendant zum TÜV-Siegel. Normalerweise erfolgt eine solche Zertifizierung für eine im Detail spezifizierte Zielplattform, etwa ein Waffensystem, ein Messsystem oder ein Röntgengerät samt Software. Wird eine neue Softwareversion geladen, um die Zielplattform zu aktualisieren, entfallen genau aus diesem Grund häufig sowohl die Betriebserlaubnis als auch Garantien für andere Computerprogramme, die mit der früher zertifizierten Zielplattform integriert waren. Zeiten, in denen wir, die Konsumenten, aufgefordert werden, uns unablässig und in Echtzeit zu erneuern, sind deshalb schlechte Zeiten für den Betrieb kritischer Infrastrukturen des

Staates, die über eine Lebensdauer von 20 Jahren und länger verfügen. Bislang ist unklar, wie und ob der gordische Knoten lösbar ist, der durch den Konflikt zwischen zwei inkompatiblen Paradigmen entsteht: zwischen der geforderten und aus Sicherheitsgründen auch notwendigen Daueraktualisierung und der Langlebigkeit gemeinschaftlich genutzter Infrastrukturen.

Dennoch bleiben die Firma Microsoft und mit ihr viele Technologiegiganten dabei: Computersicherheit obliegt auch der Verantwortung des Nutzers, der (moralisch) verpflichtet sei, seine Rechner stets auf neuesten Stand zu bringen. Was die Haftung für einen sicheren Rechnerbetrieb betrifft, sehen die Hersteller also ihren Kunden gleichermaßen in der Pflicht – immerhin läge es in dessen Macht, seine betriebliche Sicherheit selbst zu beeinflussen. Dass aber insbesondere staatliche Nutzer ein zertifiziertes System nicht ohne Weiteres aktualisieren können, ignorieren die Anbieter, während ebendiese Nutzer nur allzu gerne vergessen, wie wartungsintensiv ihre digitalisierte Infrastruktur tatsächlich ist.

Dass Fragen rund um die Sicherheit digitalisierter Infrastrukturen nicht leichtfertig auf den Nutzer abgewälzt werden sollten, liegt darin begründet, dass Unternehmen wie Regierungen auf die digitalen Angebote Dritter dringend angewiesen sind. Millionen von Nutzern gebrauchen die Rechnerwolken von Technologiegiganten wie Amazon oder IBM. Ihre Sicherheit, ihre Verfahren, ihr Know-how hängen sämtlich davon ab, dass die Betreiber von Rechenzentren ihre Clouds gegen Hackerangriffe absichern. Das kann aber nie ganz gelingen. Jeder Softwarecode, auch der in Rechenzentren, hat Fehler oder Lücken, die sogenannten *Bugs*. Softwarefehler, die Zugriffe auf Rechner ermöglichen, sind Gold wert und werden, sofern sie noch nicht öffentlich bekannt sind und sich noch niemand auch nur einen Tag lang mit ihrer Korrektur beschäftigt hat (daher der Name *Zero Day*), mit bis zu sechsstelligen Dollarbeträgen gehandelt.

Microsoft erhebt aus diesem Grund nachvollziehbare Vorwürfe gegen die NSA. Der amerikanische Staat hortet Sicherheitslücken kritischer Computerprogramme, kann sie aber selbst nicht geheim halten. In den Händen von Datendieben würden Sicherheitslücken so zu zerstörerischen Waffen, erklärt Brad Smith, Microsoft Chief Legal Officer, ja sogar zu Massenvernichtungswaffen. Dem stimmt auch Michael Rogers, der frühere NSA-Chef, zu. Computerwürmer und Virensoftware, so schlägt er vor, sollten dem Kriegsvölkerrecht unterliegen: »Cyberwaffen sind nur eine andere technische Möglichkeit, um in einigen Fällen dieselben Schäden hervorzurufen wie konventionelle Waffen.«[6]

»Der Diebstahl der Microsoft-Sicherheitslücke bei der NSA ist mit dem Diebstahl einiger Tomahawk-Raketen beim US-amerikanischen Militär vergleichbar«, schlussfolgert Brad Smith ähnlich entschieden.[7] »Der jüngste Angriff stellt ein völlig unbeabsichtigtes und höchst beunruhigendes Bündnis zwischen den beiden schwerwiegendsten Formen weltweiter Sicherheitsbedrohungen dar – den staatlichen Aktionen einerseits und kriminellem Vorgehen andererseits.«[8]

Zwei Wege zur Macht

Wenn im 21. Jahrhundert zur Waffe wird, was nicht zum klassischen Waffenarsenal früherer Jahrzehnte gehört, weil es sich um neue Technologien handelt, ist es Zeit zu reflektieren, wie sich die Natur des Krieges durch die Digitalisierung verändert und unser Verständnis von Krieg und Frieden fundamental infrage stellt.

Krieg gehört zur Grunderfahrung des Menschen und ist »so alt wie die dokumentierte Menschheitsgeschichte«[9]. Die Gründe militärischer Gewalt sind vielfältig. Aus Misstrauen oder der Angst vor eigener Machtlosigkeit streben die Stärksten, die Fittesten, nach Macht.[10] Neben dem Sozialdarwinismus sind es wirtschaftliche Zwänge, geografische Ansprüche, militärstrategische Überlegungen oder technologische Entwicklungen, die das auslösen, was wir als »Krieg« bezeichnen, und zu einer sehr besonderen sozialen und auch rechtlichen Beziehung zwischen Menschen führen. Krieg gilt als fundamentales soziales System und als »prinzipielle strukturierende Kraft der Gesellschaft, um Wirtschaftssysteme, politische Ideologien und Rechtssysteme zu erhalten«[11].

Krieg, so formulierte einst der Generalmajor und Militärtheoretiker Carl von Clausewitz (1780–1831) zu Beginn des 19. Jahrhunderts, sei die »Fortsetzung von Politik mit anderen Mitteln«[12]. Nach geltendem Kriegsvölkerrecht erfolgt diese Fortsetzung von Politik durch Kriegserklärung eines Staates gegenüber einem anderen Staat. Damit ist Krieg rechtlich als zwischenstaatlicher Vorgang definiert. Im Fall eines solch interstaatlichen Konflikts spricht das Völkerrecht von einem internationalen bewaffneten Konflikt – eben einem bewaffneten Konflikt zwischen Nationen.

Politik und Krieg sind ein ungleiches Paar, ein Entweder-oder, das dennoch unzertrennlich zu sein scheint. Beide nehmen Einfluss auf den Willen von Menschen,[13] und beide verfolgen denselben Zweck: Menschen zu einem gewünschten Verhalten zu bewegen. Doch die Methoden unterscheiden sich grundlegend: Der Krieg arbeitet mit Instrumenten militärischer Gewalt, die Politik mit schierer Überzeugungskraft.

Tatsächlich bestätigen Veteranen die klare Unterscheidbarkeit von Krieg und Politik. Der Unterschied, versichern sie, läge in der Wahl der Mittel, sodass Krieg nicht einfach Politik unter einem anderen Namen sei.[14] Ein Messer an der Kehle zu spüren habe eben eine ganz andere Überzeugungskraft als eine politische Debatte zur Meinungsbildung. Denn wenn der Krieg auch keine rechtsfreie Zone ist, weil die Grundsätze der Humanität immer zu beachten sind (und dennoch so oft mit Füßen getreten werden), gilt im Krieg faktisch das Recht des Stärkeren, das kein Leben schont. Ein Kombattant darf einen anderen Kombattanten straflos töten, denn eine Sanktion für eine solche Tötung ist nicht vorgesehen.

In Zeiten politischer Machtausübung gelten andere Regeln, und die Tötung eines anderen Menschen ist immer strafbewehrt. Doch die Androhung rechtlicher Sanktionen bedeutet keinen Zwang zur Unterordnung wie während eines kriegerischen Konflikts. Vielmehr garantieren die normativen Systeme politischer Herrschaft den so Beherrschten Freiheit, weil sich jeder aus freien Stücken entscheiden kann, ob er geltende Normen befolgen oder lieber dagegen verstoßen will. Worauf Politik hofft, ist also die Freiwilligkeit der Unterordnung der Beherrschten. Daher kann sie auf physischen Zwang verzichten. Deshalb trennt auch Hannah Arendt, die große politische Theoretikerin des 20. Jahrhunderts, säuberlich zwischen (politischer) Macht und (militärischer) Gewalt: »Macht und Gewalt sind Gegensätze: wo die eine absolut herrscht, ist die andere nicht vorhanden.«[15] Dieser Dichotomie, die sich prinzipiell auf den Vers aus Goethes Erlkönig reduzieren lässt – »Und bist du nicht willig, so brauch' ich Gewalt« –, hängen im Kern auch heute noch zahlreiche Politiker und Militärstrategen an.

Weil es aber auch in der Politik nicht bei einem einmal erreichten Zustand bleibt, weil »gesamtheitliches Wollen nicht ein für alle Male im Voraus hergestellt und gegeben ist, (…) die Macht sorgfältig erst zu bilden und immer wieder neu zu gliedern ist, (…) rein mechanisch laufende Staatstätigkeit überhaupt erst ausgeschlossen ist«[16], muss auch die Politik Macht immer wieder neu gewinnen und legitimieren. Wo der politische Prozess von Überzeugung und Normgebung nicht zum Erfolg führt, haben nicht wenige Machthaber beide Wege beschritten und zur politischen Machterlangung nicht allein auf ihre Überzeugungskraft, sondern auch auf die technischen Werkzeuge militärischer Gewaltausübung gesetzt, wie es Mao Zedong zynisch auf den Punkt bringt: »Macht entspringt einem Fass Schießpulver.«[17] »Alle Politik ist ein Kampf um die Macht, und die ultimative Machtausübung ist die [militärische] Gewalt«, räumt deshalb auch der Soziologe C. Wright Mills völlig zutreffend ein.[18]

Dem Frieden verpflichtet

Mit Friedensverträgen werden Kriege wieder beendet. Frieden, so die Auffassung der Militärtheoretiker, ist die Beendigung eines Krieges und damit ein Endzustand, den es zu erreichen gilt. Frieden und Krieg stünden im Wechsel zueinander; sie bildeten einen Zyklus, bei dem auf einen Krieg der Frieden folge und auf den Frieden der Krieg, auch wenn die Zyklen von hoher zeitlicher Unregelmäßigkeit zeugten.

Nach unserem europäischen Verständnis ist der Frieden ein Wert, den es zu erhalten und zu vertiefen gilt, damit gesellschaftlicher Fortschritt möglich wird. Frieden, so glauben wir Europäer, müsse zu immer tieferem Frieden führen. Frieden in Europa ist die politische Idee der Europäischen Union, wofür sie 2012 mit dem Friedensnobelpreis ausgezeichnet wurde.

Heute, wenige Jahre später und nach Konflikten wie in Syrien, im Jemen oder mit dem Islamischen Staat scheint offenkundig, dass die Idee, Frieden müsse immer weiter vertieft werden, wohl eine sehr europäische Vorstellung ist. Insofern ist die Ablehnung militärischer Gewalt auch eine kulturell geprägte, ethnozentrische Sicht auf die Kriegsführung. Denn für andere Kulturen gilt keineswegs, wozu sich Europa so sehr verpflichtet fühlt. Das hat der Außenminister des 3. Kabinetts von Angela Merkel, Sigmar Gabriel, bei seiner Rede anlässlich der 54. Münchner Sicherheitskonferenz 2018 so ausgedrückt: »Als einziger Vegetarier werden wir es in der Welt der Fleischfresser verdammt schwer haben.«[19]

Dabei sei Frieden dauerhaft zu stiften, wenn man nur die Grundsätze der Vernunft befolge, meinte schon Immanuel Kant in seiner Schrift *Zum ewigen Frieden* aus dem Jahr 1795. Tatsächlich strahlt Kants Schrift bis in das 21. Jahrhundert hinein, weil sie der Charta der Vereinten Nationen, die sich für ein ganz ausdrückliches Gewaltverbot ausspricht, zugrunde gelegt ist.

Auf ebenjene Karte der Vernunft haben die Vereinigten Staaten nach Ende des Zweiten Weltkriegs gesetzt: dass der Krieg nicht neben dem Handel bestehen kann. Oder anders gesagt: Wer kauft, schießt nicht. Ungeachtet der Kosten und Investitionen in Billionenhöhe hatten sich die Amerikaner bereit erklärt, in die Rolle der globalen Ordnungsmacht zu schlüpfen. Sie wollten »sicherstellen, dass der Welthandel blühte und die Vereinigten Staaten nicht erneut in große regionale zwischenstaatliche Konflikte wie die beiden Weltkriege hineingezogen werden würden«[20], auch wenn das nicht immer zum wirtschaftlichen Vorteil der Vereinigten Staaten gereichte.

Die Vorstellung, dass Kriegszustände enden und dem Frieden weichen, beseelt die meisten Menschen noch heute. Wenn die Gewalt endet und Frieden herrscht, so die Hoffnung, kann sich politische Macht entfalten. Nur hat schon Hannah Arendt richtig festgestellt: Auf den Zweiten Weltkrieg folgten der Kalte Krieg mit seiner Politik von Wettrüsten und Abschreckung und die Schaffung des militärisch-industriellen Komplexes in den Vereinigten Staaten.[21] Wer von Arendt inspiriert weiterdenkt, muss konstatieren: Auf den Kalten Krieg, in dem die atomaren Waffen schwiegen, folgte der Krieg gegen den Terror und jetzt der »Cyberkrieg«. Dann wäre der Zustand, mit dem wir täglich leben, kein vollkommener Frieden, sondern ein täglich bedrohtes Stillhalten, das sich nie ganz sicher sein kann vor einer Eskalation. Dann sind wir zwar nicht unmittelbar physischer Gewalt ausgesetzt, aber leben mit dem ständigen Gefühl einer diffusen Bedrohung und der Möglichkeit, die Gewalt könnte sich eines Tages unerwartet körperlich manifestieren und jeden von uns treffen. Dann wären Macht und Gewalt, Frieden und Krieg doch nicht trennscharf gegeneinander abgrenzbar. Stattdessen lebten wir in einem diffusen Dauerzustand zwischen beiden Situationen – eben im Kontinuum einer hybriden Lage.

Der Gedanke, dass an die Stelle eines Dualismus von Krieg und Frieden ein kontinuierlicher Vorgang ohne klare Abgrenzung zwischen verschiedenen Zuständen, zwischen Beginn und Ende, Freund und Feind, Kombattant und Nichtkombattant, getreten sein könnte, ist besonders für die Deutschen und ihre europäischen Nachbarn nicht leicht fassbar. Sie haben die bittere Erfahrung gemacht, dass Krieg in keinem Fall zum Ziel führt. Gewalt erzeugt Gegengewalt; und Krieg produziert unermessliche Kosten und unsagbares Leid. Vor allem die Generation der 1968er lehnte sich gegen den Krieg auf. Für die Folgen der Rebellion dürfen wir noch heute dankbar sein: Die Bürgerrechte, die Demokratie und der Rechtsstaat blühten auf, genauso wie die Wirtschaft und die Innovationskraft in der westlichen Welt.

Tiefere globale Verbundenheit, Technologien ganz zum Wohle der Menschheit, eine bessere Gesundheit, ein längeres Leben und vor allem mehr Demokratie und Frieden, der Kriege durch einträchtigen Welthandel zwischen den Nationen vollends ersetzen werde, lauteten auch die Versprechen von Kaliforniens Technologieelite.[22] Heute würde ihr wohl niemand mehr glauben. Tatsächlich leitet jede technologische Ära ihre ganz eigene waffentechnische Entwicklung und damit auch Form der Kriegsführung ein.[23] Der Erste Weltkrieg wurde industriell geführt, im Zweiten Weltkrieg jubelte Deutschland über den Propagandakrieg des Josef Goebbels in den ersten Radios, und seit der Aufrüstung mit Nuklearwaffen im Kalten Krieg droht der Untergang der ganzen Menschheit, kämen sie zum Einsatz.

Dass die Digitalisierung Angriffe auf demokratische Staaten erst zulässt, ist inzwischen eindrucksvoll bewiesen. Noch stehen wir am Anfang der digitalen Ära und verstehen nicht vollständig, welche Formen der sozialen Organisation sie noch für uns bereithält, wenn unbestimmte Gegner, heimlich oder offen, anonym oder erkennbar, unser Leben, unsere Wirtschaft oder Regierungen infizieren, manipulieren oder beschädigen. Auch wenn wir die Chancen der Digitalisierung nicht vertun möchten: Ein Unbehagen bleibt.

Der Staat und die Macht

Dem Verständnis von Krieg und Politik, ob nun als unterschiedliche Phasen oder Kontinuum begriffen sowie in der bisherigen Auslegung des Kriegsvölkerrechts, liegt die landläufige Vorstellung zugrunde, dass es nur der Staat ist, der über ein Machtmonopol verfügt. Jenes Machtmonopol souveräner Staaten war es, das in den vergangenen 70 Jahren die Herstellung von Sicherheit gewährleistet hat.[24]

»Machtmonopol«, so fasst es der Leiter der Münchner Sicherheitskonferenz, Botschafter a. D. Wolfgang Ischinger, in einem einzigen Satz zusammen, »bedeutet, dass der Staat seinen Bürgern vorschreibt, wer Gewalt anwenden darf.«[25] Gewaltanwendung muss legitimiert sein und staatlicher Kontrolle unterliegen. Das ist eine Kernforderung des Rechtsstaatsprinzips. Nur deshalb wird »die Form von Politik, die für uns selbstverständlich ist, möglich«[26].

Im Krieg ist es das Militär, dem die Befugnis zur Gewaltanwendung erteilt ist. Das entspricht der sozialen Dreiecksbeziehung, der Trinität von Gesellschaft, Staat und Streitkräften, wie sie der Militärtheoretiker Clausewitz reflektiert hat. Noch heute lehnen sich viele Staaten an die Struktur dieser trinitarischen Beziehung an. Auch die Deutschen haben in Wahlen die Macht des Souveräns an ihre Berufspolitiker abgetreten und damit gleichzeitig den Auftrag erteilt, den Frieden der Nation zu erhalten und für die Wahrung innerer und äußerer Sicherheit als öffentliches Gut zu sorgen. Die Bundesregierung wiederum überträgt diese Aufgabe je nach Schwerpunkt an die Bundeswehr, an die Polizei und die sonstigen Sicherheitsbehörden. Es sind die Soldaten und Soldatinnen oder auch Polizeibeamte, die unter bestimmten rechtlichen Voraussetzungen zur Ausübung von Gewalt befugt sind, etwa weil sie unter Waffen stehen dürfen.

In den Kontext des staatlichen Machtmonopols gehört auch, dass nicht nur der Krieg, sondern auch Diplomatie zwischen Staaten stattfindet.

»Bei der Gründung der Vereinten Nationen im Jahr 1945 ist man noch davon ausgegangen, dass die Regierungen im Zaum gehalten werden und sich an das Völkerrecht halten müssten«, fährt Wolfgang Ischinger in seinen Überlegungen zum staatlichen Machtmonopol fort.[27] Staatliche Bestrebungen bei den Vereinten Nationen, der ständigen Abrüstungskonferenz in Genf oder bei der Münchner Sicherheitskonferenz haben tatsächlich zu einem Abflauen interstaatlicher Kriege geführt, denn die letzte Kriegserklärung nach geltendem Kriegsrecht wurde im Zweiten Weltkrieg ausgesprochen. Doch die täglichen Nachrichten sprechen von einer anderen Realität. Krieg mutiert wie ein Virus, damit er überlebt. Schon ohne den digitalen Fortschritt haben sich Kriege in den letzten Jahrzehnten zu »Neuen Kriegen«, wie sie der deutsche Politikwissenschaftler Herfried Münkler nennt, gewandelt.[28] Wolfgang Ischinger kann auch dieses Phänomen in einen knappen Satz fassen: »Sie finden in der Liste der Konflikte des 21. Jahrhunderts keinen einzigen, der dem Muster eines interstaatlichen Krieges entspricht. Es handelt sich immer nur um Konflikte innerhalb einzelner Staaten.«[29]

Alle nach dem Zweiten Weltkrieg geführten Kriege wurden ohne formelle Kriegserklärung geführt, vom Koreakrieg über den Vietnamkrieg bis hin zum Syrienkrieg. Zwar hatten und haben sie auch wegen ihrer Stellvertretereigenschaft große internationale Relevanz. Aber trotzdem gilt: »Im Sinne der Genfer Konvention ist *nicht* jeder bewaffnete Konflikt, der eine internationale Dimension hat«, ein internationaler bewaffneter Konflikt.[30] Das Völkerrecht unterscheidet also klar zwischen einem interstaatlichen Konflikt und sonstigen nicht internationalen bewaffneten Konflikten,[31] also jenen Konflikten, die nicht interstaatlich erklärt sind und dennoch grenzüberschreitend geführt werden können.[32]

Nun definiert Herfried Münkler die Neuen Kriege dergestalt, dass sie »nicht durch Regierungen ausgelöst [werden], sondern durch nicht staatliche Akteure. Dementsprechend kämpfen sie meist nicht offen, sondern verfolgen eine Strategie der Asymmetrierung.«[33]

Noch sieht es nicht danach aus, aber wir nähern uns dem an, was auch die Konflikte des digitalen 21. Jahrhunderts charakterisiert: Die Digitalisierung versetzt Einzelne, kleine Gruppen oder konventionell schlecht gerüstete Staaten in die Lage, selbst hoch entwickelte Nationen mit großem Erfolg und hoher Zerstörungskraft bei gleichzeitig geringen Kosten anzugreifen. Nordkorea kann die ganze Welt digital erpressen, obwohl seine Wirtschaft schwach, seine Energieversorgung störungsanfällig und die Nation insgesamt kaum digital vernetzt ist.

Die digitale Ermächtigung, sei es anderer Staaten oder Privater, hat zur Folge, dass sowohl die internationale Ordnung als auch das Machtmonopol eines einzelnen Staates antastbar sind. Wer den Fragen nachgeht, wer die Akteure in Kriegen des neuen Millenniums sind und mit welchen Mitteln Konflikte geführt werden, muss sich eingestehen, dass sich die Kriege, die wir völkerrechtlich geregelt hatten, zum historischen Auslaufmodell gewandelt haben und das Clausewitz'sche Verständnis veraltet ist.[34]

Auch in der digitalen Ära tun Staaten zwar alles, um ihr Machtmonopol zu wahren, und halten schon deshalb am Kriegsvölkerrecht fest. Aber die Macht der Staaten ist angeschlagen. Im 21. Jahrhundert sind sie Angriffen ausgesetzt, mit denen sie nicht rechnen, die aber verheerende Auswirkungen haben.

Ein einziger Schweizer Bankmitarbeiter, der Kundendaten auf eine CD-ROM kopiert und sie an fremde Regierungen, darunter an Frankreich, Deutschland und die Vereinigten Staaten, weiterverkauft hat, hat das Schweizer Bankgeheimnis für immer zu Fall gebracht und das einst lukrative Geschäftsmodell der Schweiz zur Geschichte werden lassen.[35] Softwarecodes, mit denen Einzelne nicht nur Angriffe auf kritische staatliche Infrastrukturen durchführen, sondern auch Waffen bauen können, etwa mithilfe von 3D-Druckern, fließen frei durch das Internet. Online-Plattformen versetzen kleinste Gruppen, darunter auch Terroristen wie den Islamischen Staat, in die Lage, Konflikte mit strategischer Kommunikation und

Narrativen zu begleiten und damit die globale Gemeinschaft mit verstörenden Bildern in Echtzeit ganz tief zu durchdringen. Über Internet-Foren lassen sich weltweit Kämpfer rekrutieren und mit YouTube-Videos motivieren. Twitter hilft dabei, Revolutionen zu organisieren und Regierungen zu stürzen, auch wenn der Ausgang solcher Aufstände in den Zustand eines *Failed State*, eines gescheiterten Staates, führen kann, wie uns nach der Arabellion 2011 mit Libyen überdeutlich vor Augen geführt wurde. Kostenlose offene Quellcodes für künstliche Intelligenz geben auch böswilligen Akteuren die technologischen Mittel an die Hand, algorithmische Waffensteuerungen zu bauen, auch wenn das in der Praxis nicht ganz so einfach ist.

Was für nicht staatliche Akteure gilt, trifft ebenso auf die Ambitionen kleiner Staaten zu, die bislang nur eine untergeordnete Rolle neben dem Kreis der Großmächte, Nuklearmächte, G4-, G7- oder G20-Staaten gespielt haben. Jeder Staat, ob Großmacht oder Mittelmacht, kann heute in bestimmten Bereichen dominieren.[36] Digitalisierung zieht in jedem Fall eine Ermächtigung der ehemals Schwachen nach sich, denen die Digitalisierung eine neue Stärke verleiht, die allerdings – insofern ist Herfried Münklers Analyse auch nach 15 Jahren noch zutreffend – nicht symmetrisch ist im Vergleich mit der militärischen Stärke von Nuklearmächten. Die digitale Unterentwicklung, also in vielen Bereichen nach wie vor analog zu sein, kann sogar vor Angriffen schützen. Sich technologisch hochzurüsten ist deshalb mit großer Verantwortung und hohem Risiko gleichermaßen verbunden.

Die Asymmetrie der globalen Ordnung

Allerdings haben in der Informationstheorie die Wörter »Symmetrie« und »Asymmetrie« eine andere Bedeutung als jene, die Herfried Münkler für die Erklärung der Neuen Kriege heranzieht. Während Asymmetrie ein hohes Maß an Ordnung aufweist, enthält Symmetrie keinerlei Information. Übertragen wir diese theoretische Überlegung auf die Weltordnung:

Nehmen wir an, jeder ist gleich mächtig, weil er denselben Zugang zu Daten, Information und Wissen hat wie alle anderen. Das verleiht ihm und allen anderen dieselbe Kraft, etwas zu tun und zu handeln. Die Macht zu handeln ist gleich verteilt. Keiner ist bevorzugt, niemand diskriminiert. Makroskopische Strukturen der Ordnung oder Machtmonopole bestehen nicht. Wenn sich dennoch kurzzeitig feine Gefüge um einen einzelnen Akteur und seine Entscheidungen und Aktionen herausbilden, sind sie mikroskopisch klein und zerfallen schnell.

Würde man die Funktion einer solchen Gleichverteilung und die Symmetrie von Macht visualisieren, erhielte man eine gerade Linie wie die lange Seite eines Rechtecks, auf der das Maß der Macht jedes Akteurs aufgetragen wäre. Eine solche Gerade enthält keinerlei Information. Sie repräsentiert damit maximale Entropie, ein Maß für den Gehalt von Information, oder auch die vollständige Strukturlosigkeit ohne jeglichen Anziehungspunkt. Symmetrie, erklären uns deshalb die Informationstheoretiker, trägt keinerlei Information.

Mit Rückblick auf die zweite Hälfte des 20. Jahrhunderts war es ausgerechnet die Asymmetrie der Machtverteilung zwischen Bürger und Staat und der Staaten untereinander, die für Frieden, Sicherheit und Ordnung in unseren westlichen Gesellschaften sorgte. Stellen wir uns dazu vor, auf der geraden Linie der gleich verteilten Macht bildet sich eine einzige steile Spitze heraus, die einen Staat repräsentiert, der als globale Ordnungsmacht auftritt, weil er Macht gebündelt hat. Diese unipolar verteilte Macht, die ein dominanter Staat über andere ausübt, wird den anderen Akteuren des Systems entzogen. Zugunsten dieser einen globalen Ordnungsmacht geschieht Ermächtigung, und zwar in dem Sinne, dass das Machtgefälle zwischen der globalen Ordnungsmacht und schwächeren Staaten und auch der Ordnungsmacht und seinen Bürgern gewaltig ist.

Seit dem Fall der Berliner Mauer im Jahr 1989 hatten die USA für einige Jahre jene Nation verkörpert, die in jedem Winkel der Erde als Hegemonialmacht mit dem erklärten Willen auftrat, technologisch, wirtschaftlich und kulturell führend zu sein. Dort, wo sie Militärbasen unterhielt, konnten die USA auch imperialistische Züge annehmen. Unter systemischen Gesichtspunkten waren die Macht der Vereinigten Staaten und das Gefälle von Macht ein Garant für eine stabile Weltordnung, in der die Europäer die Rolle von Satellitenstaaten übernahmen, die in der Peripherie Amerikas auf der anderen Seite des Atlantiks in gewollter Hinwendung zu den Vereinigten Staaten agierten.

Als *Free Rider,* Trittbrettfahrer ihrer Hegemonialmacht,[37] haben sich die Europäer dort verhalten, wo sie sich aus militärischen Konflikten, die sie vermeintlich wenig tangierten, heraushielten und sich voll und ganz auf die Vereinigten Staaten verließen. Als Nutznießer Amerikas traten die Europäer auch dort auf, wo die Amerikaner Billionen US-Dollar in digitale Angebote investierten, um die Digitalisierung voranzutreiben. Warum als Europäer selbst Geld für digitale Schlüsseltechnologien ausgeben, wenn das schon ein anderer tat? Wieso neu und selbst entwickeln, was das Silicon Valley so glanzvoll auf den Markt warf – von Smartphones über Betriebssysteme bis hin zu sozialen Medien und mächtigen Suchmaschinen? Heute glauben die Amerikaner, und das schließt Donald Trump ein, sie hätten das Internet erfunden.[38]

Inzwischen ist auch Europa klar geworden, wie sehr es in den letzten 20 Jahren seiner Außenbeziehungen zu den Vereinigten Staaten auf dessen Digitalisierungsbemühungen und Billioneninvestitionen vertraut hat. Nachdem sich das Verhalten Amerikas gegenüber seinen Partnern grundlegend zu ändern scheint, sieht sich Europa plötzlich einem scharfen technologischen Wettbewerb ausgesetzt, der es in die Rolle des Akteurs zwingt.

Die Asymmetrie der Machtverteilung hat folglich ihre Vor- und Nachteile, auch für die führende Großmacht selbst. Ihre globale Ordnungspolitik nützte den Vereinigten Staaten nicht immer materiell, weil sie gewaltige finanzielle Ausgaben verschlang und zu Handelsdefiziten und Staatsverschuldung führte, aber sie hatte sowohl den Frieden als auch den Krieg für Jahrzehnte beherrschbar gemacht. Die Entropie des Systems der globalen Ordnung mit Amerika im Zentrum der Macht war gering, ihr Informationsgehalt hingegen hoch, weil das globale System der Weltordnung über Attribute verfügte, die ziemlich sichere Vorhersagen über sein Verhalten zuließen. Zu diesen Attributen der Ordnungspolitik in der zweiten Hälfte des 20. Jahrhunderts gehörten multilaterale Handelsabkommen genauso wie die Welthandelsorganisation oder die Weltbank. Sie war menschlich induzierte Ordnung, und sie zeigte Effekte: Man setzte einen politischen, wirtschaftlichen, rechtlichen Stimulus, und das System reagierte auf die erwartete Art und Weise.

Auf ein vorhersagbares Verhalten der Weltordnung konnte man sich auch dann noch verlassen, als zwei Großmächte, die Sowjetunion und die Vereinigten Staaten, die Welt in zwei Blöcke unter sich aufteilten, in einen westlichen demokratisch-kapitalistischen und einen östlichen kommunistisch-planwirtschaftlichen Block. Bildlich gesprochen, hatten sich auf der Geraden der gleich verteilten Macht nun zwei Spitzen herausgebildet, die um Macht rangen. Die Macht war bipolar verteilt. Während die Vereinigten Staaten vorwiegend als Hegemonie auftraten und auf ihre *Soft Power* setzten, verhielt sich die Sowjetunion indessen klar imperialistisch und unterdrückte die Satellitenstaaten des Warschauer Pakts gewaltsam und mit militärischen Mitteln.

Dass es nach Ende des Zweiten Weltkriegs trotzdem nicht zum offenen zwischenstaatlichen Krieg der beiden Großmächte kam, war dem strategischen Gleichgewicht zwischen den beiden Blöcken geschuldet. Es war das Gleichgewicht des Schreckens, das sich die spieltheoretischen Konzepte des amerikanischen Mathematikers John Nash zunutze machte und schließlich in eine Politik der Abschreckung mündete.

Ein heißer Krieg, so lautete selbst auf dem Höhepunkt des Ost-West-Konflikts die Annahme, würde sich nur dann lohnen, wenn sich der Friedensschluss auch auszahlte. Dabei würde der Sieger dem Besiegten den Frieden nur zu den eigenen Bedingungen antragen. Zu Zeiten des Kalten Krieges war ein solcher Siegfrieden aber keinesfalls sicher. Egal, wer gewinnen würde, ein nuklearer Schlagabtausch hätte das Ende beider Blöcke bedeutet. Ein nuklearer Erstschlag der Sowjets gegen die Vereinigten Staaten hätte sich nur dann nutzbringend für die Sowjets ausgezahlt, wenn das keinen Nachteil für die eigene Bevölkerung bedeutet hätte. Davon aber konnten die Sowjets keineswegs ausgehen. Denn angesichts eines drohenden nuklearen Erstschlags durch die Sowjetunion hatten die Amerikaner dafür gesorgt, dass ihre Zweitschlagfähigkeit auch im Fall eines vernichtenden Angriffs weiterhin Bestand hatte. Der nukleare Zweitschlag, so lautete die abschreckende Drohung der Amerikaner, würde die Sowjetunion in eine nukleare Wüste verwandeln, sodass ein heißer Krieg keine wirkliche Alternative zum Kalten Krieg bot.

Die Abschreckung jedenfalls zeigte die erhoffte Wirkung. Was als Ergebnis mathematischer Berechnungen und keineswegs zufällig zustande kam, war eingetreten: Zwischen den beiden großen Blöcken herrschte strategisches Gleichgewicht. Keine der beiden Großmächte wagte es, den Gegner direkt militärisch herauszufordern. Die makroskopische Struktur zweier Blöcke, ihre Politik des Wettrüstens und der Abschreckung, war beherrschbar und hatte gesellschaftliche Stabilität hervorgebracht, wenngleich das mulmige Gefühl der Bürger, die Erde stehe immer wieder am Rand ihrer totalen Vernichtung, nur selten wich – ein Gefühl von Beklemmung und

Angst, das sich in Ostermärschen und Friedensbewegung Luft verschaffte.

Seit 2001 hat niemand mehr, auch nicht Terroristen, die technologische und militärische Dominanz der Vereinigten Staaten ernstlich herausgefordert, und doch ist spürbar: Allmählich beginnt sich das Blatt mit dem digitalen Fortschritt zu wenden. Die zunehmende Vernetzung ermächtigt immer mehr Akteure und gibt ihnen wirksame Mittel von Macht und Gewalt an die Hand, die noch im 20. Jahrhundert nur mit Staaten assoziiert wurden.[39] Es ist also unausweichlich, dass die Digitalisierung die geostrategischen Machtverhältnisse genauso fundamental verändern wird, wie es schon in Zeiten der ersten industriellen Revolution zu beobachten war.[40]

Heute befinden sich unter den neuen Mächtigen nicht nur andere Staaten wie China oder Putins Russland, sondern auch Individuen, Firmen und mehr oder weniger organisierte Gebilde wie Terrorgruppen und Hackerorganisationen. An erster Stelle der neuen Mächtigen stehen die Technologieanbieter selbst. Wenn Apple das erste Unternehmen ist, dessen Marktkapitalisierung die Billionen-Dollar-Marke überschreitet,[41] ist es wenigstens in finanzieller Hinsicht mächtiger als die meisten Staaten der Erde. Die Macht dieser privaten kapitalistischen Organisationen ist außerordentlich, und das bei gleichzeitig übersichtlicher staatlicher Kontrolle. Ihre Utopie ist es, die Welt mithilfe von Daten, Datenanalyse und künstlicher Intelligenz zu erobern.

Verschärft wird die Frage der Machtverteilung durch den selbst gewählten politischen Rückzug Amerikas als globale Ordnungsmacht. *America First* ist keine Parole, die Donald Trump erfunden hat. Sie wurde zuerst 1916 von Woodrow Wilsons demokratischen Anhängern proklamiert,[42] aber die republikanische Trump-Administration setzt sie mit so fieberhaftem Ehrgeiz um, dass *America Alone* droht: »Amerikanismus, nicht Globalismus, wird unser Credo sein.«[43]

Die Isolationspolitik bleibt nicht ohne Folgen. Während ein hochrangiger NATO-Diplomat zugibt: »Ohne die US-amerikanische

Führung stecken wir fest«,[44] twittert der EU-Ratspräsident Donald Tusk an Donald Trump deutlich zorniger:»Wir stellen fest: Wenn Sie eine helfende Hand brauchen, finden Sie sie am Ende Ihres eigenen Arms.«[45]

Die Strategie des Rückzugs einer globalen Ordnungsmacht wird zu systemischen Verwerfungen führen, deren Folgen schwerwiegend sein werden. Wenn sich ordnende Strukturen nicht erhalten, stattdessen zerfallen und die Kleinteiligkeit und Mikrostrukturen einer digitalen Gesellschaft die Unsicherheit noch verschärfen, weil eine große Anzahl von Akteuren mit Machtanspruch heranwächst oder gestärkt wird, entsteht eine Umgebungsdynamik, die nur schwer vorhersagbar ist. Ohne zuverlässige Information aber steigt die Entropie, Unordnung und Strukturlosigkeit nehmen zu, und Frieden und Sicherheit geraten an die Unfallzone. Unsere Zukunft wird gefährdeter, weniger gut planbar und schlechter vorhersehbar. Das frühere strategische Gleichgewicht löst sich auf. Fazit: Die Digitalisierung verändert die Sicherheitslage grundlegend. Es droht die Ursuppe weltpolitischer Konfusion, und das nicht zum ersten Mal in der Geschichte seit der letzten großen industriellen Revolution.

Ohne uns: auf der Suche nach Ersatz

»Das 21. Jahrhundert hat das Konzept vom Surrogatkrieg hervorgebracht.«[46] Jean-Marc Rickli ist Chefberater für die Künstliche-Intelligenz-Initiative der Future Society bei der Harvard Kennedy School und Experte für letale autonome Waffensysteme bei den Vereinten Nationen. Am Genfer Zentrum für Sicherheitspolitik ist Rickli in Fragen neuer sicherheitspolitischer Herausforderungen tätig. In Surrogatkriegen, erklärt er, suchen die Konfliktparteien nach Ersatzmitteln, mit denen sie ihre Konflikte und Kriege austragen. Als Substitute dienen Menschen oder Maschinen.

Schon im 20. Jahrhundert haben die Großmächte Stellvertreterkriege geführt, um nicht in direkte militärische Konfrontation zu geraten. Im digitalen 21. Jahrhundert ringt man um einen neuen Begriff, der die Dimension des digitalen Kriegsersatzes zum Ausdruck bringen soll. »Surrogatkrieg« lautet die neue politische Vokabel für einen Konflikt, der nicht mehr die Clausewitz'sche Trinitätsidee von Gesellschaft, Staat und Militär fortschreibt und deshalb nicht leicht als Krieg erkennbar ist. Statt die nationalen Streitkräfte zur Wahrung oder Herstellung von Sicherheit einzusetzen, suchen nämlich Staaten – demokratische wie autokratische – nach Ersatz für ihr Militär und haben ihn schon seit den 1990er-Jahren des letzten Jahrhunderts bei den militärischen Dienstleistern gefunden. Es sind private Kriegsunternehmer und Rüstungsfirmen, die Regierungen eine ganze Reihe von Angeboten, die von Logistik- bis hin zu Söldnerdiensten reichen, bereitstellen, um sie bei Kriegshandlungen oder in Krisengebieten zu unterstützen. Viele von ihnen legen Wert darauf, dass sie nur in den Dienst von völkerrechtlich anerkannten Subjekten treten, die sich an Menschenrechte und das humanitäre Völkerrecht halten.[47]

Die Firma Blackwater, die nach einer Firmenübernahme heute unter der Marke Academi operiert, gehört genauso zu den militärischen Unternehmern wie die dem Namen nach völlig unverdächtige Computer Science Corporation (CSC) oder die Hersteller modernsten Kriegsgeräts – von Krauss Maffei Wegmann bis Thales. Die im Irakkrieg von den Amerikanern eingesetzten Predator-Drohnen wurden von den zivilen Mitarbeitern des Herstellers bedient.[48] In Deutschland betreibt der Rüstungskonzern Rheinmetall den größten Truppenübungsplatz der Bundeswehr, das »Gefechtsübungszentrum Heer«.

Wenn Regierungen die ihnen in demokratischen Wahlen übertragenen Aufgaben für den Erhalt der öffentlichen Sicherheit an nicht staatliche Unternehmen externalisieren, ist das nicht kritiklos hinnehmbar. Sicherheit wird dann nicht nur zum Gegenstand von Umsatz und Gewinn und nach den Regeln des Marktes meistbietend angeboten. Sicherheit kann dann auch zweitrangig werden, weil sich nur mit dem Krieg, nicht aber mit dem Frieden, ein Geschäft machen lässt. Regierungen, die Sicherheit an nicht staatliche Akteure übertragen, weil sie sich nicht auf ihre eigene Armee oder Sicherheitseskorte verlassen können, schwächen sich zudem selbst, wenn es nicht ihnen selbst, sondern ihren Ersatzmännern besser gelingt, Sicherheit oder wenigstens Vorhersehbarkeit des täglichen Lebens für die Bevölkerung herzustellen.

Im schlimmsten Fall verselbstständigen sich nicht staatliche Gruppen bei der Herstellung von Sicherheit und konkurrieren mit der legitimen Regierung um Macht und Kontrolle über eine Bevölkerung, indem sie eigene normative Systeme schaffen, die der Bevölkerung in Krisengebieten ein gewisses Maß an Berechenbarkeit der nahen Zukunft – wird man auch morgen noch zur Arbeit gehen können? – garantieren. Gewaltsam und grausam, aber durch die Schaffung ihrer eigenen Verhaltensregeln konkurrieren selbst die Taliban oder der Islamische Staat, als er sich noch über ein geografisches Gebiet und dessen Bevölkerung erstreckte, mit den legitimen Regierungen der betroffenen Staaten um die Macht. Deshalb kann ein Staat, der Sicherheit privatisiert, auf Dauer nur dann Respekt erwarten, wenn er seine Überlegenheit gegenüber seinen Surrogaten aufrechterhalten kann. Dazu muss es ihm unter Anwendung staatlichen Zwangs, der Normierung seiner sozialen Beziehungen und der Überzeugung seiner Bevölkerung gelingen, sich gegen die private Konkurrenz durchzusetzen.[49, 50]

An der Ökonomisierung der öffentlichen Sicherheit ist die Bevölkerung jedoch selbst nicht ganz unbeteiligt. Sie erwartet zwar nach wie vor das öffentliche Gut der Sicherheit, aber macht es ihren Regierungen immer schwerer, auch tatsächlich dafür zu sorgen. »Heute werden wir Zeugen dessen, wie die Clausewitz'sche Trinitarität einer Dynamik unterworfen wird, bei der die Menschen aus der Gleichung entfernt und aus unterschiedlichen Gründen durch etwas anderes ersetzt werden. Der augenscheinlichste Grund dafür ist, dass der Einsatz von Gewalt vor allem in Demokratien zunehmend schwer vertretbar ist, die Regierung aber dafür verantwortlich gemacht wird, speziell bei der Truppenentsendung ins Ausland. Wer Ersatz dafür finden kann, mindert sein eigenes Risiko«, schlussfolgert Jean-Marc Rickli.[51]

Zwar wächst wieder die Bereitschaft in der Gesellschaft, auch in der Europäischen Union, für den Schutz ihres Systems selbst einzutreten, »sie wird aber immer dort ihre Grenzen finden, wo es um das klassische Heldentum geht«[52], resümiert Wolfgang Ischinger und meint damit, dass keine Helden bereitstünden, »mit ihrem Leben für das Gemeinwesen, an das sie glauben, einzustehen«[53]. Große Opfer für die Sicherheit werden von der Bevölkerung nicht akzeptiert. Auch deshalb kommt der digitale Fortschritt mit seinen rasanten Entwicklungen bei Robotik und künstlicher Intelligenz gerade recht. Menschen, so scheinen die intelligenten Maschinen zu versprechen, sind auch im Krieg ersetzbar. Statt Bodentruppen werden Drohnen, die aus sicherer Entfernung ferngesteuert werden, zur Bekämpfung von Terroristen herangezogen. Die Flügelmänner, die in Zukunft den Luftraum gemeinsam mit bemannten Kampfjets gegen feindliche Luftangriffe verteidigen sollen, werden unbemannte Kampfdrohnen sein. Überhaupt ist der »Cyberspace«, der Staaten, nicht staatliche Akteure und (intelligente) Maschinen in einem einzigen, neuen Ökosystem zusammenführt, Ersatz für den Krieg selbst.

Schlachtfeld Umgebungsintelligenz

Wie von Zauberhand erwachen die Gegenstände unseres Alltags zu Leben und lassen kognitive Fähigkeiten erkennen. Mit künstlicher Intelligenz aufgeladen, vernetzen sie sich mit Menschen, aber auch mit anderen Dingen und tauschen sich aus oder senden einander

Stimuli zu. Immer mehr Akteure sind online und nehmen am Alltagsleben teil, interagieren und kommunizieren ohne Pause. So geschieht es im *Internet of Everything*, bei dem Sensoren an systemrelevanter Infrastruktur wie Strom- und Verkehrsnetzen, an Industrieanlagen, Fahrzeugen oder Menschen in Form von Smartphones, smarten Uhren und Chips auf oder unter der Haut angebracht werden. Sie zeichnen Messdaten aus ihrer Umgebung auf und übermitteln sie per Funk an eine Relaisstation oder eine Rechnerwolke, wo sie von anderen Maschinen, darunter zahllose Implementierungen von künstlicher Intelligenz, analysiert werden, bevor sie in die Berechnung von optimierenden Umweltreizen einfließen.

Die Metapher, mit der die rechtswissenschaftliche Forschung die allgegenwärtige Vernetzung und ihre kognitive Fähigkeit durch vernetzte Objekte des Alltags charakterisiert, lautet Umgebungsintelligenz, *Ambient Intelligence*.[54] Das Netz von Menschen, ihren Gedanken, Absichten, Psychen und Gegenständen wird so täglich wertvoller, und mit ihm wachsen die Begehrlichkeiten, sich die Umgebungsintelligenz politisch und militärisch nutzbar zu machen, um damit Geopolitik zu betreiben. Auf diesem Schlachtfeld der Zukunft, so der Wunsch der Akteure, will man in Führung gehen oder bestehende staatliche Macht und gesellschaftliche Strukturen, die Demokratie genauso wie die Diktatur, weiter aufrechterhalten.

Der Umbau der Gesellschaft in einen sozialen Megacomputer erlaubt es scheinbar, auf klassische militärische Mittel zu verzichten und dennoch Kriege zu führen. Digitalisierung macht neue, andere Mittel von Macht und Gewalt möglich. Digitale Spionage, Sabotage und Online-Subversion heißen die Operationen, die im 21. Jahrhundert Alternativen zu militärischen Einsätzen bieten. Denn auch Online-Aktionen können schwere Zerstörungen der Umgebungsintelligenz bewirken und im schlimmsten Fall Menschenleben fordern, meint John Brennan, Direktor der CIA bis 2017:

»Sie können im Cyberspace Dinge tun, die heimtückischer sind, vielleicht etwas subtiler, aber genauso wirkungsvoll [wie die physische Durchsetzung militärischer Gewalt], weil Sie Infrastruktur und die Fähigkeiten anderer Länder zum Erliegen bringen können.«[55]

Dabei sind die Einsätze nicht militärischer Werkzeuge zur Erreichung politischer Ziele nicht neu. Sie waren, sofern technisch möglich, auch in der Vergangenheit als sogenannte nicht lineare, hybride Maßnahmen oft die Begleitumstände militärischer Operationen. Aber in der Umgebungsintelligenz des neuen Millenniums können sie auch ohne flankierende militärische Einsätze betrieben werden. Dabei schützt die verteilte und anonyme Struktur der Umgebungsintelligenz die Angreifer, weil eine Zuordnung, wer denn nun tatsächlich der Auslöser eines Angriffs war, nur schwerlich möglich ist.

»Sehen wir uns an, wie die russische Regierung Gewalt im Cyberspace einsetzt ... Sie unterhält Trollfabriken und setzt Narrative in die Welt, die einen Schneeballeffekt auslösen. Und dann ist da dieser unglaubliche Ausbruch von Hass. Die russische Regierung hat diese Dynamik sehr gut verstanden und nutzt sie für Desinformationskampagnen und psychologische Operationen aus.«[56] Jean-Marc Rickli spricht hier von Gewaltanwendung, aber ohne die typischen militärischen Mittel.

Hybride Kriegsspiele

Staaten verlassen sich nicht nur auf Militärunternehmen, um Kriege zu externalisieren. Zu jenen, derer sich eine Regierung bedienen kann, gehören auch einzelne Kriminelle, Hacker, Spione, Journalisten und alle, die sich bei ihrer Regierung einschmeicheln wollen. Sie bringen ihre Fähigkeiten für die digitale Ära ein, sei es zum Sammeln von Information, zur Verbreitung von Propaganda im Internet, zum Datenklau oder zur Erpressung mit Ransomware.

Der private Sektor verfügt diesbezüglich über beachtliche Fähigkeiten, die sich amerikanische, russische und chinesische Geheimdienste gleichermaßen zunutze machen, um ihre Fähigkeiten für digitale Operationen nachhaltig auszubauen.[57] Und dafür ist nicht einmal viel Geld vonnöten. Für den Betrag, den die Vereinigten Staaten für einen einzigen F-35-Kampfjet ausgeben – je nach Ausführung etwas mehr oder weniger als 100 Millionen US-Dollar –, kann Russland ein Kontrollzentrum einrichten, das seine Fähigkeiten für elektronische Kriegsführung, Online-Propaganda und Hacking voll integriert. Angriffe auf die Umgebungsintelligenz sind eben viel billiger als ein Militärschlag. Dabei kann die Wirkung eines wohl geplanten, abgestimmten Angriffs auf die Umgebungsintelligenz, der sich gerade unterhalb der Schwelle eines militärischen Angriffs bewegt, für die Zivilbevölkerung verheerender sein als der Einsatz modernster Präzisionswaffen eines Kampfjets neuester Generation, die chirurgisch genaues Töten versprechen. Oder anders gesagt, für eine digitale Operation braucht es nicht viel, um ein komplettes Desaster zu verursachen.[58]

»An dieser Stelle«, weist Jean-Marc Rickli darauf hin, »verwandelt sich der Surrogatkrieg in Hybridität, weil man beginnt, mit den vielen verschiedenen Ebenen der Kriegsführung zu spielen.« Und er schließt ab, das sei nichts Neues. Subversion, Demoralisierung oder Diskreditierung des Gegners waren schon immer die Begleitumstände militärischer Gewalt. Aber für eine Politik, die zur Erreichung ihrer politischen Ziele derartige Maßnahmen ohne klassische militärische Gewaltmittel durchführt, werden hybride Angriffe zu einem Instrument der Politik. Wer Krieg so versteht, definiert die Bedeutung von Krieg um. Hybridität erlaubt Kriegsführung knapp unterhalb der Schwelle zur Kriegserklärung. Dann sind Krieg und Politik kein Entweder-oder mehr, dann hat Krieg – anders als zu Clausewitz' Zeiten – nicht mehr zum Ziel, einen eindeutigen Sieg zu einem eindeutigen Zeitpunkt über einen eindeutigen Gegner zu erringen; dann wird unscharf, wann ein Krieg beginnt, ob man sich überhaupt (schon) im Krieg befindet, wer ihn führt und wie lange er dauern wird. In Zeiten von Hybridität ist die Clausewitz'sche Welt veraltet und bietet keinen angemessenen Verständnisrahmen für den Krieg mehr. Die Grenzen zwischen Krieg und Frieden verschwimmen, und Konflikte werden zu schwelenden Konflikten mit einem offenen Ende ohne klaren Feind, klare Grenzen oder erkennbare Kombattanten.

Nur weil der militärische Einsatz in einem Krieg mit hybridem Charakter fehlt, sprechen Experten der Sicherheitsvorsorge nicht mehr von Krieg, sondern stufen hybride Maßnahmen zur »Bedrohung« herab. Die hybride Bedrohung ist zur Alternative, zum Surrogat für den Krieg selbst geworden, verfestigt sich zu Politik und nimmt als »Guerilla-Geopolitik« die Schwächen des Angegriffenen ins Visier,[59] wobei sie gleichzeitig offene kriegerische Aktionen vermeidet. So betrachtet, rüstet die NATO möglicherweise für den falschen Krieg, wenn das Militärbündnis mehr Truppen an seiner Ostgrenze stationiert oder auf die erneute Erweiterung seines Nukleararsenals setzt, wie es Donald Trump, 46. Präsident der Vereinigten Staaten, in seiner nationalen Verteidigungsstrategie 2018 festgelegt hat.

Wahlgeheimnisse

Es ist ein sommerlicher Dienstag im Juni 2016, an dem im Riverside County District die kalifornischen Vorwahlen zur amerikanischen Präsidentschaftswahl stattfinden. Der selbsterklärte Außenseiter Donald Trump hatte mit Hillary Clinton das politische Establishment Washingtons herausgefordert.

Während die Wahllokale geöffnet haben, steht im Büro des Bezirksstaatsanwalts Michael Hestrin das Telefon nicht mehr still. Eine Beschwerde folgt auf die nächste. Wahlberechtigte hatten vergeblich versucht, ihre Stimme abzugeben.[60] Online-Manipulation, so lautet der Vorwurf. Die zuvor nötige Internet-Registrierung für eine bestimmte Parteizugehörigkeit war ohne das Wissen der kalifornischen Wahlberechtigten, aber offensichtlich mithilfe ihrer persönlichen Daten, darunter Sozialversicherungs- und Führerscheinnummern, geändert worden.[61]

Als die Zahl der formellen Beschwerden von Bürgern, die von Wahlhelfern an der Stimmabgabe gehindert werden – Mike Hestrin berichtet von hitzigen Wortgefechten zwischen Wählern, Wahlhelfern und Wahlbeobachtern –,[62] immer weiter ansteigt, entsendet der Bezirksstaatsanwalt Ermittler in die Wahllokale, um eine vorläufige Untersuchung durchzuführen. Nun steht das kalifornische Wahlverfahren ohnehin in der Kritik. Während sich republikanische Wähler der GOP, der *Grand Old Party,* wie sich die Republikaner auch nennen, vor der Wahl immer registrieren müssen, erlaubt der *Sunshine State* auch nicht registrierten Demokraten, bei den Vorwahlen einen Stimmzettel abzugeben. Allerdings ist dieser provisorisch und hat ein anderes Format als das bereits registrierter Demokraten. Fehlt ein spezieller Transferstimmzettel, wird die Stimmabgabe annulliert.[63]

Was die Ermittler in den Wahllokalen vor Ort feststellen, sieht auf den ersten Blick dennoch beruhigend aus. Wähler, mit deren Registrierung etwas nicht in Ordnung ist, können vorläufig abstimmen. Allerdings dauert die Auszählung vorläufig abgegebener Stimmen länger, weil die Wahlberechtigung eines Wählers erst noch verifiziert werden muss, damit seine Stimme letztlich zählt. Deshalb hatte manch Wähler gleich ganz auf die Stimmabgabe verzichtet.

Zu den Unregelmäßigkeiten befragt, äußert sich der Sprecher des kalifornischen *Secretary of State,* ein Hüter des demokratischen Prozesses, Alex Padilla, beschwichtigend: »Von Millionen online- und papierbasierten Wählerregistrierungen erhielten wir in diesem Wahlzyklus nur eine kleine Anzahl von Beschwerden. (…) In den meisten Fällen sind Probleme auf versehentliche Irrtümer zurückzuführen. In vielen Fällen machen Wähler beim Versuch, ihre Registrierung zu aktualisieren, einen Fehler und vergessen einfach ihre eingetragene Parteizugehörigkeit oder können ihren Namen nicht auf den Wählerlisten ihres Wahllokals finden.«[64] Das ist, anbei bemerkt, derselbe Reflex, den Microsoft beim Auftreten der Erpressersoftware WannaCry an den Tag gelegt hatte: Der Computernutzer ist selbst schuld. Jetzt war der Wähler der Dummkopf.

Zur gleichen Zeit in Washington ist John Brennan, Direktor der CIA bis 2017, aufs Höchste alarmiert. Denn John Brennan verfügt über mehr und andere Informationen als die kalifornischen Lokalpolitiker, die Wähler und ihre Wahlhelfer. Der CIA war ein Cyberangriff der Russen gegen die Amerikaner aufgefallen, der an Aggressivität und Intensität alles überstieg, was man bisher als übliche politische Einmischung des alten Gegners aus Sowjetzeiten erfahren hatte.[65] »[Die Russen] kartografierten die Architektur der [US-] Wahlinfrastruktur und beobachteten staatliche Systeme.«[66]

Den Amerikanern ist nur allzu bekannt, wie die Russen militärische Operationen vorbereiten. Vor einem Angriff klären sie die Zielumgebung auf, um genauer zu verstehen, wo anzugreifen ist und welchen Vorteil man sich durch einen Angriff verschaffen kann. *Operational Preparation of the Environment,* operative Vorbereitung der Zielumgebung, nennt man dieses militärische Vorgehen.

Ganz offensichtlich für die CIA sind es im Sommer 2016 die digitalen US-amerikanischen Wahlsysteme, die der frühere Gegner aus den Zeiten des Kalten Krieges ins Visier genommen hat. Dessen Online-Zugriff lässt den Schluss zu, dass Russland einen Angriff plant, der die Vereinigten Staaten überraschen würde. Während der kalifornische Minister Alex Padilla noch erregte Wählergemüter zu beruhigen versucht, ohne zu wissen, was tatsächlich vor sich geht, tobt der Sturm zwischen den beiden Großmächten bereits in voller Stärke, das jedenfalls ist der unbehagliche Eindruck, der John Brennan beschlichen hat. John Brennan muss etwas unternehmen und informiert zunächst das FBI, damit die Bundesbehörde Maßnahmen zum Schutz der Wahlinfrastruktur einleiten kann.

Inzwischen ist auch Mike Hestrins Ermittlern aufgefallen, dass das kalifornische Wahlsystem nach Hackerangriffen korrumpiert worden war. Dafür spricht auch, dass unterschiedslos beide Parteien, Demokraten wie Republikaner, am Tag der Vorwahlen von Problemen mit der Wählerregistrierung betroffen waren. Doch Hestrin kann die Angriffe nicht bis zu den Angreifern zurückverfolgen. Das digitale kalifornische Wahlsystem hat die IP-Adressen der Hacker nicht aufgezeichnet, sodass sich die Spur zu den Tätern im Nichts, in einer Sackgasse verliert.

Klarheit kommt schließlich aus dem Bundesstaat Illinois, der nur wenige Wochen nach dem Vorfall in Kalifornien meldet, dass seine 109 Wahlsysteme mit Malware infiziert sind, die den Zugriff auf 15 Millionen Wählerdateien der aktuellen und früherer Wahlen ermöglicht. Den Einbrechern in das Wahlsystem war es gelungen, Wählernamen und -anschriften in Wählerlisten zu verändern oder sogar zu löschen. Ähnliche Auffälligkeiten werden nun auch aus anderen Bundesstaaten gemeldet, aus Tennessee, New Mexico und Florida. Schließlich ist mehr als die Hälfte der amerikanischen Bundesstaaten betroffen.

Doch Illinois hat nicht nur eine Sicherheitskopie seiner Wählerverzeichnisse angefertigt, dieses Mal gelingt auch die Nachverfolgung der Täter. Anhand ihres digitalen Fingerabdrucks und der Vorgehensweise beim Hacking können die Ermittler die Angriffe dem russischen Hackerkollektiv Fancy Bear, das auch unter der Bezeichnung APT28 operiert, zuordnen. Wenn auch keiner Genaues über die Hacker weiß, eines steht fest: Fancy Bear wird vom staatlichen russischen Geheimdienst kontrolliert.

Die innenpolitischen Folgen des russischen Hacks sind unerwartet, vor allem unerwartet erfolgreich aus russischer Perspektive: Die Zersetzung beginnt zu wirken. Sowohl die Republikaner als auch die Demokraten verdächtigen und beschuldigen sich gegenseitig der Wahleinmischung.[67] Und es soll noch schlimmer kommen: Bald nachdem die ersten Fälle korrumpierter Wahlsysteme bekannt werden, schließt der Präsidentschaftskandidat der Republikaner, Donald

Trump, die Einmischung Moskaus in die amerikanischen Präsidentschaftswahlen aus und beschuldigt stattdessen die Demokraten, sich selbst zu hacken, um von den vielen Problemen rund um ihre Kandidatin Hillary Clinton abzulenken.[68]

Noch besteht auch in Washington Zweifel darüber, ob der russische Hackerangriff bei den Vorwahlen nur ein Test war, um am eigentlichen Wahltermin, dem 8. November 2016, maximales Chaos zu stiften, und wie hoch der Schaden wirklich wäre, den die Russen anrichten könnten. Wäre es denkbar, dass die russische Regierung die amerikanische Präsidentschaftswahl so fernsteuern könnte, dass sich ihr Wunschkandidat Donald Trump durchsetzen würde? Ohnehin musste man davon ausgehen, dass nur die schwächeren Angriffe entdeckt worden waren. Immerhin verfügt Russland neben China über die professionellsten und schnellsten Hacker weltweit. 19 Minuten. Das ist die Zeit, die einem Opfer noch bleibt, bevor ein russischer Angriff sein Netzwerk infiziert, bestiehlt oder sperrt.[69] Die wirklich erfolgreichen Angriffe, das mussten die Bundesbehörden annehmen, waren wohl gar nicht erst aufgefallen.

Klar war nur eines: Die russischen Hacker stahlen nicht einfach Informationen aus den Datenbanken der Wahlsysteme, um Aufklärung für den nachrichtendienstlichen Gebrauch zu betreiben. Hier ging es um viel mehr und um ganz anderes als die Informationsbeschaffung: Namen sollten verschwinden oder ersetzt werden, um amerikanische Bürger an der Abgabe ihrer Wählerstimme zu hindern oder die spätere Übermittlung von Auszählergebnissen zu behindern.

Inzwischen hatte sich auch das Department of Homeland Security unter Leitung des Heimatschutzministers, Jeh Johnson, eingeschaltet. Johnson hatte zum Telefonhörer gegriffen und die Bundesstaaten angerufen, um seine Hilfe beim Schutz der Wahleinrichtungen anzubieten und Schwachstellen-Scans durchzuführen. Doch die Reaktion der Bundesstaaten ist schroff ablehnend, sogar empört.

»Sorgen Sie dafür, dass sich die Regierung in Washington aus unseren bundesstaatlichen Wahlproblemen heraushält«, lautet die aufgebrachte Antwort der zuständigen Beamten.[70] Sie sind misstrauisch. Ihre Befürchtung ist, Washington könne versuchen, sich in föderale Angelegenheiten einzumischen. Als wenig hilfreich hatte sich insbesondere Johnsons Vorschlag erwiesen, die amerikanischen Wahlsysteme zum Teil der kritischen Infrastruktur zu erklären und sie so dem Energienetz, dem Verkehrsnetz oder dem Bankensystem gleichzustellen.[71] Für kritische Infrastrukturen gelten besondere Sicherheitsanforderungen; die Regierung in Washington würde dann Zugriff auf lokale Wählerinformationen nehmen und regelmäßig mit lokalen Wahlbeamten kommunizieren können.

In einer Atmosphäre wachsenden Misstrauens zwischen den amerikanischen Bundesstaaten und ihren Bundesbehörden regt sich nun der Verdacht, Washington greife höchstpersönlich in die Integrität der amerikanischen Wahlsysteme ein,[72] um in einer Art Partisanenkrieg Widerstand gegen den republikanischen Kandidaten Donald Trump zu leisten. Und dieser geht, statt einen offenbar feindseligen Angriff durch einen ausländischen Staat aufzuklären, während der zweiten Fernsehdebatte der beiden Präsidentschaftskandidaten sogar so weit zu sagen: »Vielleicht gab es überhaupt keinen Hackerangriff.«

Das ist ein innenpolitisches Desaster und schon deshalb der große Vorteil eines digitalen Angriffs von außen. Ein solcher wird einfach nicht ernst genommen – oder schnell abgestritten. Denn jeder könnte die Attacke lanciert haben, selbst das gegnerische Wahlkampfteam im eigenen Land. Dieses schließlich hätte allen Grund dazu, den kurzfristigen Feind des anderen politischen Lagers mit allen Mitteln aufzuhalten, nicht mehr nur politisch, sondern auch dank fragwürdiger und illegaler digitaler Einflussnahme physisch wie psychologisch. Damit wäre eine Grenze überschritten.

Zur selben Zeit in Washington stellt sich für John Brennan indes eine andere drängende Frage: Hat die russische Regierung, hat Wladimir Putin persönlich eine politische Einmischung in die amerikanischen Wahlen am Wahltermin vom 8. November 2018 angeordnet, und plant er, etwas gegen die Wähler oder die Stimmenzählung am Wahltag zu unternehmen? Für John Brennan wäre dies »ein eindeutiges Zeichen, dass Präsident Putin einen beispiellos aggressiven Angriff gegen die Vereinigten Staaten autorisiert hätte. Das wäre für mich [John Brennan] gleichbedeutend mit Krieg.«[73]

Die Frage der Attribution, also der eindeutigen Zuordnung eines gewaltsamen Angriffs durch einen Staat gegen einen anderen Staat ist sowohl rechtlich als auch militärisch relevant, denn sogleich stellt sich die Frage, welche Verteidigungs- oder Vergeltungsmittel eingesetzt werden dürfen. Denn nicht einmal der Krieg ist ein rechtsfreier Raum.

Drei Fälle von Verteidigung sind in diesem Szenario denkbar:

Erstens, man kann die Russen direkt kontaktieren und sie davor warnen, sich in die politischen Angelegenheiten der Vereinigten Staaten einzumischen.

Das hatte John Brennan selbst mit einen Anruf bei Alexander Bortnikov, dem Leiter des russischen FSB, am 4. August 2016 versucht.[74] Der direkte Draht nach Russland bestand, weil sich die beiden Staaten regelmäßig über die Lage in Syrien austauschten.[75] Allerdings kam es wie zu erwarten: Bortnikov stritt die Einmischung in die amerikanische Politik rundweg ab.[76] Und die Angelegenheit eskalierte. Beim G20-Gipfel im September 2016 in Hangzhou nahm Barack Obama Wladimir Putin auf die Seite und schärfte ihm ein, sich von »Hacking-Kriegen wie im Wilden Westen« fernzuhalten.[77]

Zweitens, wie viel Information darf man der amerikanischen Bevölkerung enthüllen?

Bei nachrichtendienstlicher Tätigkeit stellt sich immer die Frage nach der Geheimhaltung. Brennan durfte nur so viel Information aufdecken, dass er weder einen Hinweis auf seine Quellen gab noch seine Methoden offenlegte. Hierfür hatte Washington eine vorsichtig formulierte Pressemitteilung vorbereitet, die allerdings keinen

Schluss auf eine unmittelbare Verantwortung Wladimir Putins für die Angriffe auf die Bundesstaaten zuließ,[78] obwohl alles auf einen persönlichen Befehl Putins hindeutete.[79] Für den Zeitpunkt der Veröffentlichung war der Nachmittag des 7. Oktober 2016, 15:30 Uhr Ortszeit, vorgesehen. Normalerweise würde man einen Freitagnachmittag für einen taktisch klug gewählten Termin halten. Gleich würden die Börsen schließen. Schlechte Wirtschaftsnachrichten hätte man bis zum Wochenschluss verdaut. Das Wochenende stünde bevor, und jeder, so die Erwartung in Washington, würde die Zeit finden, eine politische Nachricht dieser Tragweite zu reflektieren, zu diskutieren und die Intervention Russlands gebührend ernst zu nehmen. Doch es sollte anders kommen.

Kaum flimmert die Erklärung der amerikanischen Regierung zur Intervention Russlands in die Präsidentschaftswahlen eine halbe Stunde lang über die Fernsehsender, platzen in kurzem Abstand nacheinander gleich zwei mediale Bomben. Um 16:03 Uhr Ortszeit veröffentlicht die *Washington Post* ein Video, in dem Donald Trump von seinen Verführungskünsten bei Hollywood-Berühmtheiten prahlt: *Grab them by the pussy*, »pack sie bei der Muschi«.

Das Video wird sich als *Donald Trump Access Hollywood Tape* oder *Pussygate* in die Geschichte vieler Sexskandale prominenter Personen einreihen. Definitiv kann das Video dem Republikaner schaden und seine Chancen auf einen positiven Wahlausgang stark belasten. Kann – tut es aber nicht. Denn Amerikas kurzer Aufschrei von genau 29 Minuten, in denen man über den Hollywood-Sex seines Präsidentschaftskandidaten zu spekulieren beginnt, verstummt, als sich schon der Vorhang zum nächsten Akt im amerikanischen Wahlkrimi hebt. Er sollte weit nachhaltiger wirken und nicht so schnell in Vergessenheit geraten, dieser zweite Akt, weil James Comey, der 2017 von Donald Trump gefeuerte Chef des FBI, ihn noch kurz vor dem Wahltermin am 8. November 2016 zum Gegenstand strafrechtlicher Ermittlungen machen würde.

Ab 16:32 Uhr beginnt WikiLeaks, E-Mails von Hillary Clinton, die ihr einige Wochen zuvor gestohlen worden waren, nach und nach öffentlich zu machen. Während *Pussygate* ein schlechtes Licht auf Donald Trump wirft, kann die überraschende Bekanntmachung von E-Mails aus dem demokratischen Lager, das rund ein halbes Jahr vorher gehackt wurde, von der Debatte rund um Donald Trumps frauenverachtender Haltung wieder ablenken.

Kann die zeitliche Abfolge der Ereignisse ein Zufall sein? Die Regierungserklärung Washingtons zur russischen Einmischung hatte eine Lebensdauer, die niemand erwarten konnte. Kaum veröffentlicht, verging sie in nur 32 Minuten zu einer Fußnote der Geschichte. Die Intervention Russlands in inneramerikanische Angelegenheiten wurde zweitrangig. Denn jetzt war Donald Trump auf eine sehr unschöne Weise in aller Munde, aber auch kaum länger als die Regierungserklärung selbst, bevor ihm die Veröffentlichungen auf Wiki-Leaks zu seinem großen Vorteil wieder in die Hände spielten.

Es war eine schmerzhafte Lektion, die sich die Obama-Regierung gefallen lassen musste: Strategische Kommunikation in Zeiten der Online-Aggression ist eine ernste Herausforderung und kann ganz unvermittelt in einem Kommunikationsdesaster enden.

Drittens, und das ist die letzte denkbare Verteidigungsoption: Wie steht es mit einem Gegenangriff?

John Brennan erwägt diese Frage durchaus, aber es ist vor allem Barack Obama, der davor zurückschreckt, weitergehende als vorsichtige Maßnahmen gegen die russische Einmischung zu ergreifen. Das Weiße Haus will weder die Eskalation eines Hackerkriegs mit Russland riskieren noch sich dem lauter werdenden Vorwurf des Eingriffs in die Präsidentschaftswahlen aussetzen. Nichts soll danach aussehen, dass eine Regierung der Demokraten der Präsidentschaftskandidatin derselben Partei, Hillary Clinton, Unterstützung leistet. So sind der Cyberabwehr des Weißen Hauses die Hände gebunden, und man einigt sich auf einen Notfallplan, der rund um den Wahltermin am 8. November 2016 in Kraft treten soll.

»Wenn ein ›bedeutsamer Cybervorfall‹ auftritt, der zu ›nachweisbaren Auswirkungen auf die Wahlinfrastruktur‹ führt, werden die Heimatschutzbehörde, das FBI und das Büro des Direktors der nationalen Nachrichtendienste verbesserte Verfahren aktivieren und Ressourcen allokieren.«[80]

Der Hinweis auf nationale Ressourcen umfasst insbesondere einen Militäreinsatz: Das Verteidigungsministerium »kann die zivilen Behörden in Reaktion auf Cybervorfälle auf Antrag einer Bundesbehörde und des Verteidigungsministers oder des Präsidenten unterstützen«.[81] Sollte dies bedeuten, dass Militär vor den Wahllokalen patrouillieren würde? »Verfügbare nationale Kräfte können Reservisten, aktive Militärangehörige und die Nationalgarde sein.«[82] Das liest sich wie eine Teilmobilmachung. Offensichtlich ist die Idee, die Cyberabwehr des Verteidigungsministeriums zu aktivieren.[83] Zwar verbietet es das Gesetz grundsätzlich, dass die amerikanische Regierung Streitkräfte vor oder in geöffneten Wahllokalen einsetzt – allerdings hält das Justizministerium für besagten Notfallplan fest, dass bewaffnetes Militär sehr wohl zum Einsatz gelangen dürfe, wäre ein Wahllokal durch einen Cyberangriff völlig lahmgelegt, sodass keine Stimme mehr abgegeben werden könne.[84] Also ein Krisenplan wie bei einer Naturkatastrophe, der zum einen von strategischer Kommunikation mit dem Ziel des Vertrauenserhalts in eine ordnungsgemäße Wahl und zum anderen von einer Alarmbereitschaft der Cyberabwehr drei Tage über den eigentlichen Wahltermin hinaus begleitet wird.

Das Weiße Haus sollte den Plan nie verabschieden.[85] Am Wahltag bewegen sich die russischen Einmischungen ohnehin nur auf dem bei den Vorwahlen beobachteten Niveau. Trotzdem hält die Welt bei der Auszählung der Stimmen den Atem an.

Allen Vorhersagen zum Trotz fällt ein Staat um den anderen an das republikanische Lager. Stunde um Stunde sinkt die Hoffnung auf einen gemäßigten politischen Stil. Noch in der Wahlnacht ist die Überraschung perfekt: Nicht Hillary Clinton wird die erste weibliche Präsidentin der Vereinigten Staaten. Der *President Elect* ist Donald

Trump. Es ist der Bauträger aus Manhattan, der das Amt des 45. Präsidenten der Vereinigten Staaten antreten wird.

Aus Mangel an Beweisen

Die Externalisierung hybrider Angriffe kann den angegriffenen Staat ins Mark treffen, aber sie erschwert die Zuordnung, die Attribution, eines hybriden Angriffs zu einem Angreiferstaat erheblich. Der Angegriffene kann sich nie sicher sein, ob es sich um einen hybriden staatlichen Angriff oder »nur« um einen kriminellen Akt Privater aus Eigeninteresse handelt. Sprächen auch alle Indizien für einen hybriden staatlichen Angriff, ein Rest Unsicherheit bleibt immer bestehen. Könnte ein angegriffener Staat überhaupt beweisen, dass es ein anderer Staat war, der einen hybriden Angriff geplant und mithilfe eines Surrogats ausgeführt hätte? Mit anderen Worten, wie sicher konnten sich die USA sein, dass sich der Kreml in die amerikanischen Wahlen eingemischt hatte? Würde sich die Staatengemeinschaft, ja sogar das eigene Staatsvolk, überhaupt überzeugen lassen, dass ein Angriff durch einen Staat vorläge, den es zu verurteilen oder sanktionieren gilt? Denn zum Kern der hybriden Bedrohung gehört ausdrücklich, das Opfer davon abzuhalten, sich zu wehren und einen militärischen Gegenschlag zu führen.[86] Das braucht Fingerspitzengefühl seitens des Angreifers: Wie viel Eskalation kann er sich erlauben, um gerade noch unterhalb der Schwelle zum interstaatlichen Krieg zu bleiben? Auch das ist Teil des neuen Machtgefüges: die Demonstration, dass ein Staat die Macht hat, den Grad an Zwang zu eskalieren.

Einige Experten gehen inzwischen davon aus, dass sich ein hybrider Angriff heute mit rund 80 Prozent Gewissheit zuweisen lässt.[87] Doch man muss sich darüber im Klaren sein: Während die meisten Staaten weiterhin im Dunkeln tappen, sind es die Amerikaner, denen die Attribution immer besser gelingt. Dazu implantiert die NSA weltweit Sensorik, die alles, was in der Umgebungsintelligenz geschieht, einem Radarsystem vergleichbar überwacht. Wer deshalb wissen will, ob er Ziel eines hybriden Angriffs geworden und wer sein Gegner ist, kann sich im Falle eines guten Vertrauensverhältnisses darüber Information in den USA beschaffen – allerdings nicht kostenlos und für einen je nach Standpunkt hohen Preis, für Informationsaustausch oder noch mehr Überwachung.[88]

Die Frage, ob überhaupt ein hybrider Angriff erfolgt und wer sein Verursacher ist, ist zentral für die Anwendbarkeit von Völkerrecht, des *ius ad bellum*, das regelt, ob und wie das Recht, Krieg zu führen, zur Anwendung kommt. Noch kennt die Staatengemeinschaft keine verbindlich vereinbarten Standards, die definieren, wann ein hybrider Angriff nur eine Bedrohung oder schon ein Akt des Krieges ist. Die Frage ist dringlich, denn sie betrifft auch das Recht auf Verteidigung: Soll man einen *Hack Back* wagen? Oder auf einen digitalen Sabotageakt lebenswichtiger Infrastruktur mit taktischen Nuklearwaffen antworten?

»Ist ein Cyberangriff vorstellbar, der als Angriff im Sinne von Artikel 5 des NATO-Vertrags bewertet werden müsste, der also die Beistandspflichten der anderen NATO-Partner auslösen würde? Ich denke, den Fall muss man bejahen. Wenn das so ist, würde das den Einsatz nuklearer Waffen mit einschließen – eine furchtbare Vorstellung«, stellt Wolfgang Ischinger deshalb beunruhigt fest.[89]

Noch immer wird die Welt auf Amerika schauen, wenn es um den Umgang mit hybriden Angriffen geht. Die Haltung einer Taube nehmen die Amerikaner hierbei nicht ein und neigen dazu, einen hybriden Angriff tendenziell schneller als Kriegshandlung zu klassifizieren als die Europäer. Dann würde das Völkerrecht zwar einen Verteidigungskrieg gestatten, aber gegen wen soll man sich überhaupt verteidigen?

Die Frage des russischen Eingriffs in die amerikanischen Präsidentschaftswahlen ist ein besonders herausragendes Beispiel für diese Unsicherheit. Wladimir Putin hat jede Einmischung in den Präsidentschaftswahlkampf abgestritten, und Donald Trump scheint ihm mehr Glauben zu schenken als seinen eigenen Sicherheitsbehörden. Bei mehr als einer Gelegenheit wiederholte Donald Trump eisern: Jeder hätte die amerikanischen Wahlsysteme hacken können – Nordkorea, China, der Iran und sogar der nette Junge aus der Nachbarschaft in New Jersey. Mit seinen öffentlichen Äußerungen beim Gipfeltreffen zwischen Russland und den Vereinigten Staaten am 16. Juli 2018 bekräftigte er seine Meinung ein weiteres Mal: »Meine Leute sind zu mir gekommen (…) und sagten, sie denken, es sei Russland [das in die Wahlen eingegriffen hat]. Ich habe Präsident Putin gesprochen; er sagte gerade, es ist nicht Russland. Ich will so sagen: Ich sehe keinen Grund, warum es so wäre.«[90]

Wer im Fall eines hybriden Angriffs nicht zum Gegenschlag ausholen kann, weil nicht feststellbar ist, ob ein Angriff vorliegt und wer ihn überhaupt geführt hat, verliert seine Zweitschlagfähigkeit; seine Drohung, dass sein Zweitschlag vernichtend sein würde, läuft ins Leere.

Mit dem Aufstieg digitaler Fähigkeiten »beobachten wir die komplette Auflösung des Konzepts der Zweitschlagfähigkeit. Die Möglichkeit, einen Angriff zu erwidern, entfällt komplett, weil man keinen Verteidigungsschlag führen kann«, erklärt dazu der Militärtheoretiker Jean-Marc Rickli.[91] »Dabei hat die ganze Idee der strategischen Balance auf dem Gedanken der Abschreckung aufgebaut. Abschreckung hat einen defensiven Charakter.«[92] Solange sich Russland im Kalten Krieg nicht sicher sein konnte, dass es möglich wäre, zwei Angriffe nacheinander zu führen, »erst die amerikanischen Raketensilos zu neutralisieren, dann einen nuklearen Angriff durchzuführen, solange Zweifel bestand, dass ein solcher Angriff funktionieren könnte, so lange bestand ein stabiles strategisches Gleichgewicht«.[93]

Die Zeiten der Abschreckung scheinen also vorbei, weil auch hier die Digitalisierung für Diskontinuität sorgt. Wer digital angreifen kann, ohne dass er mit einem Gegenschlag rechnen muss, weil es ihm gelingt, sich wirksam zu tarnen, seine Surrogate vorzuschieben und alles abzustreiten, hebt die strategische Balance auf. Macht verschiebt sich zugunsten des potenziellen Angreifers. Umgekehrt, und das öffnet die Büchse der Pandora, gilt dann, dass der beste Weg, um sich gegen hybride Angriffe zu verteidigen, der ist, selbst den Erstschlag zu führen.»Und plötzlich verschiebt sich die Balance weg von Defensive hin zum Erstschlag.«[94]

Jean-Marc Rickli bezieht sich bei seinen Überlegungen auf eine besondere digitale Entwicklung, nämlich die von attackierenden und autonom agierenden Drohnenschwärmen. Dabei muss man bei einem Schwarmangriff nicht gleich an Drohnen denken. Auch eine DDoS-Attacke *(Distributed Denial of Service)*, ein verteilter Überlastangriff auf Computer, der Unternehmen, Behörden oder kritische Infrastruktur lahmlegt, macht sich verteiltes Handeln zunutze. Denn eine dezentrale, nicht leicht erkennbare verteilte Ordnung ist einem zentralen System an Robustheit und Überlebenschance überlegen. Hingegen genügt ein einziger Enthauptungsschlag, um ein zentrales System außer Kraft zu setzen.

Kurz gesagt: Die Dynamik, der wir uns mit den technologischen Kräften der Digitalisierung aussetzen, schafft ein Risikoumfeld, das zu Krisen tendiert. Und für das unser geltendes Völkerrecht keine Antwort hat.

Datendiebe

»Die Angeklagten (...) waren Offiziere des [russischen Militärgeheimdienstes] GRU, die willentlich und vorsätzlich miteinander und mit anderen, der Anklagejury bekannten und unbekannten Personen (zusammen: die ›Verschwörer‹), zu dem Zweck konspiriert haben, sich nicht autorisierten Zugang zu Computern von US-Bürgern und juristischen Personen, die in die Präsidentschaftswahlen 2016 involviert waren, zu verschaffen (zu ›hacken‹), von diesen Computern Dokumente zu stehlen und die gestohlenen Dokumente zu veröffentlichen, um die Präsidentschaftswahlen 2016 zu stören.«[95]

Dieses Mal ist die Anklageschrift wegen Verschwörung vom 13. Juli 2018 von hochbrisantem politischem Inhalt. Sie ist ein Zwischenergebnis der Untersuchungen des Sonderermittlers Robert Mueller aus dem US-Justizministerium und benennt zwölf russische Angeklagte, denen Einmischung in den US-Wahlkampf, Computerkriminalität, Identitätsdiebstahl und Geldwäsche vorgeworfen werden.

Sie ist die zweite ihrer Art. Schon im Februar 2018 wurde Anklage gegen 13 Russen, darunter auch gegen den »Kremlkoch« Yevgeniy Prigozhin, dessen Gastronomieunternehmen *Konkord* als Tarnfirma für hybride russische Aktivitäten gilt, erhoben. Sie hätten einen betrügerischen Eingriff in das Funktionieren der US-Regierung vorgenommen.[96]

Einmischung in die Politik anderer Staaten ist nicht neu. Schon in vordigitalen Zeiten haben Staaten versucht, Machtwechsel in anderen Staaten herbeizuführen, und sind vor Putsch, wirtschaftlicher Kontrolle von Bodenschätzen oder Staatsfinanzen und selbst Mord nicht zurückgeschreckt.[97] Jetzt ist die Anklageschrift Muellers ein Lehrstück für das Vorgehen eines Staates, der die digitale Vernetzung des 21. Jahrhunderts gezielt strategisch und auch taktisch gebraucht, um zum eigenen Vorteil in die Regierungsbildung einer anderen Nation einzugreifen.

Was die Anschuldigungen Muellers für die Abwehr künftiger hybrider Angriffe so wertvoll macht, ist ihre detaillierte Beschreibung, wie Mitarbeiter des russischen militärischen Nachrichtendienstes die Computer der Demokraten gehackt, bestohlen und mit Schadsoftware infiziert hatten. In die Hände gefallen waren ihnen die Rechner des amerikanischen Demokratischen Nationalkomitees (DNC), des *D-trip (Democratic Congressional Campaign Commit-*

tee) und das E-Mail-Konto von Hillary Clintons Wahlkampfleiter John Podesta, früher Stabschef unter Bill Clinton. Die Angeklagten, so lautet die Zusammenfassung, hätten Dutzende von Mitarbeitern des demokratischen Wahlkampflagers überwacht und die ihnen gestohlenen Dokumente nach und nach zwischen Juni und November 2016 im Internet unter falschen Online-Identitäten veröffentlicht – am 7. Oktober 2016 auch mithilfe der »Organisation 1«, augenscheinlich ein Hinweis der Anklage auf WikiLeaks. Um ihre Verbindungen nach Russland zu verschleiern, hätten sich die Angeklagten falsche Identitäten zugelegt, global verteilte Rechner angemietet und für die Kosten ihrer geheimen Operation mit der Kryptowährung Bitcoin bezahlt.

Bei einer Zahlung mit Bitcoin muss niemand mit einer Bank in Kontakt treten. Weder muss man sich ausweisen noch die strenge Legitimationsprüfung der Finanzinstitute zur Verhinderung von Geldwäsche befolgen. Denn Bitcoins beschafft man sich auf den Tauschbörsen Gleichgesinnter, oder man kapert die Rechner ahnungsloser Computernutzer und greift auf deren Prozessorleistung zu, um selbst Bitcoins zu schürfen.

Etwa 95 000 US-Dollar, so heißt es weiter, hätten die Angeklagten auf diese Weise gewaschen und Geldtransfers aus dem Ausland in die Vereinigten Staaten veranlasst, um dort ihren illegalen Aktivitäten nachzukommen. Diese beschreibt Mueller im Detail:

Spätestens ab März 2016 hatten die Angeklagten mit dem Versand gefälschter E-Mails an rund 300 amerikanische Zielpersonen begonnen, ein Vorgang, den man auch als *Social Engineering* bezeichnet. Diese Phishing-Mails sollten ihre ahnungslosen Empfänger veranlassen, Passwörter preiszugeben. Und tatsächlich ging den Russen schon am 19. März 2016 ein großer Fisch ins Netz. Auch in John Podestas elektronischem Postfach war eine Phishing-Nachricht eingetroffen. Auf den Wahlkampfleiter Hillary Clintons und einstigen Stabschef des Weißen Hauses machte die E-Mail den Eindruck, als hätte Google die aufmerksame Mitteilung versandt, dass ein Unbefugter auf sein Google-Konto zugegriffen habe. Wegen der inzwischen verbesserten Sicherheitsvorkehrungen der Technologiegiganten war eine solche E-Mail nicht a priori verdächtig. Man empfehle Podesta, so lautete der Ratschlag, das Passwort seines elektronischen Postfachs zu ändern. Doch wer auf den in der E-Mail dargestellten Link klickte, wurde keineswegs zu Google weitergeleitet. Stattdessen führte der Link auf eine gefälschte Webseite, die eine Google-Seite nur glaubhaft imitierte. Wer sein Google-Passwort hier eingab – »Geben Sie Ihr altes Passwort ein« –, hatte dem russischen Nachrichtendienst den Schlüssel zu seinem E-Mail-Konto hinterlassen. Es sollten dann auch kaum mehr als zwei Tage vergehen, bis die Trickbetrüger über 50 000 E-Mails von John Podestas Mail-Konto kopiert hatten.

Doch der Phishing-Feldzug der Angeklagten sollte sich nur als Brückenkopfoperation und Teil eines größeren Plans erweisen. Einmal in die Konten der Opfer eingedrungen, nutzten sie den Zugriff auf Rechner der schon Geschädigten, um sowohl einzelne Computer als auch das Computernetzwerk der Demokraten nach Sicherheitslücken zu durchkämmen. IP-Adressen und Netzwerkkonfigurationen wurden ausgeforscht, um die mit dem Netzwerk verbundenen Geräte zu kartografieren. Das würde die Einschleusung der Schadsoftware X-Agent erleichtern, die Tastaturanschläge mitlesen und Bildschirmfotos anfertigen konnte. Über mehrere Server, darunter auch eine in Atlanta angemietete Maschine, flossen die erzeugten *Keylogging-* und *Screenshot*-Daten an die russischen Angeklagten ab, unter anderem auch die Bankinformationen einer Aktion der Demokraten für die Wahlspendenbeschaffung.

Die Überwachung der Opfer beschränkte sich nicht nur auf das Verhalten der Nutzer am Computer. Gezielt machten sich die Russen daran, die Rechner ihrer Opfer nach allen möglichen relevanten Informationen zu durchforsten. Sie sollten fündig werden. Unter den Dateien, die ihnen in die Hände fielen, befanden sich taktische Pläne zur Präsidentschaftswahl 2016 und ein Ordner mit dem Namen

»Benghazi Ermittlungen«.[98] Um die Datenmengen unbemerkt und doch verschlüsselt an einen ihrer Server zu übertragen, komprimierten die Angeklagten die Daten auf kleinen Umfang und löschten das Ereignisprotokoll des bestohlenen Computers. Dazu bedienten sie sich auch des frei verfügbaren Löschprogramms CCleaner. Wenn sich sogar Nachrichtendienste auf das kostenlose britische Säuberungswerkzeug verlassen, bestätigen sie nur einmal mehr die Bewertung der namhaftesten Medienhäuser der IT-Branche: Danach gehört CCleaner zu den besten Spurenvernichtern weltweit.

Erst gegen Ende Mai 2016 fiel den Demokraten auf, dass sie gehackt worden waren. Im darauffolgenden Monat nahm sich eine Sicherheitsfirma des Problems an und deaktivierte das Überwachungsprogramm X-Agent auf den Computern und im Netzwerk der Demokraten. Nun waren die Angeklagten zwar nicht mehr in der Lage, sich mit ihrem Schadprogramm zu verbinden, der Fehlschlag aber sollte sie nicht davon abhalten, sich anderweitig politisch relevante Information zu verschaffen: Ersatzweise nahmen sie den Infrastrukturanbieter der Demokraten ins Visier. Auf den Rechnern des Cloud-Anbieters, der auf seiner Webseite mit *Elections as a Service* (Wahl als Dienstleistung) wirbt und in einem Fallbeispiel die Leistungserbringung für das DNC demonstriert,[99] hatte dieses eine Testanwendung für die Analyse von Wählerdaten installiert, die feststellen konnte, welche Wahlberechtigten voraussichtlich für Hillary Clinton abstimmen würden.

Dieses neue Ziel kundschafteten die Angeklagten aus, fertigten dann mit der eigenen Back-up-Einrichtung des Rechenzentrums einen Schnappschuss der DNC-Daten an und verschoben ihn anschließend auf ihre eigenen Konten, die sie beim selben Betreiber angelegt hatten.

Und die Angeklagten legten eine falsche Fährte, um von sich abzulenken. Für ihre *False Flag Operation* etablierten sie eine gefälschte Online-Identität mit dem Namen Guccifer 2.0 und täuschten vor, niemand anderer als ein einzelner rumänischer Hacker, ein einsamer Wolf, zu sein, dem der Coup gelungen war, auf wichtige amerikanische Rechner zuzugreifen.

Guccifer 2.0 sollte etwas später noch eine prominente Rolle in diesem Wahlkrimi der besonderen Art spielen. Denn er war jene falsche Online-Identität, die sowohl mit dem Wahlvolk als auch amerikanischen Politikern direkt kommunizieren würde.

Kritische Infrastruktur in Gefahr

»Die Warnlampen blinken wieder rot«, meint Dan Coats, der nationale amerikanische Geheimdienstkoordinator und frühere US-amerikanische Botschafter in Deutschland.[100] Wie in den Monaten vor dem 11. September 2001 hätten die amerikanischen Geheimdienste alarmierende Aktivitäten festgestellt, wonach die Vereinigten Staaten einem potenziellen Angriff ausgesetzt seien. Auch vor 9/11 hatten diese Warnleuchten rot geblinkt. »Die digitale Infrastruktur in unserem Land ist buchstäblich unter Beschuss.«[101] Russland und andere Akteure – Coats nennt namentlich China, Iran und Nordkorea, verweist aber auch auf Terroristen und Kriminelle – würden die Verletzlichkeit kritischer Infrastrukturen ausnutzen, um in amerikanische Energienetze, die Wasserversorgung, in Nuklearanlagen und die verarbeitende Industrie einzudringen. In vielen Fällen hätten sich ihre Logikbomben bereits tief in die Schaltzentralen wichtiger Infrastrukturen eingenistet. Viel fehle nicht mehr, um eine Katastrophe auszulösen – außer dem politischen Willen, genau diesen Knopf auch zu drücken.

So, wie es Robert Mueller in seiner Anklageschrift detailliert dargestellt hat, werden heute viele digitale Angriffe ausgeführt. Ihre Dimension, die Reichweite und die Schwere ihrer Folgen für die globale Ordnung, für staatliche Machtverhältnisse und gesellschaftliche Normen haben die Staatenlenker aufgeschreckt. Regierungen halten sich nun nicht mehr zurück, Anschuldigungen wegen hybrider Angriffe offen auszusprechen. Auf der Münchner Sicherheitskonferenz 2018 waren es neben den Vereinigten Staaten, Kanada und Australien auch Dänemark und Großbritannien, die Russlands Regierung vorwarfen, sie habe den Erpresserangriff mit NotPetya, einer Ransomware, die aus dem Programmcode von WannaCry hervorging, zu vertreten. Das hat Russland abgestritten. Während die WannaCry-Attacke im Mai 2017 erstmals Menschenleben riskierte, weil britische Patienten nicht mehr von ihren Krankenhäusern aufgenommen und behandelt werden konnten, hatte der NotPetya-Folgeangriff vom Juni 2017 schwere wirtschaftliche Schäden verursacht. Allein die Reederei Maersk sah sich gezwungen, ihre 50 000 Rechner komplett neu zu installieren – für Kosten, die in die Hunderte Millionen US-Dollar gingen.[102] Während der Reparaturzeit von ungefähr zehn Tagen war Maersk gezwungen, seine Geschäfte händisch abzuarbeiten. Weltweit, so wird angenommen, hat NotPetya, der vermutlich direkt die Ukraine treffen sollte, finanzielle Verluste in Milliardenhöhe verursacht.

Nicht alle Szenarien, die denkbar, technisch möglich oder schon vorbereitet sind, werden auch tatsächlich eintreten. Das ändert nichts daran, dass sich das Risikoumfeld für uns alle zum Nachteil ändert, weil sich das *Internet of Everything* als Technologieträger der Umgebungsintelligenz ungehindert ausbreitet. Autos, Häuser, Arbeitsplätze und die Menschen selbst sind mit immer mehr Überwachungstechnik ausgestattet, vernetzt, per Funk gesteuert und optimiert, genauso wie Betriebsanlagen und kritische Infrastrukturen. Das ist aus wirtschaftlichen Gründen politisch so gewollt.

Doch die Umgebungsintelligenz wird noch eine große Herausforderung für die Sicherheit werden. Noch sind viele Geräte über IPv4 vernetzt. Geräte wie Drucker, Laptop oder IP-Telefone hängen heute an einem gemeinsamen Netzwerkrouter, weil die Anzahl der verfügbaren IP-Adressen beschränkt ist. Der Router koppelt und leitet weiter, hat aber auch die Rolle einer »Brandmauer«, einer *Firewall*, für das Rechnernetz. Er ist Hardwareschutz und damit neben dem Softwareschutz ein zweiter Sicherheitsmechanismus gegen unerlaubte Zugriffe auf ein Netzwerk oder einzelne Geräte durch Unbefugte. Hat sich aber erst einmal der IPv6-Standard weiter ausgebreitet, wird jedes einzelne Endgerät, jeder Sensor, jede Steuerung über eine eigene, eindeutig identifizierbare IP-Adresse verfügen und unmittelbar ohne Router und deshalb ohne einen Hardwareschutz mit dem offenen, ungesicherten Internet vernetzt sein.

Aber auch ohne IPv6 sind viele digitale Verwundbarkeiten auf den Leichtsinn der Nutzer zurückzuführen. Anlagenbetreiber für die Gasherstellung freuen sich, wenn sie auf die zentrale Anlagensteuerung ihrer weltweit verteilt arbeitenden Fabriken»vom Badesee aus mit dem Smartphone zugreifen« können.[103] Betreiber deutscher Verkehrsinfrastruktur haben kein Problem damit, dass die Daten, die Sensoren von deutschen Verkehrswegen erfassen, unverschlüsselt an einen amerikanischen Rechenzentrumsbetreiber übertragen werden – an dasselbe Infrastrukturunternehmen, das auch Wahlen als Dienstleistung anbietet und im US-Präsidentschaftswahlkampf offenbar gehackt wurde.»Jeder kann sich an die Strecke stellen und sehen, in welchem Zustand die Strecke ist. Diese Information muss man nicht verschlüsselt übertragen.«[104] So und ähnlich unbedarft lautet die schulterzuckende Antwort deutscher Unternehmen auf Warnungen vor Hacks und Datenklau aus den Rechenzentren Dritter.

Vernunftargumente, leider, führen hier nicht weiter. Die Erklärung dafür ist einfach. Nutzer von Umgebungsintelligenz wollen Funktionalität, Bequemlichkeit und Automatisierung genießen. Deshalb bauen die Anbieter digitaler Produkte oder Dienstleistungen ihre Palette rund um Funktionalität aus. Denn Funktion können sie abrechnen. Deshalb kann jeder Anbieter die Rentabilität von Funktionalität nachweisen: Wie viel Geld kann eine bestimmte Funktion beim Nutzer einsparen? Welchen finanziellen Vorteil hat eine bestimmte Funktion für den Nutzer? Und welchen Anteil davon kann man in die eigene Kasse spülen?

Wie aber misst man die Einsparungen oder den Gewinn, den mehr Sicherheit erzielt? Die Rentabilität von Sicherheit will erst einmal erwiesen sein. Beratungsfirmen arbeiten zwar an guten Begründungen, warum sowohl Anbieter als auch Nutzer für Sicherheit Geld ausgeben sollten, aber der immaterielle Wert der Sicherheit kostet mehr, als er einbringt. Die Entwicklung von Facebook im späten Juli 2018 ist ein demonstratives Beispiel dafür. Das Unternehmen büßte an einem einzigen Handelstag rund 123 Milliarden US-Dollar oder 20 Prozent seiner Marktkapitalisierung ein, als per Umsatzwarnung bekannt wurde, dass die Nachrüstung von Sicherheitsvorkehrungen des Unternehmens gegen Datenklau, Hassrede oder *Fake News* sehr teuer ausfallen würden und dies bei gleichzeitig erwartetem Rückgang der Nutzerzahlen.[105]

Nutzer haben die unausgesprochene Erwartung, dass Umgebungsintelligenz sicher ist. Doch darauf sollten sie sich nicht zu sehr verlassen. Systemingenieure warnen, dass Sicherheit nicht schon beim Design eines digitalen Angebots berücksichtigt werde: Die Forderungen nach *Safety-by-Design* oder *Security-by-Design* fallen einem Mehr an Funktionalität zum Opfer und werden noch nicht hinreichend berücksichtigt.[106] Ist aber ein digitales Produkt einmal konzipiert und gebaut, ist die Nachrüstung von Sicherheit schwer bis unmöglich.

Dies vorausgeschickt, prognostiziert Ehud Schneorson, ehemaliger Leiter des israelischen Geheimdienstes, Einheit 8200, dass die kritische Infrastruktur eines Staates das Hauptziel aller zukünftigen Kriege sein wird. »Die Energieinfrastruktur ist das Herz-Kreislauf-System einer modernen Nation«, stellt Schneorson fest. Ein Angriff auf diese Infrastruktur brächte Vorteile und könnte zum digitalen 9/11 werden.[107] Damit bläst Ehud Schneorson in dasselbe Horn wie sein amerikanischer Kollege Dan Coats.

Noch haben die Gegner nicht zugeschlagen. Aber sie haben sich vorbereitet. Worauf genau zielen sie ab?

Im Visier hybrider Angriffe

Auch wenn es bislang nur Energienetze und Stromversorger in den USA waren, die aus dem Ausland angegriffen wurden, kann es für Deutschland längst keine Entwarnung geben. Als nämlich im Juni 2018 eine flächendeckende Bedrohung deutscher Stromnetze und Energieunternehmen durch die Hackergruppe Berserk Bear aufgefallen war, schlugen das Bundesamt für Sicherheit in der Informationstechnik (BSI) und das Bundesamt für Verfassungsschutz (BfV) Alarm. Sie hatten Angriffe auf die deutsche Infrastruktur zwar schon seit Jahren beobachtet. Jetzt aber versandten die Angreifer unbefugte Steuerbefehle an Router, um die Netzwerkkomponente zu veranlassen, Konfigurationsdetails des Netzwerks abzusaugen und Zugangsdaten abzuschöpfen.[108] Weiter als in Büronetzwerke schienen sie aber nicht eingedrungen zu sein.

»Der Modus Operandi ist in der Tat eines von mehreren Indizien, die auf eine russische Steuerung der Angriffskampagne hindeuten«, erklärte Verfassungsschutzpräsident a. D. Hans-Georg Maaßen genauer zur Vorgehensweise der Angreifer.[109]

»Sie sind in unsere Netzwerke eingedrungen und positionieren sich für eine eingeschränkte oder ausgedehnte Attacke«, so sieht es der Amerikaner Michael Carpenter, früher stellvertretender Assistent des US-Verteidigungsministers. »Sie führen einen verdeckten Krieg gegen den Westen.«[110]

»Ich würde sehr deutlich differenzieren zwischen hybrider Bedrohung und hybridem Krieg«, widerspricht allerdings Hans-Georg Maaßen mit Nachdruck.[111]

Es fällt auf, wie sehr sich sowohl die Wortwahl der beiden hohen Staatsdiener als auch ihr aktueller oder früherer staatlicher Auftrag voneinander unterscheiden.

»Krieg ist ein Zustand, über den wir gar nicht diskutieren müssen, er ist letztendlich völkerrechtlich festgelegt, unabhängig davon, ob der Krieg erklärt wird oder nicht erklärt wird«, erklärt der frühere deutsche Verfassungsschutzpräsident näher.[112]»Beim hybriden Krieg haben wir es regelmäßig mit einem wahrnehmbaren Kriegszustand zu tun, der durch hybride Maßnahmen flankiert wird. (…) Bei der hybriden Bedrohung haben wir es mit einem Friedenszustand zu tun. Keiner der Beteiligten beabsichtigt, dem anderen offiziell den Krieg zu erklären oder mit Truppen gegeneinander zu marschieren. Im Gegenteil, es soll vermieden werden, dass man als feindseliger Gegner offen in Erscheinung tritt.«[113] Der deutsche Verfassungsschutzpräsident a. D. stand einer zivilen Behörde vor, der Amerikaner Carpenter hat eine militärische Laufbahn genommen. Das sozialisiert und prägt nicht nur die Position beider in Bezug auf hybride Angriffe. Amerikaner äußern sich wie angriffslustige Falken, wenn es um die Abwehr digitaler Attacken geht. Doch nicht zuletzt geht es auch bei Angriffen auf die Umgebungsintelligenz um die Begründung von Zuständigkeiten. Denn mit dem Begriff des Krieges wird ein klarer Bezug zur Kompetenz einer bestimmten Behörde hergestellt.»In dem Moment, in dem ich etwas ›Krieg‹ nennen kann, habe ich eine Zuständigkeit der Streitkräfte«, erklärt Heiko Borchert, Sicherheits- und Verteidigungsberater für Rüstungskooperation, Energiesicherheit und geostrategische Analyse.[114]»Am Schluss brauchst du ein Label, das politisch verträglich und akzeptiert ist und mit dem du Dinge tun kannst.«[115]

Die Kategorisierung digitaler Attacken als hybride Bedrohung, verantwortet durch einen anderen Staat, ruft hingegen den deutschen Verfassungsschutz auf den Plan.

»Es ist Aufgabe der inländischen Sicherheitsbehörden, sich um hybride Angriffe zu kümmern«, sagt Hans-Georg Maaßen.»Das ist, wie Sie sich vorstellen können, für das Bundesamt für Verfassungsschutz eine sehr große Herausforderung, weil unser Gegenüber bei einer hybriden Bedrohung kriegsähnlich operiert, ohne dass jemals der Krieg erklärt werden soll. Der Gegner operiert unterhalb der Kriegsschwelle, subtil und sublim, aber die Behörden, die diese Angriffe auffangen sollen, sind zivile Behörden.«[116]

Mit Fragen von Zuständigkeiten werden wir uns noch beschäftigen. Besondere Relevanz erlangen sie dort, wo es um die rechtlichen Möglichkeiten der Verteidigung gegen hybride Angriffe geht. Doch zurück zu den Angriffszielen. Potenziell gefährdet sind die **Seekabel** im Nordatlantik. Weil die russische Marine ihre U-Boot-flotte unter erheblichen Investitionen aufgerüstet hat und im Nordatlantik mit auffälliger Nähe zu den Datenkabeln so aktiv ist wie zuletzt im Kalten Krieg, macht sich die NATO Sorgen. Würden die Kommunikationsstränge zwischen den Vereinigten Staaten und Europa gekappt, könnte der wirtschaftliche Schaden kaum größer sein. Wahrscheinlicher aber ist, dass die Kabel von russischen U-Booten angezapft und Daten – von unverfänglichen Urlaubsfotos über geistiges Eigentum bis hin zu Geldgeschäften – zur Analyse an Mutterschiffe übertragen werden. Auf dieses Szenario deutet vieles hin, nachdem die Vereinigten Staaten im Sommer 2018 Wirtschaftssanktionen gegen mehrere russische Unternehmen verhängt haben. Der Vorwurf: enge Zusammenarbeit mit dem Kreml. Zu den sanktionierten Firmen gehört auch das Unternehmen Divetechnoservices, dem vorgeworfen wird, es stelle Technologie für das Belauschen von Seekabeln her.[117] Würde das zutreffen, wäre auch ein a priori unverdächtiger Hersteller kommerzieller Unterwassergeräte ein geeignetes Surrogat für eine staatliche Marine.

Dass beim Belauschen von Unterseekabeln auch Informationen über Finanztransaktionen anfallen, lässt die Finanzminister der G20-Staaten und ihre Zentralbanker nervös werden. Schon bei ihrem Treffen 2017 in Baden-Baden warnten sie: Der böswillige Einsatz von Informations- und Kommunikationstechnologien könne die Sicherheit und das Vertrauen in das **globale Finanzsystem** untergraben und die finanzielle Stabilität von Staaten gefährden.[118] Seit 2007 waren bereits etliche schwerwiegende Attacken auf Finanzinstitutionen verzeichnet worden, darunter DDoS-Attacken, Gelddiebstahl oder die Manipulation von Märkten und Daten. Nähere Untersuchungen deuten allerdings darauf hin, dass die zunehmenden Angriffe auf Geschäftsbanken, Börsen oder Zentralbanken zwar häufig politisch motiviert, aber, mit wenigen Ausnahmen, doch vorwiegend kriminell und nicht staatlich veranlasst sind.[119] Zu diesen Ausnahmen gehört der Angriff Nordkoreas auf die Zentralbank Bangladeschs vom Februar 2016, bei dem die Angreifer vergeblich versuchten, eine Milliarde US-Dollar oder 0,58 Prozent des Bruttoinlandsprodukts Bangladeschs zu entwenden.[120] Auch Russland ist mehrfach Opfer von Attacken auf sein Finanzsystem geworden. Um das Vertrauen in ihre globale finanzielle Stabilität zu erhalten, wollen die G20-Staaten deshalb ausdrücklich mit einer freiwilligen Konvention auf hybride Techniken im Zusammenhang mit dem globalen Finanzsystem verzichten und zusammenarbeiten, falls solche Angriffe aufträten.[121]

Dasselbe gilt aber nicht für die Integrität des **Fernsehens**. Am 8. April 2015 wurde der französische Fernsehsender TV5 Monde gekapert und hatte einen dreistündigen Blackout zu beklagen. Zu dem Angriff bekannte sich das CyberCaliphate. Tauchten früher Bekennerschreiben auf, genügt heute das *Defacement,* die Entstellung der Webseite des Opfers, für die globale Verbreitung einer Bekennernachricht. Dieses Mal wurden zeitgleich mit dem Angriff auf den französischen Sender dessen Twitter- und Facebook-Konten gehackt. Auf dem verunstalteten Imagebild prangte nun die Aufschrift »Je suIS IS«, und darunter war folgender Text zu lesen: »Soldaten Frankreichs, haltet euch vom Islamischen Staat fern! Ihr habt die Chance, bei euren Familien zu bleiben, nutzt das aus.« Besonders perfide und ein hohes persönliches Risiko für die Betroffenen: Auf den gekaperten Social-Media-Seiten des Senders wurden persönliche Daten von Verwandten französischer Soldaten gepostet, versehen mit einer Warnung an den früheren Präsidenten Hollande, dass die Terrorattacken von Paris im Januar 2015 nur ein Geschenk für seinen Krieg gegen den Terror gewesen seien.

Lange war über die digitalen Fähigkeiten des IS spekuliert worden. Wäre der IS in der Lage, digital anzugreifen?

»Natürlich gab es auch beim IS einzelne Personen, die IT-affin waren. Wir haben beobachtet, dass sie DDoS-Attacken organisieren konnten, dass sie Zugang zu Hackergruppierungen hatten und dass sie in der Lage waren, *Defacement*-Kampagnen durchzuführen«, klärt Hans-Georg Maaßen auf.[122] »Wir konnten nicht beobachten, dass der IS personell und mit Know-how in der Lage war, größere Cyberangriffe zu fahren.«[123]

Eine synchronisierte Aktion wie der Angriff auf TV5 Monde erforderte aber eine gute Planung und konnte deshalb durchaus auch von anderer Seite als durch den IS erfolgt sein. Hatten sich die Angreifer nur als IS maskiert, um eine *False-Flag-Operation* durchzuführen? Es folgten mehrmonatige Untersuchungen durch die französischen Behörden, bis das Ergebnis feststand: Ein Teil der Schadsoftware war mit einer kyrillischen Tastatur erstellt und zu russischen Bürozeiten kompiliert worden.[124] Die Attacke konnte von derselben Gruppe stammen, die ein Jahr später auch die amerikanischen Demokraten gehackt hatte und der mehr als ein einziger Name zukommt: Fancy Bear,[125] Pawn Storm oder APT28 – niemand kennt den wahren Namen der russischen Hackerorganisation. Das zeigt: Selbst Surrogate von Regierungsstellen können sich eine Tarnung verschaffen, was die Attribution eines Angriffs zu einer Regierung zusätzlich erschwert.

Derselben Organisation wird auch der Angriff auf den deutschen Bundestag aus dem Jahr 2015 und deutsche **Regierungsnetze** 2018 vorgeworfen.[126] Noch spektakulärer, aber von der Weltöffentlichkeit wenig beachtet waren die digitalen Angriffe auf die Regierung von Montenegro 2016/17. Der kleine Balkanstaat mit rund 630 000 Einwohnern wollte sich entscheiden: Sollte man sich eher Russland oder lieber der NATO zuwenden? Donald Trump hatte das Land als »kleines Land (…) mit sehr aggressiven Leuten« bezeichnet, das den Dritten Weltkrieg auslösen könne.[127] Schon während des Wahlkampfs zwischen dem EU- und NATO-freundlichen, aber seit 1991 regierenden und als korrupt geltenden Machthaber Milo Đukanović und der prorussischen Opposition verhinderten Angreifer per DDoS-Attacke den Zugriff auf die Webseite der Regierung just in dem Zeitraum, in dem die Wähler auf Daten und Information besonders angewiesen waren, um eine informierte Wahlentscheidung zu treffen. Die montenegrinische Regierung fürchtete einen digital unterstützten Putschversuch und verhaftete am Wahltag im Oktober 20 Serben mit dem Vorwurf, im Dienste einer ausländischen Regierung, des Kreml, ein Mordkomplott gegen Milo Đukanović geschmiedet zu haben. Die Aktion sorgte für den Machterhalt Đukanovićs, woran auch die digitalen Angriffe auf die Regierungsrechner nichts zu ändern vermochten.

Als sich Montenegro ab Februar 2017 formell dem NATO-Bündnis annäherte, nahmen die digitalen Angriffe erneut und an Schwere zu. Besonders vor dem NATO-Gipfel vom 5. Juni 2017 »lag die Infrastruktur der Regierung unter schweren, heftigen Angriffen, und dies war eine echte Herausforderung für unser Team«, räumte die montenegrinische Generaldirektorin für Informationssicherheit, Milica Jankovic, ein.[128]

In einer Ära der Vollvernetzung ist die Sicherheit von **Waffensystemen** zu einer besonders großen Herausforderung geworden, namentlich dann, wenn nukleare Sprengkörper mit immer mehr Sensorik ausgerüstet und vernetzt werden. Mit spezieller Umgebungsintelligenz für die Waffensteuerung oder das Aufspüren feindlicher Stellungen ist das Militär daher schon lange digital am weitesten fortgeschritten. Die Sicherheit militärischer Systeme vor unautorisierten Eingriffen ist auch deshalb umso dringlicher, weil US-Präsident Trump das Atomarsenal der Vereinigten Staaten etwa um das Zehnfache vergrößern will und sich damit klar von der Vision seines Vorgängers Barack Obama distanziert, die Welt vollständig zu denuklearisieren.[129]

Besonders gefährdet sind Kontrollsysteme und die Kommunikation von Waffensystemen, die man nicht nur hacken, sondern auch *spoofen* oder *jammen* kann. Im ersten Fall wird ein Messfühler mit falschen Daten bespielt, im zweiten Fall verhindert elektronisches Störfeuer, dass ein Sensor Messdaten überhaupt erheben kann. Die Rede ist vom *Electronic Warfare*, dem elektronischen Kampf. Hier ist das Angriffsziel das unsichtbare elektromagnetische Spektrum, jene Funkwellen, ohne die im Alltag des 21. Jahrhunderts nichts mehr geht. Militärisch wird das elektromagnetische Spektrum etwa für Lenksignale von Langstrecken-Präzisionswaffen, Kampffahrzeugen neuester Generation und unbemannten Robotern sowie für die Steuerung von Raketenabwehrsystemen auch gegen hypersonische Waffen eingesetzt.

Das elektromagnetische Spektrum füllt sich mit immer mehr Frequenzen, und es ist dringend notwendig geworden, dies nicht einfach nur geschehen zu lassen, sondern aktiv zu managen. Im Konfliktfall wird eine Partei deshalb immer versuchen, die Kontrolle über das elektromagnetische Spektrum zu erringen und den Gegner zeitweise lahmzulegen. Gerade bei der digitalen Ausstattung von Soldaten gilt zu berücksichtigen, dass sie nicht wie ein Leuchtturm strahlen und ausgerechnet wegen ihrer funkenden Ausrüstung für die feindlichen elektromagnetischen Krieger zur leichten Beute werden. Wer auf dem Gefechtsfeld vernetzt ist, muss in der Lage sein, Signaturen zu verschleiern und Reflexionen zu vermeiden, um möglichst unbemerkt zu bleiben.

Sowohl das *Spoofing* als auch das *Jamming* sind altbekannte Techniken. Seit dem Einsatz von Radartechnologie im Zweiten Weltkrieg haben Konfliktparteien versucht, das elektromagnetische Spektrum des Gegners zu stören, um bei einem militärischen Angriff unentdeckt zu bleiben oder Waffen des Gegners vor einem Angriff zu detektieren und zu neutralisieren. Heute haben *Improvised Explosive Devices* (IED) Konjunktur, Sprengfallen, die mit dem Smartphone über Funk auch aus der Ferne gezündet werden können und von Terroristen, Rebellen oder Aufständischen während der Kriege im Irak oder in Afghanistan verwendet wurden. Viele der IED konnten in den Einsätzen der Amerikaner aus der Luft unschädlich gemacht werden, weil die Funksignale, mit denen die Explosion ausgelöst werden sollte, gezielt gestört wurden.

Spoofing und *Jamming* sind nicht nur im militärischen Kontext ernsthafte Bedrohungen, auch im zivilen Alltag können diese Techniken großen Schaden anrichten. Wenn Industrieanlagenbetreiber an ihren Luftzerlegern, Raffinerien, Dämmen, Pipelines oder Stromnetzen Sensoren anbringen, die Daten über den Anlagenzustand erfassen und an ein Kontrollzentrum funken, und ebendiese Sensoren von außen gestört werden, kann ein Kontrollzentrum beim *Spoofing* eine falsche Information über die Anlage erhalten. Wenn ein Betriebsleiter dann per Anlagesteuerung ein Ventil schließt, statt es zu öffnen, oder einen Kompressor hochfährt, statt ihn zu drosseln, riskiert er, dass seine Anlage »kaputt gefahren« wird.

Während sich die elektronische Kriegsführung in den Vereinigten Staaten als Silo, das heißt als eigenständige Form militärischer Auseinandersetzung etabliert hat, integriert Russland den elektronischen Kampf, digitale Angriffe auf gegnerische Infrastrukturen und begleitende Maßnahmen im Informationsraum in ein holistisches Konzept. Deshalb fällt auch in keinem russischen Dokument der Begriff »hybrid«, denn das russische Militär verfolgt a priori einen integrierten, ganzheitlichen Ansatz und unterscheidet sich damit von der Vorgehensweise des Westens, dessen Staaten sich erst langsam auf ein integriertes Handeln umstellen.

Warum wird China so selten verdächtigt, Urheber der oft politisch motivierten Eingriffe in andere Staaten zu sein? Immerhin verfügt China über technologische und finanzielle Möglichkeiten, die Russland fehlen. Hier liegt der Unterschied in der Absicht. Russlands Präsident Wladimir Putin ist ein Kind seiner Zeit und wurde in einer Sowjetunion unter der marxistischen Ideologie sozialisiert, die jeden anderen zum Feind erklärte. Den Zerfall der Sowjetunion in den Neunzigerjahren des 20. Jahrhunderts hat er nur schwer verwunden. Nun strebt er an, Russland zu alter Größe zu führen. Das erklärt, warum Wladimir Putin ein Interesse daran haben muss, seine demokratischen Gegner zu schwächen, einen Keil zwischen die Partnerländer Europas zu treiben oder die Demokratie anzugreifen, indem er die Integrität ausländischer Wahlen stört oder Kandidaten diskreditiert.

Im Gegensatz dazu ist China bisher nur am Datendiebstahl interessiert. »China will Know-how stehlen. Sie wollen produzieren«, heißt es in Kreisen des amerikanischen Geheimdienstes.[130] Aber es liegt in der Luft: Das kann sich sehr schnell ändern.

ZWEI

Informationskrieg

Nach der Wahrheit ist vor dem Faschismus.

Timothy Snyder

Botschafter a. D. und Leiter der Münchner Sicherheitskonferenz Wolfgang Ischinger ist tief verwurzelt in den Fragen deutscher und europäischer Sicherheitspolitik. Bevor er die jährlich stattfindende Tagung internationaler Sicherheitspolitiker einberuft, fragt er bei seinen Fachkollegen weltweit nach, welche Themen der Außenpolitik im Begriff sind, sich zu einer Herausforderung für die internationale Sicherheit zu entwickeln. Die Antwort erfordert viel politische Erfahrung, aber auch Instinkt und die Gabe, in der Glaskugel zu lesen.

Wer weiß, wie viel Komplexität eine hochvernetzte Gesellschaft mit sich bringt, versteht sofort, dass Wolfgang Ischinger bei einer Veranstaltung im Dezember 2017 in München nicht anders konnte, als besorgt festzustellen: Außenpolitik war schon immer unsicher, aber seit einigen Jahren ist sie weniger berechenbar als je zuvor. Krisenhafte Ereignisse sind nicht mehr vorhersehbar und treten überraschend auf.[1] Ein solches Umfeld, fährt Wolfgang Ischinger fort, mache die geostrategische Weltlage heute so risikobehaftet und gefährlich, wie sie es seit dem Zerfall der Sowjetunion nicht mehr war. Die Politik, so scheint es, bekomme jetzt deutlich die Dynamik der multipolaren Neuaufteilung der Welt zu spüren, in der die Macht der einen wächst und der anderen schwindet. Diese Unberechenbarkeit, schlussfolgert Wolfgang Ischinger sehr zu Recht, erschwere gute Außenpolitik. Dann folgt eine Auflistung von Gründen dafür, die der

Diplomat als »Zerfallserscheinungen in der Politik« bezeichnet, darunter auch ein neues Phänomen: Es ist der Verlust der Wahrheit. »Früher«, erzählt Wolfgang Ischinger, »hat man zwischen Fakten und Märchen unterschieden. Inzwischen ist der Unterschied nicht mehr erkennbar. Sogar die Mitarbeiter Donald Trumps sprechen davon, dass es Fakten und alternative Fakten gibt. Die Behinderung der Wahrheitsfindung bezeichnen die Strategen unter den Außenpolitikern als *Weaponization of Information*. Der Informationsraum selbst ist zur Waffe geworden.«[2]

Nichts wie es war: das neue Normal

»Nein. Sie sind dran. Nicht Sie. Ihre Organisation ist furchtbar. Ich werde keine Frage von Ihnen beantworten. Ruhe. Ruhe. Sie sind dran. Seien Sie kein Rüpel. Sie machen *Fake News*. Ich lasse Ihre Frage nicht zu. *You are Fake News*.«[3]

Bei aller berechtigten Medienkritik: Es ist nicht normal, wie Donald Trump mit den Altmedien umgeht. Überhaupt sieht heute nur weniges noch normal aus: das neue Großmachtstreben und nukleare Wettrüsten, das Durchregieren demokratisch gewählter Präsidenten per Dekret und Notstandsverordnung oder der Umgangston zwischen den Nationen.

Normal und selbstverständlich war einmal der Zusammenhalt Europas. Verlässliche internationale Partnerschaften. Die Friedensdividende. Unser Wohlstand und seine globalen Wachstumsoptionen. Und kein Damoklesschwert von Handelskriegen oder des Umbaus der Weltordnung, das über unseren Köpfen schwebt.

Seit 2014 hat die Normalität Risse bekommen. Russland bricht Völkerrecht und annektiert die Krim. In der Ostukraine bricht ein militärischer Konflikt aus, von Sicherheitspolitikern weder vorhergesehen noch als Großkrise der Europäischen Union erkannt. Deutschland nimmt in wenigen Monaten über eine Million Migranten auf. Osteuropäische EU-Mitglieder erklären sich zu»illiberalen Demokratien«. Und dann zwei vorläufige Höhepunkte im Jahr 2016: der Brexit, der wegen anderslautender Prognosen von Meinungsforschungsinstituten für die meisten völlig überraschend kam, und die Wahl des Immobilienmilliardärs Donald Trump zum 45. Präsidenten der Vereinigten Staaten, Letzteres so unnormal, dass nicht einmal Donald Trump selbst mit seinem Wahlsieg gerechnet hatte. Die internationale Friedensordnung, Sicherheit und Wohlstand und auch demokratische Werte sind seitdem stark angegriffen, genauso wie unsere Weltbeziehungen. Damit ist die Verbundenheit nicht nur der Staaten, sondern auch unsere persönliche Verbundenheit miteinander und untereinander gemeint, eben das gelungene Zusammenleben in der Gesellschaft, ausgedrückt durch eine Utopie: *ut omnes unum sint* – dass alle ein Herz und eine Seele seien.

Die Welt ist unnormal geworden, und wir, die wir noch wissen, wie sich»normal« anfühlt, wir machen eine existenzielle Verlusterfahrung. Wir erfahren den Verlust von Normalität. Die gewohnte Ordnung löst sich auf, und wir finden uns in einer Dissoziationssituation wieder. Soziologen nennen dieses Phänomen Kontingenz. Wir treiben mit der Strömung eines reißenden Flusses aus Daten, Information, täglicher Neuerfindung und können uns an keinen festen Halt mehr klammern.

Das neue Normal, es ist die Auflösungsgesellschaft. Ohne Zweifel haben der vorherrschende Relativismus und ein Wissenschafts- und Politikverständnis, das jeder Ästhetik, religiöser oder ethischer Rückbindung entbehrt, daran ihren Anteil, doch es sind die Online-Plattformen, die ganze Arbeit geleistet und ihre eigene Rolle bei den neuen Krisen gespielt haben. Langsam zeigen sich die Technikfolgen und haben selbst die prominentesten Technikapostel nachdenklich gestimmt. Die Begeisterung für die Utopie, Online-Plattformen könnten aus Demokratie noch mehr Demokratie werden lassen, ist längst verflogen.

Wenn Kapitalismus wie Demokratie aussieht

Ausgerechnet Edward Snowden hat uns darauf hingewiesen, dass das Image der sozialen Medien, das sich kapitalistische Online-Plattformen verschafft haben, »die erfolgreichste Täuschungsaktion seit der Umbenennung des [amerikanischen] Kriegsministeriums in Verteidigungsministerium [ist]«[4]. Auch wenn sein Hinweis die Überwachung von Bürgern durch private Technologiegiganten meint, Snowden hätte auch dann recht, wenn er den Technologieriesen vorwerfen würde, sie stellten die Bedeutung der Begriffe »sozial« und »Medien« auf den Kopf. Die Begriffsverwirrung, die Täuschung, die Desinformation sind der Nukleus des digitalen Informationsraums, der neben Webseiten, sozialen Medien, Blogs, Suchmaschinen, Sofortnachrichtendiensten und E-Mail – kurz: den Online-Plattformen – auch deren Datenspeicher und Softwareanwendungen umfasst.

Alles, woran die Online-Plattformen Interesse haben, ist die totale Kommerzialisierung. Auch soziale Medien sind nichts weiter als Reklameflächen. Bei Facebook beträgt die Kopfprämie pro Nutzer ca. 232 US-Dollar, wenn man die Firmenbewertung von 464 Milliarden US-Dollar (Februar 2019) durch ca. zwei Milliarden aktive Anwender dividiert.[5] Irgendwie muss dieses Geld erwirtschaftet werden, denn seine Anwender nutzen Facebook bekanntlich unentgeltlich. Deshalb entreißt uns Mark Zuckerberg alles, was wir auf Facebook posten, als kostenlosen Inhalt für seinen digitalen Anzeigenraum und tauscht ihn bei Werbetreibenden und Werbeagenturen in klingende Münze um. Wenn schon nicht wir, muss schließlich ein Dritter die Kosten für die Entwicklung und den ziemlich teuren Betrieb der Werbeplattform tragen. Zwischen unserem Inhalt, dem Foto vom vierjährigen Sohn und dem Schnappschuss vom King Charles Spaniel (Kinder und Tiere gehen immer), wird dann das neueste SUV-Modell beworben, möglichst getarnt in pseudojournalistischer Aufmachung.

Wer durch den Informationsraum surft, wird pausenlos überwacht. Auf welchen Webseiten sich ein Mensch aufhält, zu welchen er zurückkehrt, lautet die Annahme der digitalen Aufseher, unter die sich Unternehmen und Regierungen gleichermaßen gesellen, darauf richtet sich seine Aufmerksamkeit. Diese Aufmerksamkeit ist Geld wert. Wer nach einem Flug surft, braucht vielleicht auch ein Hotel, will eine Veranstaltung am Reiseziel besuchen oder interessiert sich für Restaurants. Deshalb wird mit Aufmerksamkeit gehandelt, und zwar ähnlich wie an einer Börse.

Online-Plattformen haben eigene, firmeninterne Börsenplätze entwickelt, greifen das Nutzerinteresse auf und versehen es mit einem Preisschild. Dieses Paket wird auf unternehmenseigenen Börsen zum Kauf angeboten oder auktioniert. Wer bereit ist, den Preis einer Aufmerksamkeit an den Plattformbetreiber zu entrichten – das sind Werbeagenturen und Unternehmen, die Facebook, Twitter oder Google Werbebudgets zugewiesen haben –, kann Aufmerksamkeit weiterverarbeiten und den Nutzern Werbemails ins E-Mail-Postfach schicken.[6]

Der Mechanismus, auf das Interesse der Nutzer zu fokussieren, lässt nicht zu, dass Online-Plattformen oder ihre Werbekunden versuchshalber etwas anderes anbieten als das, was dem Interesse des Nutzers entgegenkommt. Die größte Wahrscheinlichkeit, Geld zu verdienen, besteht nur dann, wenn man die Aufmerksamkeit des Nutzers punktgenau bedient. Information, die völlig außerhalb seines Interesses liegt, wird ihm erst gar nicht zugespielt. Diese Selbstreferenzierung und Selbstverstärkung der eigenen Wahrnehmung des Nutzers ist systemisch und Kernbestandteil des Geschäftsmodells digitaler Plattformen, die sich jetzt, da sie sich allmählich gesetzlichen Erfordernissen durch Regulierungsbehörden und Verbraucherschützer stellen müssen, schwertun, die ganz tief in ihr Geschäftsmodell eingesenkten Probleme nachträglich zu korrigieren.

Während die Online-Plattformen die Neckermann-Kataloge des 21. Jahrhunderts sind, sind wir, die Nutzer, einem Wahnsinn verfallen:[7] Ausgerechnet die digitalen Plattformen profitorientierter globaler Konzerne, so glauben wir, sind der richtige Platz für die Meinungsfreiheit und die politische Willensbildung.[8] Deshalb sind Fakten, Interessen, Ideen auf kommerziellen Online-Plattformen auch zu unseren politischen Überzeugungen geworden. Auf ihnen wird alles politisch: König Fußball, unsere Ernährung, unser Reiseverhalten, die Kapitalmärkte. Wer nicht vegan isst, wird zum Klimaschädling, genauso wie die Urlaubsflieger; wer sich zu wenig bewegt, schädigt das Gesundheitswesen; wie sollen Fußballvereine mit rechtspopulistischen Fans im Stadion und außerhalb umgehen; und wie die Finanzmarktteilnehmer mit den Börsenkursen, wenn die Märkte mehr als je zuvor auf die Politik reagieren?

Der Verlust von Normalität, er erstreckt sich also auch auf so komplizierte innere Vorgänge wie unsere politische Meinungsbildung. Sie funktioniert nicht mehr so, wie es die Mütter und Väter des Grundgesetzes für die Bundesrepublik Deutschland noch im 20. Jahrhundert vorgesehen haben:»Die Parteien wirken bei der politischen Willensbildung des Volkes mit.«[9] Mitwirkung schon, aber nicht mehr mit demselben Gewicht, nicht mehr mit derselben Monopolstellung wie früher. Auch nationale Grenzen bieten den Parteien keinen Schutz vor Fremdeinwirkung mehr. Internationale Akteure nehmen Einfluss auf nationale Meinungen, ohne einen Fuß auf fremdes Staatsgebiet zu setzen.

Wer Misstrauen sät, wird Umbruch ernten

Es ist halb vier Uhr nachmittags in Washington am Freitag, dem 7. Oktober 2016. Der amerikanische Präsidentschaftswahlkampf hat sich auf Hillary Clinton gegen Donald Trump zugespitzt. Bis zum Wahltag sind es nur noch wenige Wochen, als das Weiße Haus an jenem Freitagnachmittag die amerikanische Bevölkerung darüber informiert, dass sich Russland aktiv in den amerikanischen Wahl-kampf einmischt.

»Die Nachrichtendienste der Vereinigten Staaten sind davon über-zeugt, dass der kürzlich erfolgte unberechtigte Zugriff auf E-Mails amerikanischer Bürger und Institutionen von der russischen Regie-rung angeordnet wurde. Die Diebstähle und Veröffentlichungen zie-len darauf ab, den amerikanischen Wahlkampf zu stören. Nur die obersten russischen Regierungskreise konnten derartige Aktivitäten autorisieren.«[10]

Die alarmierende Regierungserklärung ist nur von kurzer Le-bensdauer. Eine Stunde später und wie zur umgehenden Bestätigung der Warnungen des Weißen Hauses veröffentlicht WikiLeaks mehr als 20 000 Seiten E-Mail-Verkehr, die russische Hacker zuvor heim-lich von Hillary Clintons Wahlkampfleiter, John Podesta, gestohlen hatten. Sie geben einen tiefen Einblick in Hillary Clintons Wahl-kampfarbeit. Offengelegt werden die Arbeit der Clinton Foundation und deren Interessenskonflikte, die Strategie der demokratischen Wahlkampagne, Daten zu Hillary Clintons Geldgebern aus der Wall Street, mit denen sie fast zärtlich umspringt, und Klatsch über Mit-arbeiter. Eine Untersuchung der amerikanischen Sicherheitsbehör-den stellt später fest, dass die veröffentlichten E-Mails Hillary Clin-tons authentisch sind.[11]

Das will ein Sprecher der Clinton-Kampagne zunächst nicht zuge-ben: »Wir werden nicht bestätigen, dass die gestohlenen Dokumente, die [der Gründer von WikiLeaks] Julian Assange, der keinen Hehl daraus macht, dass er Hillary Clinton beschädigen will, echt sind.«

Der zentrale Begriff seiner Erklärung lautet »beschädigen«. Wer eine herrschende Wirtschafts-, eine Regierungsordnung oder Auto-rität beschädigt[12] oder »diese gegen ihren Willen zu bestimmten Handlungen zu zwingen« beabsichtigt,[13] der verhält sich subversiv. Deshalb lautet auch der Vorwurf, den Sonderermittler Robert Muel-ler gegen 13 russische Staatsbürger im Februar 2018 erhebt, sie hät-ten das erklärte Ziel verfolgt, »Misstrauen gegen die [amerikanischen] Präsidentschaftskandidaten und das politische System im Allgemeinen zu säen«[14]. Russlands Ziel war es, so hatten es auch die Chefs der Sicherheitsbehörden John Brennan (CIA), James Comey (FBI), James Clapper (DNI) und Michael Rogers (NSA) am 6. Januar 2017 in einem teilweise geheimen Bericht an die noch regierende Obama-Administration zusammengefasst, »das öffentliche Vertrauen in den demokratischen Prozess der Vereinigten Staaten zu unterminieren, Ministerin Clinton zu verunglimpfen und ihre Wählbarkeit und potenzielle Präsidentschaft zu schädigen«[15].

Die Karriere der Subversion, »Misstrauen [und] Paranoia« gegenüber einer Regierung zu säen,[16] begann vor über 200 Jahren. Erstmals tritt der Begriff im Zusammenhang mit den großen Revolutionen in Amerika und Frankreich Ende des 18. Jahrhunderts auf. In Kontinentaleuropa – in Frankreich, Deutschland und Italien – erfahren die Worte »Subversion« und »subversiv«, gemessen an der Häufigkeit ihres Auftretens, erst seit Ende des Zweiten Weltkriegs eine stetig steigende Relevanz. In Deutschland haben sie heute sogar ihren bisherigen Höhepunkt erreicht.[17]

Allerdings muss man präzisieren. Wenn hier von Subversion die Rede ist, ist der ursprüngliche Wortsinn gemeint: Subversion als Tätigkeit, die auf den Umsturz einer bestehenden Herrschaftsordnung abzielt. In einer abgeschwächten Form hat sie zum Ziel, Widerstand der Bevölkerung gegen ihr Regime wahrscheinlicher zu machen.[18] Dafür nimmt die Subversion immer Herz und Verstand, *Hearts and Minds,* der Bevölkerung ins Visier. Sie macht das Opfer selbst zur Waffe, sobald dieses seine intellektuelle Kraft gegen das eigene Regime richtet, sei es gewaltsam oder gewaltfrei.

Können auch die namenlosen Kräfte des technologischen Fortschritts subversiv wirken? Denn auch die nie da gewesenen technischen Möglichkeiten der digitalen Transformation entfalten eine explosive, ordnungszersetzende Kraft. Schon Theodore Roosevelt hatte sich während der ersten industriellen Revolution die bange Frage gestellt, wie viel politischer Umsturz und Zerstörung vom technischen Fortschritt ausgehen würde:»Wir blicken alle gespannt in die Zukunft und versuchen, das Wirken jener blinden Kräfte, die diese gewaltige industrielle Revolution hervorgebracht hat, vorherzusagen. Noch wissen wir nicht, was wir von den großen Völkerwanderungen halten sollen, der Ausdehnung der Städte, der Unruhe und Unzufriedenheit der Massen und dem Unbehagen derer, die sich der gegenwärtigen Ordnung gewidmet haben.«[19] Heute wie damals passt der Satz vollendet in die Zeit.

Wenn der Begriff der Subversion im Zusammenhang mit Umsturz, mit Revolution und gewalttätigem Handeln der Bevölkerung fällt, ist es doch so, dass der subversive Akt in der Politik ganz unterschiedlich ausfallen kann. Nicht immer muss Subversion, wie während des Kalten Krieges oder bei der Einmischung Russlands in amerikanische Wahlen, interstaatlich motiviert sein. Auch innerstaatliche Akteure können ohne Motivation von außen subversiv wirken.

Erlaubt ist Subversion als umstürzlerische Aktivität innerhalb freiheitlicher Grundordnungen regelmäßig nur dann, wenn demokratischen, parlamentarischen und rechtsstaatlichen Strukturen nicht mehr zu trauen ist. Wo andere Abhilfe von Missständen nicht mehr möglich ist, dürfen Bürger dann zum Mittel des Staatsstreichs greifen, um nicht nur einen Regierungswechsel, sondern gleich einen Wechsel der Herrschaftsform herbeizuführen. Deshalb gestattet Art. 20 Absatz 4 Grundgesetz der Bundesrepublik Deutschland im Notfall – im Widerstandsfall – den Einsatz privater Gewalt.

Wer hingegen Subversion nur als einen gewaltlosen Akt der Auflehnung gegen bestehende politische Verhältnisse begreift, stellt fest, dass ein freiheitlich-demokratischer Staat von Subversion sogar profitieren kann, wenn sie zu seiner Verjüngung, notwendigen Erneuerung oder auch seiner Aufrechterhaltung beiträgt.

Gewaltlose Subversion wird dann die Regel sein, wenn die Bevölkerung unbewaffnet protestiert. Gewaltlos und legal vollzog sie sich etwa bei der Baumbesetzung des Hambacher Forsts bis 2012. Auch die Friedensgebete in der Leipziger Nikolaikirche, die 1989 zum Fall der Deutschen Demokratischen Republik führten, verliefen seitens der Bevölkerung praktisch frei von Gewalt. Selbst die Seenotretter, die afrikanische Flüchtlinge vor dem Ertrinken auf der Mittelmeerroute bewahren, verhalten sich subversiv, weil sie ihrem Auftrag nachkommen, Menschen in Seenot zu helfen, damit aber gleichzeitig Druck auf die Europäische Union ausüben, sich mit der Flüchtlingsproblematik auseinanderzusetzen und Lösungen zu schaffen. Wenn sich Subversion in diesem Sinne gewaltfrei und mit der bloßen Absicht der politischen Einflussnahme vollzieht, kann sie sich gut unter die hybriden Methoden mischen.

Auf interstaatlicher Ebene liegen die Dinge ohnehin einfacher: Will ein gegnerischer Staat die politische Willensbildung in einem anderen Staat beeinflussen, bleibt ihm nicht viel mehr übrig als Mittel der Subversion zu ergreifen, weil er auf die regulären Prozesse des Politikwechsels keinen Einfluss hat. Alternativ kann er nur Gewalt einsetzen, angefangen bei schweren Angriffen auf die Umgebungsintelligenz des anderen Staates bis hin zum Militäreinsatz.

Mit der Lüge zum Erfolg

Für die Subversion und ihre Deutungshoheit über die Wirklichkeit haben Medien von jeher eine wichtige Rolle gespielt. Beim Ausbruch des Ersten Weltkriegs galt die Tonaufnahme als neueste Technologie. Kurz nach Ausbruch des Weltkriegs zeichnete Kaiser Wilhelm II. folgenden Satz auf:»Mitten im Frieden überfällt uns der Feind. Darum auf zu den Waffen, jedes Wanken, jedes Zögern wäre Verrat am Vaterlande.«[20] Schon damals, und der Krieg war schon einige Tage alt, wurde mit alternativen Fakten hantiert, denn tatsächlich war es Deutschland, das Frankreich von Nordosten her angegriffen und dabei die Souveränität Belgiens und Luxemburgs verletzt hatte. Im

Zweiten Weltkrieg folgte der Radioempfänger, der im Dritten Reich braune Propaganda verbreitete, dann das Fernsehen.

Heute ist es der digitale Informationsraum, in dem die Kämpfe um die politische Deutungshoheit ausgetragen werden. »Netzwerke [waren] der Schlüssel für das, was in der amerikanischen Politik 2016 geschah«, meint auch Niall Ferguson, Historiker und anerkannter Kenner der Anglosphäre.[21] Das schließt die Online-Netzwerke ausdrücklich mit ein. Mithilfe von Facebook, Twitter und Breitbart war es der Wahlkampfleitung Donald Trumps gelungen, ein Graswurzelnetzwerk aufzubauen, über das die Botschaften ihres Kandidaten direkt und ohne ihr weiteres Zutun ebenjene Menschen erreichten, die den Wahlbotschaften von amerikanischem Unheil und Verzweiflung, korrupten politischen Eliten oder steigender Kriminalität gerne Glauben schenkten. Donald Trump bringt das in einem einzigen kurzen Tweet auf den Punkt: »*Without the tweets, I wouldn't be here.*«[22] Donald Trump, der Twitterpräsident. Ohne Twitter wäre er nie so weit gekommen.

Wo der Einsatz militärischer Gewalt in den Hintergrund tritt oder erst gar nicht zur Debatte steht, müssen sich Subversion und hybride Angriffe in ganz besonderem Maße auf die Macht des Informationsraums verlassen. Es gilt, die Fakten, das Vertrauen in den öffentlichen Diskurs, die freie und vernünftige Einschätzung der politischen Lage und die Konsensbildung zu unterminieren. An deren Stelle treten alternative Fakten, emotionale Affizierung und Provokation, um Zweifel, Misstrauen und gesellschaftliche Spaltung anzustiften.

Eine Lüge war es dann auch, die im Frühling 2017 wie aus dem Nichts einen unerwartet ernsten Konflikt zwischen Katar und Saudi-Arabien entfesselte. Obwohl Katar in einer gemeinsamen Verteidigungsunion mit den sunnitischen Saudis stand und den USA als größte Militärbasis der Golfregion diente,[23] gerieten die beiden Länder in einen Streit, der beinahe zur militärischen Auseinandersetzung eskalierte, und das in einer Region, die ohnehin auf einem Pulverfass lebt.

Alles begann mit einem digitalen Angriff in schon bekannter und bewährter Manier. Im April 2017 hatten Hacker auf die wenig sichere Webseite von Katars staatlicher Nachrichtenagentur Qatar News Agency (QNA) zugegriffen und eine Schwachstelle im Netzwerk der Agentur identifiziert. Binnen weniger Tage hatten die Hacker E-Mail-Adressen, Passwörter und Nachrichten unter ihre Kontrolle gebracht. Am 23. Mai 2017 um 12:13 Uhr endlich teilten sich die Hacker der Weltgemeinschaft online mit, allerdings nicht direkt.[24] Ihre Worte von hochbrisantem politischem Inhalt hatten sie der Regierung von Katar unterstellt. Der Emir von Katar, so log die Online-Botschaft, habe den schiitisch regierten Iran, den erklärten Erzfeind Donald Trumps, als islamische Macht gepriesen. Und die Botschaft nannte die vom Iran im Gazastreifen unterstützte Hamas, in der immer mehr Sunniten zu den Schiiten übertreten, die »legitime Repräsentant[in] des palästinensischen Volks«[25].

In Panik schaltete die QNA ihre Webseite umgehend ab und war für mehrere Stunden nicht erreichbar; währenddessen war der Emir von Katar sichtlich bemüht zu erklären, jemand habe ihm diese *Fake News* in den Mund gelegt. Es sollte ihm wenig nützen; nur kurze Zeit später befand sich das Land mit nur rund zwei Millionen Einwohnern auf Betreiben Saudi-Arabiens in der Isolation. Mit dem Vorwurf, Katar unterstütze den Terror in der Region, wiesen Saudi-Arabien, die Vereinigten Arabischen Emirate, Ägypten und Bahrain katarische Staatsbürger aus und schnitten die Transportwege in das kleine Land am Persischen Golf ab.

Dass das Verhalten einer digital hochvernetzten Gesellschaft immer weniger prädizierbar ist, ist eine systemimmanente Eigenschaft der Vernetzung. Das ist das eine. Systemtheoretikern drängt sich indes noch eine andere Frage auf: Wie viel Dynamik in der Außenpolitik wird von der Digitalisierung verursacht? Welchen Anteil an den politischen Krisen unserer Zeit haben der digitale Informationsraum und die Online-Kommunikation?

»Neu ist, dass sich die Methoden der Beeinflussung von Staaten,

Regierungen, aber auch von einzelnen Bürgern oder Institutionen gerade in unglaublicher Weise multipliziert haben«, äußert sich Wolfgang Ischinger dann auch mit Blick auf die Macht digitaler Plattformen als weitreichendstes Instrument der Subversion. »Heute ist es nicht mehr nötig, dass eine Regierung jemanden losschickt, der identifizierbar einen Zeitungsartikel veröffentlicht oder ein Flugblatt abwirft. Sie können heute durch Vorgänge wie das Trollen – Menschen bewegen sich zu Dutzenden, Tausenden, Hunderttausenden in den sozialen Medien und versuchen, bestimmten Meinungen eine Stimme zu verleihen – eine hybride Vorgehensweise unterhalb der Schwelle von formalen Wirtschaftssanktionen oder unterhalb von militärischen Gewaltmaßnahmen fördern.«[26]

Vom Strudel der neuen Kommunikationsformen sind längst auch die Altmedien erfasst, die immer mehr Empfänger von Nachrichten an die sozialen Netzwerke verloren haben und die sich selbst digitaler Plattformen bedienen, weil sie hoffen, so ihren fortschreitenden Niedergang aufhalten zu können.

Wenn Narrative Politik machen

Taugt die Dynamik des digitalen Informationsraums für die Schlachten des 21. Jahrhunderts, die nicht nur militärisch, sondern auch als »Guerilla-Informationskrieg« geschlagen werden, ohne dass die Grenze zwischen Kombattanten und Zivilisten noch erkennbar wäre? Darüber hat der Medientheoretiker Herbert Marshall McLuhan schon vor rund 50 Jahren nachgedacht.[27]

Einige Regierungen, aber auch nicht staatliche Akteure haben diese Frage für sich längst mit einem klaren Ja beantwortet. Sie haben verstanden, dass Kriege im 21. Jahrhundert multimodal sind, viele Dimensionen haben und nicht nur auf dem physischen Schlachtfeld, sondern auch im Informationsraum ausgetragen werden. Sie erzählen Geschichten und verbreiten Narrative, um Menschen emotional zu berühren und sich deren Unterstützung zu sichern. Dabei ist das digitale Geschichtenerzählen, das *Digital Storytelling*, schon seit Langem an deutschen Universitäten in Mode gekommen, weil auch komplizierte technische Vorgänge besser verständlich werden, wenn man sie in eine gute Geschichte verpackt.

Zu den engagiertesten Akteuren im digitalen Informationsraum gehört die muslimische Welt. Sie macht von ihm schon seit zehn Jahren so professionell Gebrauch, dass Europäer darüber nur staunen können. Während wir uns damit begnügen, in der WhatsApp-Gruppe den nächsten Kindergeburtstag zu organisieren oder Fotos von Suppe und lackierten Fingernägeln auf Instagram zu posten, ist der Informationsraum in anderen Ländern längst zur hochpolitischen Sphäre geworden. Auf allen Kanälen und mit allen erdenklichen Narrativen, Bildern, Drohungen und Verführungen bis hin zur kapitalen Lüge wird online gepredigt, indoktriniert und politisch überzeugt bis hin zu dem Punkt, an dem Terrororganisationen Nachwuchs rekrutieren. In Staaten, die schon seit Jahrzehnten immer wieder mit gewaltsamen militärischen Auseinandersetzungen konfrontiert sind, scheint das Bewusstsein, den Informationsraum für gezielte strategische Informationskampagnen einzusetzen, viel stärker ausgeprägt zu sein als in Ländern, in denen Frieden herrscht. Doch das ändert sich gerade.

Nur wenige Tage vor der Wahl des Europaparlaments im Mai 2019 veröffentlicht der YouTuber Rezo ein Video mit dem Titel *Die Zerstörung der CDU*. Mit fast 14,5 Millionen Klicks hat sein Webvideo, das die Positionen der deutschen Volksparteien angreift, durchschlagenden Erfolg. Denkwürdig ist nicht nur die breite Resonanz des Clips, sondern auch die Reaktion der CDU. Geringschätzung und Regulierungsdrohungen sind die ersten Reflexe der Attackierten. Das Video sei Meinungsmache, heißt es aus Parteikreisen. Dabei haben Parteien, hat die bundesdeutsche Regierung noch nicht verstanden, wie Kommunikation heute funktioniert. Sie haben den

Informationsraum als einen Raum für wirkungsvolle Kampagnen noch nicht für sich entdeckt. Solche Kampagnen müssen konzipiert, vorab getestet und nach *Go Live* betreut werden. Nichts wird dem Zufall überlassen. Denn als politischer Entscheidungsträger, *Policy Maker*, will man, ob staatlicher Akteur oder nicht, den Diskurs rund um eine politische Botschaft aktiv prägen und die Beeinflussung der Bevölkerung steuern. Verteidigungsberater sprechen bereits vom Krieg um *Likes*.[28] Wer sein Narrativ kennt, kann Inhalte vorproduzieren und sie für die nächste politische Online-Kampagne im Informationsraum in der Schublade bereithalten. Zu solchen Inhalten gehören Schlagwörter, Titel- und Untertitelformulierungen bei Aktivitäten, Verben, die ein politisches oder militärisches Handeln besonders treffend beschreiben, Infografiken, Poster, Videos, selbst Statistiken zu den Fakten, die kommuniziert werden sollen – alles Online-Kunstwerke, die leicht klickbar und ebenso leicht teilbar sind. Der Schwerpunkt der Kommunikation liegt dabei auf der Visualisierung einer politischen Botschaft, denn es wird nicht mehr viel gelesen.

Bei der politischen Kommunikation im Informationsraum geht es also in erster Linie darum, Daten aufzubereiten, um die gewünschte politische Botschaft zu stützen. Für den Diskurs werden Rohdaten gesammelt und das gewünschte Narrativ »herauspräpariert«, bevor es gepostet wird. Dann fällen die Nutzer ihr Urteil. Sie entscheiden über ihre Sympathien, über ihre Unterstützung oder eine oppositionelle Haltung. Dabei sind es nicht nur die gewählten Bilder und Wörter, die Emotionen hervorrufen. Auch der Kanal spielt eine Rolle.

Soziale Medien lassen Botschaften persönlicher wirken. Sie erscheinen unmittelbarer, authentischer – wie eben die Tweets von Donald Trump. Für die Breitenwirksamkeit der Botschaft kommt es auch darauf an, dass politische Akteure Online-Plattformen auch bestimmungsgemäß gebrauchen.

Bei Twitter werden die Nachrichten rasch geteilt, breit gestreut und aufgrund der gefühlten Authentizität Nutzer leicht mobilisiert.

Um möglichst konsistente Inhalte zu verbreiten, sind Hashtags eine große Hilfe; sie erleichtern die Suche nach ähnlichen Inhalten. Anders als Twitter ermöglicht YouTube die Visualisierung eines Narrativs und bewegt so verstärkt die Emotionen des Publikums. YouTube eignet sich auch hervorragend als Bildungskanal und wird de facto von der Schminkschule bis hin zur Religionsschule, die extremistische Lehren verbreitet, als solcher genutzt.

Demgegenüber erlauben Instagram oder Pinterest stehende visuelle Montagen eines Narrativs; genauso wie bei Twitter kann man auf diesen beiden Plattformen ähnliche Inhalte suchen und finden.

Wer sich mit Gleichgesinnten in einer Echokammer zusammenschließen will, liegt bei Facebook goldrichtig. Nicht nur, dass man viele unterschiedliche Formate eines Narrativs posten kann; mit dem hohen Bekanntheitsgrad der Plattform steigen die Chancen, dass sich auch Altmedien hier bedienen. Ein Beitrag auf Facebook kann den Sprung ins Fernsehen oder in die Printmedien bedeuten.

Gezielte Kommunikation im digitalen Informationsraum ist also keine Nebensache, sondern benötigt Planung, Budgets und Personal. Doch vom finanziellen Aufwand lassen sich selbst nicht staatliche politische Akteure nicht abschrecken. Die Hisbollah unterhält ein stehendes Team von rund 30 Mitarbeitern, die sich ausschließlich um die Kommunikation im Internet kümmern, ein Vorbild für den Islamischen Staat, der, weil online sehr erfolgreich, auch als Jugendbewegung gelten kann.

Online-Plattformen für politische Kampagnen und die gezielte strategische Kommunikation auszuschlachten, erscheint gerade uns Deutschen frivol bis gefährlich. Denn in den dunkelsten Stunden der deutschen Geschichte waren es ebenfalls Narrative, mit denen eine bestimmte Meinung in der Bevölkerung bewusst herausgearbeitet wurde. Dazu gehörten die Botschaften von »Hitler über Deutschland« anlässlich der Wahl 1932, von der »Nacht der langen Messer« beim Röhmputsch oder vom »antifaschistischen Schutzwall«, der die DDR von den Alt-Nazis abschirmen sollte. Das Narrativ der DDR-Regierung: In der DDR gäbe es keine Nationalsozialisten, sie alle hätten sich nur im Westen angesiedelt. Das wissen die Historiker heute besser. Trotzdem funktionieren Narrative heute noch immer so wie gestern.

Die Kosten der Medienpräsenz

Dass sich informationelle Operationen einer hohen Beliebtheit vieler politischer Akteure erfreuen, ist auch den relativ niedrigen Basiskosten der Informationsraumnutzung zuzuschreiben. Die Nutzung digitaler Plattformen ist unentgeltlich, gesponsert werden sie durch Werbetreibende. Wer etwas Geld investieren und bestimmte gesellschaftliche Gruppen gezielt ansprechen will, kann es halten wie das Republikanische Nationale Komitee (RNC) während des amerikanischen Präsidentschaftswahlkampfs 2016. Inspiriert vom Demokraten Barack Obama, der während seiner Wahlkampagne 2012 erstmals ein Team von Mathematikern, Physikern und Datenanalysten beschäftigt hielt, um die Facebook-Daten seiner Wähler auszuwerten und jeden Unentschlossenen mit einer personalisierten Wahlbotschaft anzusprechen, hatte das RNC mehr als 175 Millionen US-Dollar in die Analyse der amerikanischen Internetnutzer investiert.[29] Man erfuhr alles über die Wähler, die sich sicher oder noch nicht ganz so sicher für Donald Trump entscheiden würden. Die Partei wusste, welche Biersorte sie am liebsten tranken, in welchem Zustand sich ihre Autos befanden, kannte das Alter und die Schule ihrer Kinder, die Höhe und Laufzeit ihrer Hypotheken, die Zigarettenmarke, die sie konsumierten, ihre Waffenlizenzen, ihren Lesestoff.[30] 220 Millionen amerikanischer Wählerprofile seien so und mithilfe von Cambridge Analytica, einer ehemaligen britischen Datenanalysefirma mit zweifelhaftem moralischem Ruf, unter Verletzung des Persönlichkeitsrechts der Betroffenen berechnet worden.[31]

Nichts blieb verborgen und wollte nur auf die geeignete Art und Weise adressiert werden, damit die Wählerstimme an den »richtigen« Kandidaten gehen würde.

Dass die geringen Basiskosten des Informationsraums die Einstiegshürde für jede Form informationeller Operation senken, ist ein Vorteil für den subversiven Angreifer, aber gleichzeitig auch Nachteil. Denn auch die Empfänger seiner Botschaften können sich selbst leicht und weitgehend frei von Hindernissen durch den Informationsraum bewegen. Sie sind mobil, und Mobilität lenkt schnell von einer informationellen Operation ab. Deshalb ist nur schwer überprüfbar, welche Wirkungen subversive Online-Einflussmaßnahmen tatsächlich entfalten. Wie verlässlich ist eine Indoktrination mithilfe des Informationsraums? Diese Frage möchte man mit einem besorgten Blick auf die jüngste Entwicklung der Gesellschaft und die politische Verwahrlosung gut und gerne mit »sehr verlässlich« beantworten. War die russische Einmischung in den amerikanischen Wahlkampf der Grund für die Wahl Donald Trumps? Das hingegen wird sich kaum beweisen lassen. Wie immer bei der algorithmischen Auswertung von Massendaten gilt: Eine Korrelation, hier eine Verbindung zwischen russischem Handeln und amerikanischem Wahlausgang, ist erkennbar, aber eine gesicherte Kausalkette lässt sich nicht aufbauen.

Zensur im Internet

»Der Informationsraum öffnet ein weites Feld für asymmetrische Maßnahmen, die die Kampfbereitschaft des Feindes herabsetzen«, schreibt der russische General Waleri Gerassimow in seinem viel beachteten Essay zur Arabellion schon 2013.[32] Der russische Militär hat verstanden, dass die tiefe Durchdringung einer Gesellschaft, deren zentrales Nervensystem die Daten- und Informationsübertragung über das Internet ist, eine große Schwäche hat. Der Informationsraum wird nicht nur von Hackern ausspioniert und sabotiert, wenn sie Information zur Waffe umrüsten, wie der US-Präsidentschaftswahlkampf 2016 eindrücklich gezeigt hat, oder Schadsoftware implantieren. Dort, wo der Informationsraum als Markt für den Nachrichten- und Meinungsaustausch für alle Nutzer offen zugänglich und staatlich kaum zensiert ist, kann jeder vorsätzlich und ganz strategisch subtile Botschaften streuen und subversiv agieren, um den Gegner psychologisch zu beeinflussen und zu einem bestimmten Verhalten zu bewegen.

Dabei macht man sich eine besondere Funktionalität des Informationsraums zunutze: das *Feedback*. Und wer von uns hat sich nicht längst an das tägliche Feedback gewöhnt? An die Facebook-Likes, die Online-Kommentare, das Teilen, den *Retweet,* ja sogar das Dauer-Feedback am Arbeitsplatz, das manche Unternehmensberater zur Echtzeiteinrichtung im Tagesgeschäft machen wollen? Feedback spielt mit dem Wunsch der Menschen, dass es immer andere Menschen sind, die ihrem Leben Bedeutung und Freude geben.

Die Erfüllung dieses Wunsches könnte man doch, dachten sich die Technologen in den Nullerjahren, in den Informationsraum übertragen und ihm so eine nie da gewesene Reichweite verleihen, weil Tausende, gar Millionen andere Menschen zu Freunden und Followern werden könnten. Allerdings verursacht Feedback einen ernst zu nehmenden Effekt: Es schließt den kybernetischen Regelkreis. Denn plötzlich befindet man sich in der geschlossenen Kontrollschleife, wird überwacht, analysiert und steuerbar. Man tut etwas, erhält ein Feedback und tut dann wieder etwas, dasselbe oder anderes, nur um sich ein neues Feedback abzuholen.

Weil die Manipulation der menschlichen Psyche nicht leicht als solche erkennbar ist, macht sich das Opfer einer Beeinflussung wohl eher selten die Mühe, dem nachzuspüren, den Verursacher subversiver Handlungen im Informationsraum dingfest zu machen oder sich sogar zur Wehr zu setzen. Genau das meint Waleri Gerassimow: Im

21. Jahrhundert birgt subversives Verhalten einer fremden Regierung mehr Chancen als Risiken. Man kann politische Ziele erreichen, ohne zu militärischen Mitteln zu greifen. Statt einen Gegner mit militärischer Gewalt zu bezwingen, soll er von der kulturellen Überlegenheit des anderen, von positiven Gefühlen für ihn und durch Argumente überzeugt werden.

Heute lassen sich informationelle Operationen wirksam wie nie zuvor ausgerechnet gegen entwickelte demokratische Gesellschaften mit ihren freien Marktwirtschaften führen. Die Offenheit demokratisch verfasster Staaten mit gesetzlich verankerter Meinungs- und Redefreiheit kann sich dann gegen sie selbst richten, wenn der ideologische Gegner ausgerechnet diese Freiheit im Informationsraum für seine subversiven Pläne ausnutzt. Leicht kann er sich unter falscher Flagge als ein anderer ausgeben, als er wirklich ist, und Ideologien und Lügen verbreiten, die sich in den Köpfen der Menschen festsetzen und dort langsam ihre Wirkung entfalten.

Auch wenn er damit nicht rechnen muss: Einem »informationellen Zweitschlag« durch das Opfer wird der Angreifer schon weit im Voraus vorbeugen, indem er seinen eigenen Informationsraum, und das schließt die Online-Kommunikation ausdrücklich ein, staatlich kontrolliert und zensiert. Russland, China, Nordkorea oder die Türkei sind nur die prominentesten Staaten, in denen Staatsmedien und regierungsfreundliche Sender und Zeitungen Nachrichten verbreiten, während oppositionelle Stimmen gewaltsam unterdrückt werden. Russland hat sogar ein alternatives Internet eingerichtet, eine eigene Online-Infrastruktur, auf die der Kreml im Falle einer Sicherheitsbedrohung durch den Westen auf Knopfdruck umschalten kann.[33] Dann würde die russische Bevölkerung zwar noch immer online gehen können – aber nur im russisch kontrollierten Informationsraum, im »Roten Netz«, getrennt von den Webseiten unerwünschter Informationsanbieter aus dem Westen und abgekapselt von der Beeinflussung durch demokratisch gelenkte Nationen, namentlich die Vereinigten Staaten. Ein Wechsel auf das russische

Internet, das Russland auch China zur Verfügung stellen würde, hätte zudem einen sehr erwünschten Nebeneffekt: Die Hackattacken der Russen wären gefahrloser durchführbar, weil ihre Rückverfolgung in einem anderen (Internet-)System stattfinden müsste.

Auch das ägyptische Regime hat aus der Arabellion gelernt. Als sich Regierungsgegner im Jahr 2011 mithilfe von Twitter und Facebook organisierten und auf den Straßen versammelten, um gegen Präsident Hosni Mubarak zu protestieren, hatte dieser unter Berufung auf die Telekommunikationsverträge zwischen seiner Regierung und den Internetanbietern dafür gesorgt, dass das Internet in Ägypten abgeschaltet wurde. Seitdem steht es noch viel schlimmer um den Online-Zugriff auf Information. Ab 2011 haben die neuen ägyptischen Machthaber die Internetzensur drastisch verschärft. Statt nur selektiv zu filtern, ist die Blockade ganzer Netzinhalte, nicht nur einzelner Webseiten, heute die Regel.

Das Spiel von Reiz und Antwort

Die ursprünglich kommerzielle Absicht, jeden einzelnen Internetnutzer zu einem bestimmten Verhalten zu bewegen und ihn mit sanftem Druck für einen gesünderen Lebensstil, besseres Autofahren oder einfach nur für mehr Konsum zu gewinnen, haben politische Akteure längst für sich neu definiert, um global Meinungen zu beeinflussen und ganze Gesellschaften zu steuern. Solide Grundlage dafür ist der Informationsraum deshalb, weil er die Daten unseres Lebens detailliert aufzeichnet, das, was die Mehrheit von uns gerade sucht, tut, liest, kauft, bewegt, erlebt.

»Heute geht es [darum], die allgemeine Tendenz der Masse zu erkennen. Dadurch wird der Mensch total beherrschbar«, bemerkt der Kolumnist und Politikwissenschaftler Adrian Lobe ganz richtig.[34]

Für einen Staat oder einen nicht staatlichen Akteur können solche

Trendbeschreibungen zwar erhellend sein, letztlich aber geht es immer noch um einen nächsten Schritt: Wie kann man diese Trends selbst initiieren oder beeinflussen und damit totalen Zugriff auf die Gesellschaft nehmen?

Kommerzielle Meinungsmacher im Internet heißen auch *Influencer* – auf sie hören viele Nutzer von YouTube, Instagram und Twitter. Auch im politischen Raum existieren *Influencer*, und nichts hält einen politischen – auch ausländischen – Akteur heute davon ab, sich derselben Werkzeuge zu bedienen wie marktwirtschaftlich orientierte Werbetreibende. Wenn die Beeinflussung von Menschen jedoch noch subtiler vor sich geht, wenn sie auf Desinformation, Lüge und Camouflage setzt, die zwar einen Namen wie Guccifer 2.0, aber kein wahres Gesicht mehr trägt, wenn sie von Robotern, den *Social Bots,* verstärkt wird, kommt es dazu, was Wolfgang Ischinger als *Weaponization of Information* bezeichnet. Wird die Information zur Waffe, stehen Wahrheit und Vertrauen auf dem Spiel, beides fundamentale Voraussetzungen für den Zusammenhalt einer Gesellschaft.

»Reflexive Kontrolle« nennen die Russen die Technik hybrider Bedrohung, die moralische oder psychologische Reaktionen des Opfers ausnutzt, und sie verfolgen sie schon seit 40 Jahren. »Reflexive Kontrolle nutzt informationelle Operationen, die einen Menschen veranlassen, eine Entscheidung zu treffen, von der er glaubt, sie sei seine eigene.«[35] Das geht über die amerikanische Vorstellung von Wahrnehmungsmanagement als bessere Öffentlichkeitsarbeit weit hinaus.[36] Hier stellt sich nochmals die Frage: War die Einmischung Russlands in die amerikanischen Präsidentschaftswahlen 2016 kausal für die Wahl Donald Trumps zum Präsidenten? Immerhin hat Wladimir Putin die Welt schon mit seiner Rede bei der Münchner Sicherheitskonferenz 2007 wissen lassen, dass er das System Amerika für angreifbar hält und Chaos und Verwirrung stiften könne. Reflexive Kontrolle wäre dann ein Mittel, um die amerikanische Bevölkerung zu steuern, ohne dass der Kreml zu militärischer Gewalt greifen müsste.

Wenn dem so wäre, hätten die russischen Militärs allerdings eine sehr geringe Meinung von der Vernunftbegabung einer demokratischen Gesellschaft. Diese sollte in der Lage sein, Fakten zu erkennen – die Wahrheit, wie Wolfgang Ischinger betont – und deshalb »vernünftige und relativ stimmige Erfahrungsurteile« zu fällen.[37] Doch reflexive Kontrolle zielt explizit auf Gefühlserschütterung und Beunruhigung ab, um Meinung zu machen. Um Fakten geht es ihr nicht. An dieser Stelle sei festgehalten: Meinung und Vernunft sind zwei verschiedene Angelegenheiten. Wo die Vernunft wirkt, gewinnt der Mensch Einsicht, erkennt die (Vernunft-)Wahrheit und handelt danach;[38] demgegenüber bildet er sich eine Meinung nach Überredung.[39] Deshalb, so klärt uns die politische Theorie auf, ist die Erkenntnis der Vernunftwahrheit das Gegenteil von Meinung.[40]

Mit der Marginalisierung der Wahrheit und der Überredung eng verwandt ist die Lüge. Wenn uns die Wahrheit emotional schon nicht bewegt, die Lüge tut es ganz sicher. Sie macht den Kern der reflexiven Kontrolle aus. Damit diese ihre volle Wirkung entfalten kann, bedarf es aber einer grundlegenden Voraussetzung: Die Gesellschaft muss auf die Wirkung der Massenpsychologie konditioniert sein. Heute geschieht die Konditionierung täglich viele Stunden lang, wenn wir uns freiwillig der Werbung, dem zentralen Geschäftsmodell der Online-Plattformen, aussetzen.

Übrigens war es ein Neffe Sigmund Freuds, der New Yorker Edward Bernays, der die Imageberatung erfunden und die Wirkungen der Massenpsychologie entdeckt hat: »Die Botschaften«, so Bernays, »müssen knapp, einfach, einprägsam sein. Falls Texte, dann kurz, etwa als Flugblätter. Wichtig sind Bilder in all ihren Formen, von Plakaten bis hin zu Film.«[41] Wer muss dabei nicht unwillkürlich an Twitter, YouTube, Instagram oder Snapchat denken?

Twitter-Krieger

Noch bis in die Nullerjahre konnten Staaten, die in anderen Staaten militärisch operierten, als Informationswächter auftreten und die Berichterstattung von Medien über ihre zwischenstaatlichen Konflikte wirksam kontrollieren. Amerikanische Truppen hatten im Irakkrieg 2003 erstmals Journalisten in die Truppe eingebettet. Damit war beherrschbar, was Reporter und folglich die Fernsehzuschauer, Zeitungsleser, Wähler und Parlamentarier zu Hause von einem Militäreinsatz jeweils zu sehen und zu hören bekamen. Besonders im Konfliktfall sind Medien dazu da, Menschen auf die eigene Seite zu ziehen. Mit dem Aufstieg des Internets ging die Wächterrolle jedoch verloren; als Bürgerjournalist konnte plötzlich jeder auf Online-Plattformen politisch werden, aus Kriegsgebieten berichten, seine eigenen Bilder und Gedanken zu den Geschehnissen um sich herum auf Twitter und Facebook verbreiten und zum Twitter-Krieger werden.

Während der israelischen Militäroperation *Protective Edge,* die Antwort Israels auf die Entführung und Ermordung dreier israelischer Jungen im Jahr 2014, wurde das damals 16-jährige palästinensische Mädchen Farah Baker zur unerwartet erfolgreichen Bürgerjournalistin. Ihre englischsprachigen Tweets aus dem Gazastreifen, der unter israelischem Bombenhagel lag, wurden schnell zum Politikum, das die Welt tagelang in Atem hielt und die öffentliche Meinung über den Gazakrieg prägte.

Farah und ihre Familie waren im Gazastreifen gegenüber dem Al-Shifa-Krankenhaus, in dem ihr Vater arbeitete, eingeschlossen, als die israelischen Bombenangriffe am 28. Juli 2014 ihren Höhepunkt erreichten. Verbindung nach draußen konnte sie dennoch halten – eben über Twitter. Schon vor dieser Bombennacht hatte sie zahllose Tweets abgesetzt und ihre Meinung geäußert: »*Bombing children is not ok*«,[42] und erreichte damit 200 000 Follower. Aber in jener Julinacht waren ihre Tweets ein Echo blanker Angst. Auf den Online-

Schrei »I don't want to die, I don't want to die!« folgten Bilder und Audioaufnahmen von Drohnen, Ambulanzen, F-16-Kampfjets, eingefasst in Wehklagen wie »I am crying and I can't stand the bombs sound!« und »I might die tonight«.[43] Farahs Gefühle, die in dieser Nacht zu ihrem größten persönlichen Terror wurden, bewegten die Menschen weltweit und riefen tiefe Sympathien für das Mädchen hervor. Ihre ergreifenden Tweets schafften es bis in die Blätter der Altmedien, und für viele wurde Farah zu einer, als die sie sich selbst bezeichnet hatte: zu »Anne Frank aus Gaza«[44].

Für die Israelis war Farahs Online-Aktivität die erste Konfrontation mit einer digitalen Form der Gegenpropaganda, und die israelische Armee war schlecht vorbereitet. Farahs Bürgerjournalismus war von ganz neuer Qualität: Ihr Narrativ war von hoher Symbolkraft und erzählte eine pointierte Geschichte, die wohl kaum genauso erfolgreich gewesen wäre, hätte sie ein 40-jähriger palästinensischer Mann aus dem Gazastreifen getwittert.

Als der Gazakrieg auf Vermittlung Ägyptens am 26. August 2014 mit einer unbefristeten Waffenruhe endete, hatte Israel den Konflikt zwar militärisch gewonnen. Moralisch aber hatte das Land in den Augen der Welt verloren.

Bürgerjournalismus wie der von Farah ist kein Qualitätsjournalismus. Berichte von Bürgerjournalisten sind häufig genauso suggestiv wie propagandistische Nachrichten von einem Militäreinsatz; denn Bürgerjournalisten spiegeln immer nur die eigenen Gefühle und Meinungen zu den erlebten Ereignissen wider. Selten ist ihre Berichterstattung objektiv und stellt ungeschminkte Fakten dar.

»Kommentare sind frei, aber die Fakten sind heilig«, schrieb der Journalist und Redakteur Charles Prestwich Scott schon 1921 zum hundertjährigen Bestehen des Guardian.[45] Noch im Deutschland der Neunzigerjahre war es sein Berufsstand, der die Hoheit über Nachrichten ausübte: Aus Kostengründen erhielt die Mehrheit der Altmedien dieselben Nachrichten von Agenturen wie AFP, Thomson

Reuters oder KNA und war so gewissermaßen synchronisiert; Profijournalisten selektierten, kürzten, hoben hervor oder fragten sodann Experten nach ihrer Meinung. Und weil die Altmedien ein Quasi-Oligopol der Berichterstattung innehatten, waren sie gesetzlich dazu verpflichtet, demokratisiert und pluralistisch zu berichten. Presseerzeugnissen ging die Beachtung von Sorgfaltspflichten voraus; ein Pressekodex verlangte die Selbstverpflichtung zur wahrhaftigen Unterrichtung der Bürger. Noch strenger waren die öffentlich-rechtlichen Rundfunksender reguliert. Von ihnen forderte der Rundfunkstaatsvertrag Objektivität und eine unparteiliche, ausgewogene Berichterstattung. Wenn auch derselbe strenge Maßstab nicht bei Privatsendern angelegt wurde, galt doch für alle Sender eine Grundregel gleichermaßen: das Verbot politischer Werbung. Nur vor der Wahl durften Wahlwerbespots ausgestrahlt werden.

Dieselbe Medienethik gilt für den digitalen Informationsraum, der nie Anspruch auf Fakten erhoben hat, gerade nicht. Sein Geschäftsmodell ist die Werbung. Und in der Werbung ist fast alles erlaubt: untertreiben, übertreiben, auslassen, umdefinieren, hinzudichten und glatt lügen.

In der Gummizelle

Semiprofessionelle Bürgerjournalisten, denen nicht dieselbe Sorgfalt abverlangt wird wie den Profis, können sich auf das Laienprivileg berufen. Das bedeutet nichts weniger, als dass heute jeder alles senden kann – mit wenigen Ausnahmen, denn das Verbot politischer Werbung gilt auch im digitalen Informationsraum, wenn der Werbetreibende dafür eine finanzielle Gegenleistung erhält.

Wenn alle senden, wird ein hohes Rauschen erzeugt, ein *Information Overflow*. Um das Rauschen zu filtern, setzen die Online-Plattformen Algorithmen ein. Computerprogramme sind aber keine

Menschen wie Redakteure, ihnen fehlt der Kontext von Information. Menschen sind kontextsensitiv, Maschinen sind das (noch) nicht. Das ist das eine Problem. Das zweite, noch größere: Die Algorithmen der Online-Plattformen haben, anders als die menschlichen Redakteure der Altmedien, auch gar nicht die Aufgabe, demokratisiert und pluralistisch zu selektieren. Ganz im Gegenteil. Gefiltert und selektiert wird nur, was relevant ist. Und relevant ist nicht nur, was, unabhängig von Wahrheitsgehalt und Zuverlässigkeit der Informationsquelle, auf Online-Plattformen stark nachgefragt, oft geteilt und geliket wird, sondern auch das, was uns selbst am meisten interessiert und unserer eigenen Gesinnung entspricht. Als Gesinnungsmedien des 21. Jahrhunderts sind Online-Plattformen heute nichts anderes als das, was die *Rote Fahne* oder der *Völkische Beobachter* vor hundert Jahren waren. Denn der individualisierte Newsfeed einer Online-Plattform zeigt ausschließlich das an, was für jeden Einzelnen von uns von Belang ist. So entstehen die oft beschworenen Filterblasen und Echokammern; sie sind die Gummizellen unseres Lebens, die weder Tür noch Fenster nach draußen in die Wirklichkeit öffnen. Personalisierte Newsfeeds bestätigen eben nur unsere eigenen Meinungen und Weltsichten. Sie sind nichts weiter als ein Spiegel unserer selbst. Sogar unsere Freunde erreichen uns über Online-Plattformen nicht mehr, wenn sie uns nach dem Urteil der technologisch hochgerüsteten Automaten, der Algorithmen, wenig Relevantes zu sagen haben.

Die Folge: Heute fehlt den Einsamen in dieser fragmentierten digitalen Meinungsmasse neben der Erfahrung einer gemeinsamen Wirklichkeit auch der gegenseitige Austausch darüber. Die Vereinzelung durch die Online-Plattformen hat unsere Beziehungen gestört.

»Setz deine Beats^x-Kopfhörer auf, schalte deinen Apple Music Stream ein, und mach diese Welt zu deiner Welt«, bringt es ein Radiospot der Firma Apple aus dem Jahr 2017 auf den Punkt. Deine Welt ist nicht meine Welt oder gar seine Welt. Es gibt kein »Wir«

mehr und deshalb auch nicht die Wahrnehmung einer gemeinsamen Wirklichkeit. Stattdessen kommt uns die unüberschaubare Menge verschiedener Welten und die Masse an Meinungen wie ein heilloses Durcheinander vor, wenn wir nur und immer wieder neu in unserer eigenen Meinung bestärkt werden.

Wie weit unsere eigene Welt von der Wirklichkeit entfernt ist, wissen wir nicht. Denn was wir über die Wirklichkeit wissen, erfahren wir aus den Massenmedien und häufig von den Online-Plattformen. Viele digitale Firmen haben die Masse zum Gegenstand ihres unternehmerischen Handelns gemacht. Crowdsourcing, Crowdfunding oder Crowdwork sind die neuen disruptiven Geschäftsmodelle, bei denen eine Leistung, die früher ein einzelnes Unternehmen erbrachte, auf die Masse der Leistungserbringer ausgelagert wird.

Eine gute Meinung von der Masse hatten weder Spin-Doktor Bernays noch die totalitären Anhänger seiner Propagandatheorie aus dem 20. Jahrhundert. Nicht dass man ihre intellektuellen Fähigkeiten angezweifelt hätte – Hannah Arendt schreibt dazu:

»Das Hauptmerkmal der Individuen in einer Massegesellschaft ist nicht Brutalität oder Dummheit oder Unbildung, sondern Kontaktlosigkeit und Entwurzeltsein.«[46] Die Skepsis gründet vielmehr darin, dass die Massegesellschaft, wie Arendt fortfährt, eine fragmentierte, eine »atomisierte« Gesellschaft aus »isolierte[n] Individuen« sei.[47, 48]

Die Online-Werbeindustrie, die jeden einzelnen Nutzer individuell anspricht, und eine Wirtschaft, die die »Losgröße eins«, das heißt die größtmögliche Personalisierung des digitalisierten Herstellungsprozesses der Industrie 4.0, anstrebt, bringen folglich nicht nur glückselige Konsumenten hervor, sondern auch eine in Kleinheit zertrümmerte, bindungslose Gesellschaft ohne gemeinsame Erfahrung und ohne eine mit allen anderen Mitbürgern geteilte Wirklichkeit. »Singularität« nennen die Soziologen das Besondere und ganz Individuelle, nach dem heute viele von uns streben.[49] Das Besondere ist anziehend: der ganz besondere Urlaub, das ganz besondere Paar Schuhe, die besondere Ernährungsweise. Singulär sein bedeutet aber auch: Mit meiner Einzigartigkeit stehe ziemlich alleine und verloren da. Ich kann dafür zwar Feedback bekommen, aber richtig verstanden wird meine Einzigartigkeit nicht, weil niemand dieselbe Erfahrung mit mir teilt.

Die digitale Gesellschaft besteht aus fragmentierten Masseteilchen, aus Millionen individueller Einzelmeinungen, »zwischen denen eine gemeinsame Welt in Stücke gefallen ist«[50], und subjektiver Lebenswirklichkeiten, die nicht mehr viel mit jener Wirklichkeit zu tun haben, die sich faktisch um uns herum vollzieht. Als Singularitäten finden wir nicht mehr zusammen. Die Kakofonie von Daten, Fakten, alternativen Fakten und Meinungen im Informationsraum verwirrt uns, und wir werden orientierungslos – eine denkbar schlechte Voraussetzung für Debatte und politische Meinungsbildung über das, was um uns herum geschieht.

Die Filterblasen und Echokammern der digitalen Plattformen verstärken diesen Effekt.[51] »Der Egozentrismus [kann] keine gemeinsamen Interessen entstehen lassen«, wiederholt Hannah Arendt immer wieder ihr Anliegen an eine aktiv handelnde demokratische Gesellschaft.[52] Doch planvoll setzen unsere Lieblingsplattformen auf Wunschinhalte, damit wir uns viele lange Stunden allein darin versenken. Unternehmen der Internetindustrie werden zum Verstärker unserer sehr selektiven Wahrnehmung der Welt, die am liebsten nur unsere eigene ist, und bestärken uns zugleich in unserer individuellen Anschauung der Welt. Das fühlt sich unwahrscheinlich gut an. Alles um mich herum ist, wie ich es will und wie ich es mir vorstelle. Mindermeinungen, Bilder der Realität oder Widerspruch sind von meiner Welt abgegrenzt, deshalb stören sie auch mein Wohlbehagen nicht.

Der meinungsverstärkende Effekt von Massenmedien ist übrigens nicht neu, sondern wurde vom Medienforscher Paul Felix Lazarsfeld schon 1944 beschrieben. Er forschte über den Zusammenhang von Inhalten in Massenmedien und amerikanischem Wählerverhalten und musste zu seiner Überraschung feststellen, dass der Propaganda nicht Überredungskünste innewohnen und Menschen nach propagandistischer Einflüsterung ihre Meinung ändern, sondern dass wir, im Gegenteil, in unserer bestehenden Meinung bekräftigt werden. Heute treiben Online-Plattformen kleinste »selbstreferenzielle Zirkel«[53] auf die Spitze und haben so eine Gesellschaft konditioniert, die »besessen [ist] von ihrer eigenen Beschränktheit«[54], »Google-getrieben, Wikipedia-abhängig, Blog-durchtränkt«[55], und die fest darauf beharrt, dass »starke Meinungen von Fakten nicht mehr unterscheidbar sind«[56].

Die Organisation der Meinungsmasse

Nach dem Zweiten Weltkrieg hatte sich die Massetheorie versöhnlicher gegeben als noch zu Zeiten Edward Bernays' und sich auf den weniger herabsetzenden Begriff der Multitude verlegt. Die Multitude fasst viele Individuen und Singularitäten in ihrer heterogenen Mannigfaltigkeit zusammen.

Gehen die Singularitäten der Multitude starke oder schwache Bindungen ein, entsteht ein Netzwerk. Starke Netzwerke gleichartiger Interessen führen in die viel zitierte Echokammer, schwache Netzwerke zwischen vielen Interessensgruppen könnten der Brückenschlag zu mehr Vielfalt sein, setzen aber voraus, dass die Beteiligten neue Perspektiven gewinnen wollen.[57]

»Netzwerke, überall Netzwerke«,[58] stellt man deshalb heute richtig fest. Die Vernetzung ist treibende technologische Kraft der Digitalisierung, die Menschen mit anderen Menschen und Dingen und Dinge untereinander zu einem einzigen Megacomputer, zu den »Netzwerken der Massenkooperation«, zu verbinden.[59] Es sind Netzwerke, die als einzige Organisationsstruktur für Singularitäten übrig bleiben; an ihnen können sämtliche Individuen partizipieren, Künstler, Arbeiter oder Manager, eben alle in ihrer ganzen Verschiedenheit und Ungleichheit. Schon deshalb sind Netzwerke zutiefst inegalitär.

Anders als in Netzwerken lässt sich die digitale Gesellschaft und damit das gefühlte Chaos disparater Einzelmeinungen politisch nicht mehr strukturieren. Besonders die politischen Parteien fallen als Organisationsstruktur aus.[60, 61] Im Zeitalter der »Losgröße eins« fällt es ihnen zunehmend schwer, dieselben hohen Zustimmungswerte wie früher zu erreichen. Denn als Gemeinschaft kann sich kaum mehr jemand mit ihnen identifizieren. Das vereinzelte Leben in Filterblase und Echokammer steht dafür zu sehr im Widerspruch. Der Mitgliederschwund in Parteien ist also nicht nur Folge des demografischen Wandels, sondern auch der organisatorischen Transformation der digitalen Gesellschaft geschuldet. Ein singulärer Mensch kann sich eben nicht sehr gut mit einem Parteiprogramm, das von vielen mitgetragen werden soll, identifizieren. Unsere Interessen sind einfach zu individualistisch geworden, als dass sie noch Platz fänden unter dem gemeinsamen Dach gleich welcher Partei oder Organisation.

Inzwischen haben auch die Parteien wahrgenommen, dass sie von der »unzusammenhängende[n] Gesellschaftsmasse«[62] zwar nicht gewählt werden, die Masse aber keineswegs apathisch ist, denn ganz offensichtlich lässt sie sich als Bewegung aktivieren: »Wir sind das Volk!« Sofort denkt man an die italienische Fünf-Sterne-Bewegung; an Pegida; an die linke deutsche Sammlungsbewegung von Sahra Wagenknecht *Aufstehen;* an Marine Le Pens nationale Sammlungsbewegung *Rassemblement National* oder an Emmanuel Macrons *La République en Marche.* Bewegungen beginnen die politische Landschaft zu besetzen und eine Konkurrenz zu politischen Parteien aufzubauen. Erfolgreich sind Bewegungen dann, wenn sie Parlamentssitze erobern oder aus ihrer Mitte heraus die Regierung stellen, wie es in Frankreich oder Italien der Fall ist.

Schon die totalitären Führer des 20. Jahrhunderts hatten verstanden, dass die Gesellschaftsmasse weder durch Interessenvertretung noch mittels Parteiprogramm an die Macht zu bringen ist, sondern nur als Bewegung. An ihre Stelle treten die Minimalkonsense Weltanschauung und Ideologie, um die Mannigfaltigkeit zusammenzuhalten. Parteiprogramme werden dazu geschleift,[63] indem man sie entweder ignoriert oder durch einen »Zickzackkurs [untergräbt]«[64]. Selbst Donald Trumps Verhalten wird so erklärbar, wenn auch nicht viel nachvollziehbarer für Außenstehende. Zwar gehe es im Weißen Haus durchaus hyperchaotisch zu, wie der ehemalige Chef der CIA, Michael Hayden, berichtet.[65] Doch was auf externe Beobachter wie erratisches Verhalten wirkt, kann nichts weniger sein als die zielgerichtete Bedürfnisbefriedigung der eigenen heterogenen Anhängerschaft, die mit den stets gleichen weltanschaulichen Parolen immer wieder aufs Neue stimuliert und in Bewegung gehalten werden will. Dann passt auch ins Bild, dass Donald Trump vor den Zwischenwahlen 2018 die Regierungsgeschäfte ruhen ließ, um 60 Tage lang »sechs oder sieben Tage die Woche« Wahlkampf für diejenigen Republikaner zu machen, die mit einem schlechten oder knappen Wahlergebnis rechnen mussten.[66]

Was die weltanschauliche Seite betrifft, gibt es drei gemeinsame Nenner, um die »heterogene Gleichförmigkeit aus nicht nur isolierten, sondern auf sich selbst zurückgeworfenen Individuen«[67] zu einigen. Einen ersten Minimalkonsens führt die Ideologie des Nationalismus herbei: »*America first!*« oder »*Italy first!*«; über alle Unterschiede hinweg kann man Menschen mit ihrer nationalen Zugehörigkeit und potenzieller Fremdenfeindlichkeit zusammenhalten.

Einträchtig ist die Meinungsmasse, zweitens, auch in ihrer Feindseligkeit gegen das ganze System:[68]

»*Crooked Hillary Clinton!* Betrügerische Hillary!« – diesen Vorwurf hat Donald Trump fast 2000 Mal bei jeder sich bietenden Gelegenheit erhoben. Und wir alle kennen die Parole »Merkel muss weg!« als Ausdruck der Abscheu für Merkels Regierungsarbeit.

Mit ihrer Ablehnung des Establishments vertritt die Meinungsmasse den Standpunkt, dass diejenigen, die die Gesellschaft bisher repräsentiert haben, »in Wahrheit Narren waren, um alle übrigen (…) in den Abgrund zu führen«[69]. Auch diese Botschaft wird von Donald Trump seit den Achtzigerjahren des letzten Jahrhunderts unablässig und gebetsmühlenartig wiederholt: »Die Welt lacht über Amerikas Politiker. (…) Sie lachen über uns wegen unserer Dummheit [und derjenigen] unserer Führer«[70], »*[S]tupid how stupid are our leaders*«[71] und »Unsere Führer sind so dumm«[72].

Mit dem dritten Minimalkonsens, der eigenen Nation in der Opferrolle, bedroht vom Rest der Welt, nähern wir uns der Ideologie des Neofaschismus an. Anders als einer seiner größten Kritiker, der im August 2018 verstorbene Republikaner John McCain, geht Donald Trump nicht von einer moralischen Führungsrolle Amerikas in der Welt aus, sondern wiederholt schon seit Jahrzehnten: »Die Vereinigten Staaten waren jahrzehntelang das Sparschwein, das alle ausraubten. All diese anderen Länder, unsere Freunde, unsere Feinde, unsere Verbündeten … der Feind, Feind.«[73] Oder: »Ich denke, wir haben viele Feinde. Ich denke, die Europäische Union ist ein Feind, was sie uns im Handel antun. Jetzt würden Sie nicht an die Europäische Union denken, aber sie sind der Feind.«[74]

Auch der größte Enthusiast kann nicht mehr länger ignorieren, dass Innovationen wie Facebook, Twitter & Co. nicht neutral sind. Sie greifen dann die freiheitliche Demokratie an, wenn nur noch einer die Scherben einsammelt, der kein Parteiprogramm, sondern Weltanschauung und Ideologie vertritt; einer, der die Massen in Bewegung hält und sie mit dem Gefühl eines Masseführers in Dauererregung versetzt; einer, vor dem schon Alexander Hamilton, Gründervater der Vereinigten Staaten von Amerika, seine Zeitgenossen in einem Essay aus dem Jahr 1787 gewarnt hat: »Als Demagogen fangen sie an, als Tyrannen enden sie.«[75] Längst sind aus dem einen viele geworden.

Welle der Angst

»Angst!!!«

»Leute, da sind Schüsse am Stachus gefallen! Zwar nur 2-3, aber es fielen Schüsse!«

»Schüsse, da muss ich hin zur Arbeit, ich flippe aus.«

»Ich möchte diese Welt nicht mehr. Man muss einfach immer nur Angst haben.«

Es ist kein Freitagabend wie jeder andere.[76] Gar nichts an diesem lauen Sommerabend vom 22. Juli 2016 ist mehr, wie es sein sollte, seit um 17:52 Uhr ein Alarm bei der Münchner Polizei eingegangen ist: Am Olympia-Einkaufszentrum wird geschossen.

Es dauert nicht lange, und München ist abgeriegelt. Wer schon an normalen Tagen unter dem quälenden Verkehrschaos einer aus allen Nähten platzenden, verdichteten Stadt leidet, kommt jetzt erst recht nicht weiter, nicht einmal mehr mit der U-Bahn. In den Katakomben der Stadt unterhalb des Marienplatzes informieren die Münchner Verkehrsbetriebe über die Lautsprecher an den Bahnsteigen: »Eine Meldung der Polizei: Der U-Bahn-Verkehr ist für alle sechs Linien eingestellt.«

Gespenstisch leer sind die Bahnhöfe, an denen sonst Hochbetrieb bis an die Belastungsgrenze des Schienennetzes herrscht. Stattdessen jagen Sanitätsfahrzeuge und Polizei mit Blaulicht durch die Straßen. Hubschrauber kreisen über der Stadt. Einen ähnlichen Vorfall hat München nie zuvor erlebt. Dabei ist es gerade einmal acht Tage her, dass ein Attentäter mit einem Lkw ein feiertägliches Treiben in Nizza auf entsetzliche Weise beendet und 86 Menschen getötet hat. Noch sitzt der Schrecken des Terrors, der jeden unvermittelt treffen kann, ganz tief.

Ab 18:30 Uhr ist die Münchner Polizei voll alarmiert und hat Unterstützung aus Hessen, Thüringen und Baden-Württemberg, die GSG9 und die österreichische Cobra angefordert. Bis dahin steht nur sicher fest, dass am Olympia-Einkaufszentrum Schüsse gefallen und junge Menschen an ihren Schussverletzungen verstorben sind.

Nach einem ersten Kontakt mit der Münchner Polizei bewegt sich der jugendliche Täter zu Fuß über das Gelände rund um das Einkaufszentrum auf ein Parkdeck, wo er sich mit einem Anwohner, dem Baggerfahrer Thomas Salbey, der auf seinem Balkon in einiger Entfernung Schüsse wie von Platzpatronen vernommen hatte, ein vulgäres Wortgefecht liefert und auf einen Nachbarbalkon schießt, von dem aus die Szene gefilmt und online gestellt werden wird. Als der junge Mann das Parkdeck wieder verlässt und dabei sein Handy verliert, gelingt es ihm, zwischen den Häuserzeilen abzutauchen und eine Wohnanlage zu betreten. Für die nächsten zweieinhalb Stunden wird er verschwunden bleiben und ist wie vom Erdboden verschluckt.

Inzwischen, um 18:49 Uhr, erreicht die Münchner Polizei der nächste Notruf: Mitten in der Stadt, am Stachus mit seiner viel besuchten Geschäftslage, wird geschossen. Die erste Meldung über diese Schießerei am Karlsplatz erscheint um 19:02 Uhr auf Twitter: »Bin grad am Stachus und hier jetzt auch Schüsse.«

Es folgen weitere Meldungen.

»Worst case: 3 Täter mit automatischen Waffen und alle auf der Flucht. Wie soll da bitte wieder Normalität eintreten?«

»Offenbar mehrere Tote im Zentrum.«

Ist bis dahin nur ein Tatort bekannt, wird die polizeiliche Lage jetzt richtig unübersichtlich. Hat der Täter das Einkaufszentrum in Richtung Stadtmitte und Hauptbahnhof, wie einige Medien »unbestätigt« kolportieren, verlassen? Dann hätte er gute sechs Kilometer zurücklegen müssen und wäre mobil. Oder hat es die Polizei nun mit mehreren Tätern zu tun, die sich – vergleichbar mit den Pariser Anschlägen vom 13. November 2015 auf das Stade de France, das Bataclan und mehrere Restaurants – durch die Stadt bewegen und wahllos auf Menschen schießen? Handelt es sich um einen Amoklauf oder einen Terroranschlag?

»Jetzt soll auch schon was in der Fußgängerzone los sein!«

Am Platzl vor dem Hofbräuhaus sitzen die Gäste, darunter viele fremdsprachige Touristen, im Straßencafé und trinken ihr Bier. Über WhatsApp und Twitter laufen die neuesten »Nachrichten« zur Schießerei am Olympia-Einkaufszentrum, und auch die klassischen Medien senden ohne Unterbrechung aus Bayern, selbst im Ausland, wo vom »Massaker in München« die Rede ist. Noch sind die Gäste davon unberührt. Rund sieben Kilometer beträgt die Entfernung vom Hofbräuhaus bis zum Tatort, das ist die gleiche Strecke wie vom Frankfurter Zoo nach Offenbach.

Unvermittelt stürzen drei gestandene Mannsbilder schreiend vor Angst über den Platz. Sie rennen, sie brüllen um Hilfe, und plötzlich kracht es. *Shooting, Shooting!*

Was jetzt folgt, ist ein kollektiver Aufschrei, die soziale Ansteckung mit Panik und die Herrschaft der Gefühle über den Verstand. Menschen reißt es von den Sitzen; sie laufen vermeintlich um ihr Leben. Bänke und Stühle fallen übereinander, Gläser und Krüge zerschellen auf dem Boden. Jetzt wird jeder Laut zum Schuss. Die Menschen drängen in die Wirtshäuser, sie stolpern, sie fallen, treten, schreien, liegen unter den Tischen und zerschlagen Fensterscheiben, um in die Hinterhöfe zu gelangen und auf die Straße gegenüber. Mit sich reißen sie fremdsprachige Gäste, die nicht verstehen, was vor sich geht.

»Schüsse am Isartor und Hofbräuhaus.«

Zwischen den knappen Meldungen auf Twitter, Facebook und WhatsApp sind immer wieder Bilder und Videos aus der Stadt zu sehen, ohne viele Worte, ohne Kontext, aber tief verstörend – die sozialen Netzwerke brauen das beste nonverbale Gemenge zusammen, um eine Massenpanik auszulösen. Plötzlich ist Gefühl alles und Denken nichts.[77]

Dass Angst unseren Verstand lähmt, liegt in der Natur des Menschen. Auf Gefahren muss er immer und ohne zu zögern reagieren. Wir sind vorprogrammiert auf Flucht, Starre oder Angriff. Jede dieser Reaktionen schießt aber völlig über das Ziel hinaus, wenn gar keine Gefahrenlage gegeben ist. Nur passt in dieser Paniknacht scheinbar alles zusammen: immer mehr Online-Meldungen, aber nur spärliche Informationen zur Sachlage, stattdessen bestürzende Handyfotos aus dem Smartphone; Sirenengeheul im Sekundentakt; das Polizeiaufgebot, das jetzt auch die Münchner Fußgängerzone in taktischer Formation durchkämmt, das Krachen und Knallen hier und dort und über allem der Lärm von Hubschraubern. Kaskadenartig und wie in einem Schwarm überträgt sich die Angst einiger auf viele,»wobei die heute weit gespannten Online-Netzwerke die Macht der sozialen Epidemien verstärken und erweitern«[78]. Es ist die Interaktion mit den sozialen Medien, die in dieser Nacht Menschen in Panik versetzt.

Die Angst pflanzt sich schon deshalb unter den Münchnern ganz dynamisch fort, weil das Smartphone Ideen und Nachrichten ungebremst und ungeprüft in Echtzeit und ohne zeitliche Verzögerung, ohne dämpfenden Schlupf, anzeigt. Wie groß der Zusammenhang zwischen Smartphone und Panik ist, bestätigt eine Augenzeugin der Vorfälle:»Ich will jetzt, dass mein Handy funktioniert, (…) ich will jetzt Informationen. (…) Diese Informationsbeschaffung scheint einem wie die Erlösung [der] Ungewissheit, die einen so fertig gemacht hat.«[79]

Es ist kurz vor halb neun Uhr abends, als der Amokschütze David S. den Fahrradkeller der Tiefgarage einer Wohnanlage neben dem Olympia-Einkaufszentrum verlässt und von der Polizei gestellt wird. Dort beendet er seinen Amoklauf, indem er sich selbst erschießt. Nur wenige Minuten hat seine Tat gedauert, neun Menschen hat sie das Leben gekostet. Der zehnte Tote ist er selbst.[80]

Doch für die Münchner Polizei ist diese dramatische Nacht längst noch nicht vorbei. In der Minute, in der sich der Täter vor den Augen der Polizei selbst richtet, fallen in einer polizeilichen Pressemitteilung zum ersten Mal die Worte»Terrorverdacht in München«.[81] Sprache hat eine mächtige Wirkung auf Menschen. Ein Begriff, der

113

einmal im digitalen Informationsraum gefallen ist, lässt sich nicht mehr zurücknehmen. Das Kopfkino läuft, die Emotionen überschlagen sich, und nichts kann die Münchner so schnell wieder beruhigen.

Erst in den frühen Morgenstunden des folgenden Tages gibt die Münchner Polizei Entwarnung. Die Aufarbeitung dieses einmaligen Vorfalls wird noch Monate dauern. Zwischen 17:51 Uhr und 24:00 Uhr, zählt die Polizei später nach, waren »4310 Notrufe eingegangen, davon waren 310 Mitteilungen über Terroranschläge an 71 verschiedenen Tatorten«[82]. An »Phantomtatorten«, wie sie der Pressesprecher der Polizei, Marcus da Gloria Martins, bezeichnet. Denn tatsächlich fanden die tödlichen Vorfälle jenes Abends an nur einem einzigen Ereignisort statt – alle anderen Alarme über Schießereien in der Stadt waren Falschmeldungen.

»Phantomtatort ist eine Wortschöpfung von uns (...)«, erklärt der Pressesprecher, der an jenem denkwürdigen Abend so beruhigend vernünftig auftrat wie kaum ein anderer, »weil es dieses Phänomen in dieser Intensität und Quantität noch nie gegeben hat und an keinem dieser Ereignisorte irgendetwas war.«[83]

Ich vertraue nur meinesgleichen

Auf den ersten Blick passt die Erinnerung an den Münchner Amoklauf 2016 nicht in ein Buch, das sich mit Fragen zwischenstaatlicher Konflikte und dem Außenverhältnis von Staaten befasst. Ein junger Mann begeht eine Straftat; sie fällt in die Zuständigkeit der Polizei als Behörde der inneren Sicherheit. Aber es sind die Ereignisse rund um den Amoklauf, die unsere Aufmerksamkeit einfordern. Sie demonstrieren, wie Online-Interaktion ein dynamisches, unvorhersehbares Verhalten in der Bevölkerung auslösen kann.

Wir haben festgestellt: Auf Online-Plattformen sendet jeder alles.

Jeder bringt sich in den Konkurrenzkampf um Likes ein. Dabei spielt der Wahrheitsgehalt einer Botschaft keine Rolle. Als ein Rechercheteam der *Süddeutschen Zeitung* zwei Monate nach dem Münchner Amoklauf den Urheber jenes ersten Tweets über Schüsse am Stachus ausfindig machte und zur Rede stellte, sagte dieser nur lakonisch: »Das Ganze nennt man Social Media, und Wahrheiten sind da nicht unbedingt auf dem Tagesplan«, und: »Die Wahrheit werde man ohnehin nicht erfahren.«[84]

Eines wissen Bürgerjournalisten sicher: Am besten punkten kann, wer brandaktuell über Krisen oder Anschläge berichtet, sei es zutreffend oder auch nicht. Es sind die Sondermeldungen von Bedrohungen oder Katastrophen, die schnell zu Schlagzeilen werden und sich rasch verbreiten.

Stimuliert wird die Ausbreitung durch eine der stärksten emotionalen Triebkräfte, über die wir Menschen verfügen: die Angst. Wie stark das Gefühl der Angst für den Menschen ist, drückt der Soziologe Heinz Bude in einem einzigen kurzen Satz aus: »Angst ist das Prinzip, das absolut herrscht, wenn alle anderen Prinzipien relativ geworden sind.«[85] Dann fühlen wir uns, als hätten dunkle Mächte die Oberhand gewonnen, als seien wir nur vage zu begreifenden Kräften – von Terrorismus bis zu künstlicher Intelligenz – hilflos ausgeliefert. Was dann folgt, ist unvermeidlich: Es ist die Überreaktion, wie sie auch bei der Münchner Bevölkerung zu beobachten war.

Weil Angst und Verunsicherung politisch nützliche Zustände sind, sind immer mehr Politiker dieses jungen Jahrhunderts dazu übergegangen, Ängste bewusst zu schüren. Wir leben in einer Ära der Angst und Bedrohung unseres Daseins, obwohl ein langjähriger Wirtschaftsaufschwung und niedrige Arbeitslosigkeit für Wohlstand sorgen, die Kriminalitätsstatistiken darauf verweisen, dass die Anzahl der Straftaten zurückgeht, und unsere Lebenserwartung jährlich um mehrere Wochen steigt – alles Anzeichen dafür, dass wir in sehr sicheren Zeiten und Regionen leben, in denen gerade keine Angst herrschen muss. Wenn das Gefühl von Angst und Unsicherheit trotzdem pathologisch wird, weil dafür kein objektiver Grund vorliegt, dann fehlt es uns am gegenteiligen Gefühl: dem Vertrauen. Vertrauen ist der Klebstoff, der eine Gesellschaft zusammenhält, und lebenswichtige Grundlage einer Demokratie. Seit Jahren misst das Edelman Trust Barometer das Vertrauen der Bevölkerung in Ländern weltweit und in unterschiedlichen Institutionen.[86] Geht es um das Vertrauen in die Wirtschaft, ist die Zuversicht in Technologieunternehmen am höchsten und in Banken am geringsten. Von Staat zu Staat sehr unterschiedlich schwankt das Vertrauen der Bürger in ihre staatlichen Institutionen. In den Vereinigten Staaten hat das Vertrauen der Bürger im Verlauf des Jahres 2018 einen nie da gewesenen Rückgang erfahren. 59 Prozent der Amerikaner geben an, dass sie ihre eigene Regierung für die mit Abstand defekteste Organisation im ganzen Land halten. Interessant die Zahlen des großen Gegenspielers China: Dasselbe glauben nur 10 Prozent der Chinesen von der chinesischen Führung. Dass die Regierung ihren Staat in eine bessere Zukunft führt, glauben in China 68 Prozent der Bevölkerung, in den Vereinigten Staaten hingegen nur 15 Prozent.

Daran stimmt nachdenklich, dass die Zahlen scheinbar gegen die Demokratie und für die Diktatur sprechen. Doch Vorsicht, hier droht die Falle der Empirie. Was die nackten Umfragezahlen nahelegen, ist die Überlegenheit diktatorischer Regime gegenüber freiheitlich-demokratischen Grundordnungen. Autokratien erscheinen stabiler als Demokratien. Dass ihre Stabilität auf Repressalien, auf Überwachung und Unterdrückung beruht, darüber sagen die Daten nichts aus. Besonders die westliche Wirtschaft und Industrie ignorieren das gerne. Schon vor Jahren vom chinesischen Wirtschaftswunder fasziniert, staunen sie darüber, wie China den nächsten Zyklus digitaler Entwicklung anführt und viermal schneller Produkte und Geschäftsmodelle erschafft als das Silicon Valley. Obwohl sich zunehmend Bedenken am politischen Vorgehen Chinas regen, hätte man hierzulande doch gerne ähnlich großen wirtschaftlichen Erfolg.

In den Vereinigten Staaten, die 2018 einen nie da gewesenen Vertrauensschwund in ihre politischen Institutionen hinnehmen mussten, hat sich das Vertrauen von den Institutionen auf die Gleichgesinnten verschoben:»Das ist einer wie ich, dem kann ich vertrauen.« Reiseempfehlungen auf Airbnb, Produktbewertungen auf Amazon, Restauranttipps auf Yelp, alles erscheint glaubwürdiger als offizielle Verlautbarungen oder Presseberichte.»Wir leben in einer Welt, in der wir in zunehmendem Maße unseren Facebook-Freunden und der Twitter-Masse mehr vertrauen als dem Internationalen Währungsfonds oder dem Premierminister«,[87] und zu denen, die solches Vertrauen genießen, gehören die Bürgerjournalisten des Münchner Amoklaufs genauso wie Farah Baker aus Gaza. Der Wahrheit von oben wird die Wahrheit von unten entgegengestellt.

Aber auch das gehört zur populistischen Philosophie: Sie stellt den Glauben an die Weisheit der Massen, der »schweigenden Mehrheit«, über die Weisheit des vermeintlich korrupten Establishments und lehnt Experten, Intellektuelle, bestehende Institutionen und die Eliten auf verächtliche Weise ab.[88, 89]

Dabei ist das, was die uns Unbekannten im Informationsraum posten, nur selten eine objektive Nachricht. Wovon sie authentisch berichten, sind ihre Gefühle. Wo sie auf empathisches Publikum treffen, stoßen sie damit eine neue Welle von Gefühlen an. Sie berühren andere Menschen emotional, übertragen so ihre Stimmungslage und mobilisieren die Empfänger mit dem Potenzial, dass sich Affekt massenhaft fortsetzt – ein Vorgang, der auch als *viral,* »ansteckend«, bezeichnet wird.

Berühren und berührt werden: Was intuitiv danach klingt, was wir uns alle wünschen, hat dazu geführt, dass immer mehr Menschen Online-Plattformen dazu heranziehen, sich mit Nachrichten zu versorgen. Global geht die Verlagerung der Nachrichtenbeschaffung von Online-Netzwerken zwar etwas zurück, aber dieser Rückgang ist über viele Länder hinweg sehr ungleich verteilt, denn noch immer steigen die Nutzerzahlen des digitalen Informationsraums an.[90] Schließlich ist er leicht zugänglich und unentgeltlich.

Dabei sollte gerade den Online-Plattformen nur vorsichtiges Vertrauen entgegengebracht werden. Die weitgehende Anonymität im digitalen Informationsraum lässt Quellenüberprüfung kaum zu. Ist einer auch der oder das, als was er oder sie sich ausgibt? Ist er Mensch, ist es ein Roboter? Qualitätsjournalismus jedenfalls, der Quellen prüft und sicherstellt, dass Nachrichten gesammelt und ihre Darstellung unverdorben ist, darf man auf Online-Plattformen nicht erwarten.

Zwischen Wahrheit und Märchen

»Fakten aufzugeben bedeutet, die Freiheit aufzugeben. Wenn nichts wahr ist, dann kann niemand Macht kritisieren, weil es dafür keine Grundlage gibt. Wenn nichts wahr ist, dann ist alles Spektakel.«[91] Dieser Auffassung des amerikanischen Professors für osteuropäische Geschichte, Timothy Snyder, werden besonders die *Digital Natives* nichts abgewinnen: »Wir fühlen uns so frei wie nie zuvor.« Wer in der digitalen Ära aufgewachsen ist, kann sich ein Leben ohne Online-Plattformen nicht mehr vorstellen. Ohne Illusion langweilen sich die *Natives,* so wie der junge Ire, der den Zusammenhang zwischen sozialen Netzwerken, Fiktionen und Demokratie auf den Punkt bringt: »Wir lieben Facebook. Wir wollen angelogen werden. Endlich ist wieder etwas los. Diese Demokratie ist doch so langweilig.«[92] Soziale Netzwerke sind voll von Provokation und Fiktion. Das Leben, die Politik, die Gesellschaft, gaukeln sie vor, könnten so viel perfekter sein, ohne Flecken und Risse und Falten oder all die Fremden aus dem Süden.

Die Grenze zwischen Wahrheit und Märchen löst sich nicht nur im Informationsraum auf, sondern auch in der Umgebungsintelligenz, wo künstliche Intelligenz anstelle des Menschen auftritt und handelt. Wenn Google seinen Sprachassistenten Duplex vorstellt, der telefonisch Restaurantbesuche und Friseurtermine bucht, aber für den Angerufenen nicht als Fiktion eines Menschen erkennbar ist, ist die Wirklichkeit eine andere, als dem menschlichen Gesprächspartner vorgegaukelt wird. Google Duplex ist ein *Deep Fake*, ein raffinierter Lügenbot, weil er verschweigt, dass er Maschine ist. Fiktion erlebt der Mensch auch in der virtuellen Realität, wenn er sich in einem geschlossenen Raum befindet, dank einer VR-Brille und Sensorikhandschuhen aber einen Wald- oder Weltraumspaziergang unternimmt und mit seinem Lebensgefährten an einem fiktiven Strand mit besonders blauem Meer und grünen Palmen und drei Sonnen am Himmel Urlaub macht. Nur ist diese Freiheit des Verbrauchers, sich auf alle Fiktionen und Märchen der digitalen Transformation einzulassen und sie zu konsumieren, nicht die Freiheit des Bürgers, deren Voraussetzung die Wahrheit ist.

Ein Bürger ist Teil einer politischen Gemeinschaft, und diese ist als »Gemeinschaft der Vernünftigen«[93] zu verstehen, der das politische Prinzip der Vernunft innewohnt.[94] Noch bevor sie vernünftige Entscheidungen treffen kann, braucht sie Fakten, die allen gemeinsam sind, jenes »Gemeinsame (…), in dem sich alle treffen können, die die Freiheit wollen, um dann in politischer Tätigkeit (…) zur Wirksamkeit zu gelangen«[95].

Im digitalen Informationsraum drohen Wahrheit und politische Gemeinschaft unterzugehen. Wer eigentlich politische Gemeinschaft sein sollte, lässt sich von digitalem Spektakel mit hohem Aufregungspotenzial hypnotisieren. Wer debattieren sollte, lässt sich von Skandalen und Tabubrüchen einfangen. Wer sich nur erregt, redet nicht mehr, denn affektive Aufladung stellt keine Rückfragen.[96] Das ist die ultimative Macht der Fiktion oder alternativer Fakten: Sie bedrohen den gesellschaftlichen Frieden. Eigentlich wurde uns genau diese Lektion schon mit dem Einmarsch der Amerikaner in den Irak 2002 erteilt.

Wo die Verdrehung der Wahrheit, die Vernebelung dessen, was wirklich ist, gelingt, kann ein hybrider Angriff im Informationsraum bereits einen Erfolg verbuchen. Wolfgang Ischinger spricht deshalb auch vom »Kriegsnebel«, dem *Fog of War:* »Heute ist es so, dass der Kriegsnebel auch in Zeiten von Abwesenheit von Krieg in Friedenszeiten stattfindet. Der Kriegsnebel wird zum normalen Bestandteil des gesellschaftlichen Lebens. (…) Wenn Sie es journalistisch überhöhen wollen, haben wir im Bereich der Wahrheitsfindung einen permanenten Kriegszustand. Die Verschleierung der Wahrheit, die früher nur im Krieg stattfand oder kurz vor dem Einsatz von Kriegswaffen, findet heute dauernd statt.«[97]

Dass nicht nur die Lüge, sondern auch die Wahrheit Schaden anrichten kann, auch dafür steht das schon erwähnte Podesta-Leak symbolisch. Denn ohne einen geschützten Raum, in dem Diskretion herrscht, wird Zukunftsplanung unmöglich. Werden persönliche Pläne und Strategien, von Geschäftsgeheimnissen bis hin zu Regierungsplänen, öffentlich, ist ihnen die Kraft genommen, und sie werden hinfällig. »Da werden Pläne zur Makulatur«, stellt Wolfgang Ischinger richtig fest.[98] Das ist auch der eigentliche Schaden, der Hillary Clinton 2016 durch den russischen Hackerangriff entstanden ist: Eine Wahlkampfstrategie auf dem Weg zur Präsidentschaft ist wertlos, sobald sie öffentlich wird und der Gegner sich darauf einstellen kann.

Dass die Bevölkerung ein politisches Interesse an der Offenlegung von Geheimnissen hat, liegt daran, dass sie Geheimhaltung mit Macht verbindet. »Macht beginnt dort, wo die Öffentlichkeit aufhört«, stellt schon Hannah Arendt fest.[99] Das Geheime gerät deshalb schnell in den Verruf der Verschwörung, und mit Verschwörungstheorien lassen sich vermeintlich unerklärliche Vorfälle von Geschichte und Gegenwart gut deuten.

Wie also war es Hillary Clintons Gegnern gelungen, sie zu entmachten? Um Demokraten wie John Podesta oder die Präsidentschaftskandidatin erfolgreich zu diskreditieren, nahmen sich jene russischen Angeklagten, die der amerikanische Sonderermittler Bob Mueller in seiner Anklageschrift namentlich auflistet, ausreichend

Zeit für die Planung einer öffentlichkeitswirksamen Kampagne. Dafür hatten sich die Angreifer eine weitere gefälschte Identität verschafft: DCLeaks. Die Kosten für den DCLeaks.com-Internetauftritt, den sie im Zusammenhang mit ihrer Diskreditierungskampagne vorbereitet hatten, wurden mit Bitcoin beglichen. Schließlich begann die Seite ab Juni 2016 mit der Veröffentlichung der gestohlenen E-Mails aus dem demokratischen Lager und konnte bis zu ihrer Schließung im März 2017 immerhin über eine Million Seitenaufrufe verzeichnen. Ihre Popularität verdankte sie auch der zeitweisen Einrichtung des DCLeaks-Facebook-Kontos und des Twitter-Accounts @dcleaks_. Die Präsenz in beiden sozialen Netzwerken sollte die Sichtbarkeit der auf DCLeaks.com publizierten Dokumente erhöhen. Das ehemals kommunistische Russland hatte offenbar sehr gut verstanden, wie Werbung im 21. Jahrhundert funktioniert.

Doch es sollte nicht bei der passiven Kommunikation, in der die Angeklagten auf Online-Plattformen nur veröffentlichten, was ihnen in die Hände gefallen war, bleiben. Die Stunde der falschen Identität Guccifer 2.0 hatte geschlagen, als sie die gestohlenen Informationen proaktiv an Lobbyisten und politische Medien versandte. Ein republikanischer Kandidat für die Kongresswahlen 2016 fragte ausdrücklich bei Guccifer 2.0 nach, ob er Informationen über seinen demokratischen Mitbewerber erhalten könne. Prompt teilte Guccifer 2.0 die geforderten Dokumente mit dem Republikaner. Mit einer Person der Trump-Kampagne entwickelte sich sogar eine Art Dialog, und Guccifer 2.0 bot an, behilflich zu sein: »*please tell me if i can help u anyhow ... it would be a great pleasure to me.*«

In Laufe dieser Aktivitäten hatte Guccifer 2.0 das gestohlene Material auf die Plattform von »Organisation 1« – die Anklageschrift verwendet diesen Platzhalter für WikiLeaks – geladen und damit begonnen, mit dem Betreiber über den öffentlichkeitswirksamsten Zeitpunkt der Freigabe zu diskutieren. »Organisation 1« wäre die richtige Enthüllungsplattform, um Reichweite und Wirkung der Offenlegung zu erhöhen.

Welche Rolle spielte Donald Trump junior bei der Bekanntmachung des gestohlenen Materials auf WikiLeaks? Er hatte sporadisch über die sozialen Netzwerke mit WikiLeaks Kontakt gehalten und »schien die Aktionen der Wahlkampagne [seines Vaters] mit den Aktionen von WikiLeaks zu synchronisieren«[100]. Dieser hatte auf einer Pressekonferenz vom 27. Juli 2016 Russland noch angefeuert: »Russland, wenn ihr zuhört, hoffe ich, ihr seid in der Lage, die 30 000 E-Mails zu finden, die fehlen. Ich denke, ihr werdet wahrscheinlich von unserer Presse mächtig belohnt werden«,[101] und meinte damit E-Mails aus der Amtszeit Hillary Clintons als Außenministerin, die jene von ihren privaten Servern gelöscht hatte.

Das ließen sich die Russen nicht zweimal sagen. Es dauerte nur wenige Stunden, bis die Russen versuchten, in die persönlichen Rechner von Hillary Clinton einzudringen.[102]

Haben Nachrichtendienste schon immer Informationen über ihre Gegner gesammelt, kann Information, die von Computern des Gegners gestohlen oder auf sonstigem Wege beschafft und dann veröffentlicht wird, selbst zur Waffe werden.[103] *Doxing* heißt der Vorgang, der Fakten enthüllt, die eigentlich vertraulich sind. Ausgespähte Dateien können nicht nur wirtschaftlich relevante Daten oder geistiges Eigentum enthalten, sondern sehr persönliche Informationen zum Inhalt haben, die nicht für die Öffentlichkeit bestimmt sind. Sie können Absender oder Empfänger in ein schlechtes Licht rücken, wenn sie Ausdruck von Ärger, Wut, Enttäuschung beinhalten, oder erpressbar machen, wenn Informationen über Krankheiten durchsickern, kompromittierende Fotos versandt werden oder die Kommunikation auf rechtswidriges Verhalten schließen lässt.

In den letzten Tagen des Wahlkampfs um das Europaparlament, eine Woche vor dem Wahlsonntag vom 26. Mai 2019, platzte eine solche *Doxing*-Bombe mitten in Europa: in Wien. Dieses Mal waren ausgerechnet jene Polit-Aufsteiger, die Online-Plattformen gerne nutzen, um politische Gegner zur Strecke zu bringen, zum Ziel der Verunglimpfung geworden.

Am 17. Mai 2019 hatten Unbekannte der *Süddeutschen Zeitung* und dem *Spiegel* ein heimlich gedrehtes Enthüllungsvideo in die Hände gespielt, das den späteren österreichischen Vizepräsidenten der FPÖ, Heinz-Christian Strache, dabei zeigt, wie er in privater, intimer Runde im Urlaub auf Ibiza unter anderem zur Pressefreiheit sagt: Wer die österreichische *Kronen Zeitung* beherrsche, sei meinungsbestimmend. Wer dazu noch einen TV-Sender kontrolliere, bestimme »alles«. Würde sich etwa ein russischer Oligarch die *Kronen Zeitung* (wie einen Fußballklub) kaufen, müsse man die politischen Freunde bei dem Blatt stärken, die Gegner entlassen.

Zu den undemokratischen Äußerungen des österreichischen Vizekanzlers war es gekommen, weil die Unbekannten im Vorfeld der Aufnahme *Social Engineering* betrieben hatten, indem sie das Umfeld der Zielperson ausspioniert und sie dann zu einem bestimmten Verhalten veranlasst haben. Wieder einmal gilt, was auch für die schon erwähnte reflexive Kontrolle zutrifft: Der Wert von Information liegt darin, die Zukunft zu gestalten. Der Wert von Information ist, die Schwächen der Zielperson zu kennen, die man aktivieren muss, um ein bestimmtes Verhalten zu provozieren. Hier waren die Schwächen eine attraktive Blondine, ein volles Portemonnaie und offenbar auch reichlich Alkohol. Auffällig ist auch hier der Zeitpunkt der Veröffentlichung. Sie geschah an einem Freitagabend. Ganz Österreich, vielleicht auch ganz Europa würde ein ganzes Wochenende lang über *Ibizagate* debattieren und spekulieren, sodass die Angelegenheit bis zum Wahltag der Europawahl ganz bestimmt noch nicht vergessen wäre.

Die Lektion: Keine politische Seite ist vor *Social Engineering* oder *Doxing* gefeit. Jeden kann es treffen. Jeder kann politisch erledigt sein, weil inzwischen alle gelernt haben, hybride Mittel gegen ihre politischen Gegner wirksam einzusetzen. Bleibt allein die neugierige Frage, wer mit der »versteckten Kamera« eine kapitale österreichische Regierungskrise ausgelöst hat. Noch ist das Rätsel nicht vollständig gelöst.

Das Ende der Aufklärung

Als die Gesinnungsmedien des 21. Jahrhunderts haben die Online-Plattformen die einstigen Glanzlichter demokratisch verfasster Staaten in einen zunehmend schlechten Zustand versetzt. Die Demokratie der Vereinigten Staaten, da sind sich amerikanische Verfassungsrechtler zunehmend einig, gilt nicht einmal mehr als defekte Demokratie, sondern als hybrides System zwischen defekter Demokratie und Diktatur, das nur noch auf die tiefste Stufe unter den Herrschaftsformen, den Despotismus, abrutschen kann.[104]

Die Gefahr ist sehr real, denn die digitale Meinungsmasse ist leicht erregbar, hört auf Extreme von rechts wie von links, lässt sich als kollektiver Akteur im Netzwerk unter dem Dach einer gemeinsamen Weltanschauung als Bewegung organisieren und orientiert sich am Stärksten, der aus der Meinungsmasse emporsteigt und sich als einer der ihren gibt. Ein Masseführer mit Gespür, der einfache Antworten auf komplexe Zusammenhänge bereithält, der Erlösung von der Orientierungslosigkeit der Meinungsmasse verspricht und dabei auf seine Großartigkeit und Unfehlbarkeit verweist, war noch vor einigen Jahren in westlichen Demokratien ein undenkbarer Fall.

Beschleunigt wird der demokratische Verfall nicht nur durch die digitale Massegesellschaft des 21. Jahrhunderts, sondern auch durch die Ideologie der Postmoderne, wie sie von den Wissenschaften allenthalben gepflegt wird.

»Ich bin auf meine Kollegen aus der Wissenschaft nicht gut zu sprechen, weil sie einer postmodernen Theorie folgen und behaupten, dass es keine Wahrheit gibt«, trägt der Schweizer Verteidigungsexperte Jean-Marc Rickli zum Thema bei.[105] Die Leugnung der objektiven Wahrheit hält Rickli für das Totalversagen der Wissenschaften. Forschung und Wissenschaft, einstmals Garanten der Wahrheit, liefern heute unter dem Kult der »entfremdeten Konstruktion« die theoretische Begründung dafür ab, warum es neben Fakten auch alternative Fakten geben kann. Alles Narrativ steht »gleich gültig« nebeneinander, auch wenn sich Wahrheit neben Meinung gesellt. Schlimmer noch, Wahrheiten werden in Meinungen aufgelöst, und der Umstand, dass Menschen die Fähigkeit zur Lüge besitzen, verschwindet völlig aus dem Bewusstsein der Menschen.[106] Wir büßen unsere Unterscheidungskraft ein, verstehen den Unterschied von Wahrheit und Lüge nicht mehr und übersehen, dass Menschen uns nicht nur die Wahrheit sagen, sondern auch anlügen können. Inzwischen glaubt eine wachsende Zahl von Amerikanern, dass die Welt eine Scheibe sei. Das könnte man besser wissen, denn mit etwas Anstrengung des menschlichen Verstandes kann man die Vernunftwahrheit erkennen, wonach die Erde eine Kugel ist, die sich um die Sonne dreht. Doch manch Homo digitalis gibt sich lieber dem Irrtum oder der Unwissenheit hin, dem Gegenteil der Vernunftwahrheit,[107] und ist selbst den Argumenten des Verstandes nicht mehr zugänglich. Noch einfacher zu verleugnen, zu verschweigen oder abzuändern sind Tatsachenwahrheiten wie die, dass die russische Regierung die amerikanischen Präsidentschaftswahlen 2016 beeinflusst hat. Die Tatsachenwahrheit ist das erste Opfer informationeller Einflussoperationen und kann sich unter wiederholten Leugnungen schließlich ganz im Nichts auflösen.

Eine Begründung für die angebliche Existenz vieler Wahrheiten nebeneinander liefert auch die moderne Hirnforschung. Alles, was uns umgibt, lassen uns die Anhänger des Neurozentrismus wissen, würde uns vom Gehirn nur vorgegaukelt und sei eine Folge neurochemischer Vorgänge unseres Körpers. Rauscht ein Wald auch dann, wenn ich das Rauschen gerade nicht hören kann, weil ich mich in der Stadt aufhalte? Die Neurozentriker legen uns nahe, ein Baum und sein Blätterrauschen materialisierten sich nur deshalb zur Wirklichkeit, weil es die eigenen Sinne zuließen. Alles, was ein Mensch weiß oder erlebt, beruht auf Sinneserfahrung, lautet ihre These. Was Sinne nicht vermitteln, existiert nicht. Kurzum, der Mensch sei durch die neurochemischen Vorgänge seines Gehirns determiniert.

Nichts um ihn herum besteht in Wirklichkeit, es sei denn, er richtet seine Sinne darauf aus.[108]

»Alles ist Illusion«, klagt der Militärtheoretiker Rickli deshalb weiter.[109] Besonders die Europäer seien von dieser Ideologie infiziert. »Wenn alles nur konstruiert ist und keine objektive Wahrheit mehr besteht, dann kommt es zu alternativen Wahrheiten. Dann gewöhnen sich die Menschen an alternative Fakten. Und die Wissenschaft rechtfertigt das auch noch.«[110]

Wir sind am Ende des Zeitalters der Aufklärung und der Vernunft angelangt, schreibt auch Henry Kissinger in einem bemerkenswerten Essay über künstliche Intelligenz.[111] Die Aufklärung hatte die Wahrheiten einst der menschlichen Beobachtung unterworfen; der Mensch war aufgefordert, selbst zu denken und die Wirklichkeit zu analysieren. Doch wie ernst es um die Aufklärung steht, deren Menschenbild vom freien Menschen ganz tief in unseren europäischen Rechtsordnungen verankert ist, erkennt man an der breiten Zustimmung zum Untergang der Vernunft.

Jean-Marc Rickli gibt einen Ausblick darauf, was dem folgen könnte. Mit der entfremdeten Konstruktion erreicht die Menschheit »das Ende der Aufklärung. Diese Ära ist vorbei. Emotionen haben die Vernunft ersetzt«[112]. Was noch bedeutet die Existenz vieler unterschiedlicher Wahrheiten für unsere Zukunft, in der sich der Mensch nicht mehr an den einen Wahrheitsanker klammern kann, wie er während der Aufklärung die Vernunftwahrheit war oder im voraufgeklärten Europa der Glaube? Jean-Marc Rickli hat eine beklemmende Befürchtung:

»Für mich sieht die Zukunft wie die Matrix aus.«[113] Die Matrix. Die computersimulierte Scheinwelt, die Wirklichkeit ist für alle, die in ihr leben, sich aber als Täuschung entpuppt für jeden, dem es gelingt, ihr zu entkommen.

Achtung, Sprache! Provokation
und Extremismus

»Es findet eine generelle Talibanisierung der politischen Kommunikation statt. Wer wahrgenommen werden will, schafft das nur noch mit einem Instrument: Das ist die Provokation. Deshalb gibt es keinen konsensorientierten Politiker mehr, sondern nur noch Politiker, die extrem sind. Wladimir Putin ist ein Extrem, Xi Jinping ist ein Extrem, Mohammed bin Salman und auch Recep Tayyip Erdoğan.«[114]

Was der schweizerische Verteidigungsberater Heiko Borchert als Talibanisierung der politischen Kommunikation bezeichnet, ist ein Symptom des Strukturwandels der Öffentlichkeit ins Digitale. Der Begriff der Talibanisierung steht hier für die Eliminierung von Vernunft- und Tatsachenwahrheiten aus der politischen Kommunikation zugunsten von Erregung und Überreizung. Die Sitzungen des 19. Deutschen Bundestages legen beredtes Zeugnis davon ab. »Tumult statt Austausch von Argumenten« und »übertriebene Inszenierung« bestimmen die Sitzungen des Hohen Hauses, dessen Provokation sich die AfD-Fraktion, seit 2017 erstmals im Deutschen Bundestag vertreten, ins Strategiepapier geschrieben hat.[115] Alles, was zählt, ist Spektakel.

Mit der Skandalisierung können es nüchterne Fakten nur selten aufnehmen. Sie erregen und bewegen kaum, häufig sind sie einfach nur trocken oder scheinbar ein alter Hut. Sind Wirklichkeiten noch dazu unbequem, werden sie lieber nicht beim Namen genannt und stattdessen heruntergespielt. Wer das Wort *Downsizing* an die Stelle von Entlassungen setzt, von Herausforderung statt von Problem spricht, Rezession als Negativwachstum beschönigt oder Lügen als alternative Fakten bezeichnet, ändert das Denken der Menschen. Auch überdramatische und aggressive Äußerungen – die Presse ist der Feind des Volkes; die Wahlen sind manipuliert; die Regierung ist ein Sumpf; das Rechtssystem ist ein Witz – beeinflussen die menschliche Denkweise. Heute, stellen Sprachforscher fest, ähnelt die deutsche Sprache wieder sehr der Sprache aus »der Endzeit der Weimarer Republik«. Und wie damals wird der Zusammenhang von Sprache und physischer Gewalt deutlich. »Die Sprache geht der Gewalt voraus.«[116] Demonstrationen rechter Gruppierungen können sich ruhig anlassen; in dem Augenblick, in dem das Skandieren von Parolen einsetzt, schlagen Demonstrationen oft in gewalttätige Ausschreitungen um.[117]

Talibanisierung ist aber auch mit terroristischer Gewalt konnotiert. Dann wäre talibanisierte Kommunikation der Terror im Informationsraum. Statt eloquent zu überzeugen, wird beleidigt und gedroht, mit Erpressung, sexueller Gewalt, sogar dem Tod. »Bedrohen Sie die Vereinigten Staaten nie wieder, oder Sie werden Konsequenzen tragen, wie sie nur wenige in der Geschichte haben erleiden müssen. Wir sind nicht länger das Land, das Ihre verrückten Worte von Gewalt und Tod hinnimmt. Seien Sie vorsichtig!«[118] Oder: »Jeder, der mit dem Iran Geschäfte macht, wird keine Geschäfte mehr mit Amerika machen!«[119]

Die verbale Aggression, die auch Donald Trump vorzuwerfen ist, bringt Menschen zum Schweigen, stößt sie vom Informationsraum ab und reduziert dessen Vielfalt der Stimmen und Meinungen noch mehr. Trotzdem wird der Effekt der Sprachverrohung im Informationsraum gefährlich unterschätzt, auch von der Politik.

Einmal im Informationsraum geäußert, können selbst harmlose Worte eine Flut von Empörungs- und Anfeindungsrepliken auslösen, wenn sie auf einen Empfänger treffen, der von Ängsten und Traumata gequält wird. Wenn das Wort »Spinne« auf eine Phobie trifft oder das Wort »Bundeswehr« Symptome einer posttraumatischen Belastungsstörung hervorruft, ist es sinnvoll, die Empfänger vorab darauf hinzuweisen, dass bestimmte Reizwörter in der Nachricht fallen werden, und eine Triggerwarnung auszusprechen.

Ein Trend, der sich ganz besonders deutlich auf Twitter manifestiert, greift auch hierzulande immer mehr auf das physische Leben über: Praktisch jedes Wort kann schlechte Gefühle auslösen, sodass eine Vielzahl von Wörtern einer Sprache künftig vermieden werden muss. Noch lässt die Stadt Wien die Straßennamen »Negerlegasse«, »Große Mohrengasse« und »Kleine Mohrengasse« im 2. Bezirk unangetastet. Aber amerikanische Universitäten stellen ihre Literaturlisten bereits um. Die Emotionalisierung durch Sprache hat fatale Folgen, weil man künftig um eine Vielzahl von Wörtern einer Sprache einen Bogen machen muss. Ovid, Virginia Woolf und William Shakespeare werden mit Triggerwarnung versehen. Andernorts werden Gedichte auf Fassaden übermalt, Wörter nicht vollständig ausgeschrieben: Vrgwltgng. Wenn schon Paraphrasen das Denken der Menschen verändern, dann zieht die Verkürzung von Sprache auch die Verkürzung des Denkens nach sich. Dnkn wrd schwrg.

Sprache, das ist absehbar, wird künftig weiter verarmen, auch deshalb, weil Menschen immer öfter mit Maschinen reden werden, aber Maschinen (noch) nicht über dieselbe semantische Vielfalt verfügen wie ein Mensch. »Die Grenzen meiner Sprache sind die Grenzen meiner Welt«, hat aber schon Ludwig Wittgenstein festgestellt. Ob nicht die Selbstverständlichkeit, mit der wir alle den Verfall von Sprache, Wahrheit und Vernunft hinnehmen, noch folgenschwere Konsequenzen nach sich zieht, bleibt abzuwarten. Statt sich aber für eine bessere sprachliche Bildung starkzumachen, will man sich in der Politik künftig sogar auf posttextuelle Kommunikation einstellen. Man denkt ernstlich darüber nach, der Infantilisierung nachzugeben und komplexe politische Inhalte visuell zu übermitteln. »Das Wahlergebnis ist 😊!« Ja, was denn nun: zum Schreien komisch? Überzeugend? Grässlich? Nicht zu überhören? Der Denkfehler: Die politisch Verantwortlichen gehen davon aus, dass man auch ohne Sprache und nur mit Bildern vernunftgemäß argumentieren kann, und tun gerade so, als hätte die Ausbreitung von Sprache, das Lesen und Schreiben, nach der Erfindung des Buchdrucks nichts mit den Erkenntnisexplosionen des Homo sapiens in der Neuzeit zu tun.

Fest steht: Talibanisierung von Kommunikation kommt einem

Masseführer, der die demagogische Rede beherrscht, sehr entgegen. Dabei spielt keine Rolle, ob die digitale Gesellschaftsmasse von außen durch die Regierung eines Drittstaats und ihre Trolle oder von innen verführt wird. Effektiv ist, wer Macht durchsetzen kann, auch mit den Mitteln der Lüge oder der Provokation. Weil sich aber in der Ära der Globalisierung, so das Gegenargument, Information schnell verbreitet und (noch) überall abrufbar ist, werden Fiktion und Weltanschauung auf Dauer kaum aufrechtzuerhalten sein. Das wenigstens ist ein Hoffnungsschimmer.

Wie weiter? Nach der Medienarbeit

Grenzparanoia, Verschwörungsgeschichten, Attacken auf Immigranten und den Islam, Angriffe auf Hillary Clinton und Unterstützung für Donald Trump gehörten zu den politischen Werbeanzeigen russischer Herkunft,[120] die nach einer Auswertung durch Facebook rund 126 Millionen amerikanische Wähler erreicht hatten.[121] Die gesponserten Facebook-Konten selbst trugen unverdächtige Namen. Heart of Texas, Born Liberal, Army of Jesus, LGBT United, Black Matters oder Blacktivist riefen bei ihrer amerikanischen Zielgruppe keinerlei Verdacht hervor.

Ob subversive Medienarbeit im digitalen Informationsraum erfolgreich ist, ist nur schwer feststellbar und allenfalls Gegenstand von Spekulation. Doch selbst wenn man davon ausgeht, dass subversives Handeln die gewünschten gesellschaftlichen Veränderungen bewirkt und dass es tatsächlich einen Wechsel der Herrschaftsform gegeben hat, ist der Urheber von Subversion mit der Frage konfrontiert, was er mit seiner subversiven Aktion schließlich erreicht hat. Was kommt nach einem Auflösungsprozess und nach der emotionalen Dynamik, die Online-Plattformen auslösen? Wohin hat sich Macht verlagert? Kann der subversive Akteur die neuen Machtverhältnisse kontrollieren? Besteht eine Beziehung zwischen ihm und dem neuen Machthaber?

Was auf subversives Handeln folgt, ist nicht notwendigerweise der Wunschzustand. Denn der Zustand, in den sich eine so komplexe Gesellschaft wie die aus hochvernetzten Akteuren nach subversivem Betreiben erneut einschwingt, ist nie vorhersehbar, die Wirkung nicht planbar. Sie kann ganz unterschiedlich ausfallen, angefangen damit, dass sich eine bestimmte Regierung zu einem anderen Handeln gezwungen sieht, über die Schwächung eines Landes bis hin zur Entstehung eines Machtvakuums. Dafür ist die Einmischung Russlands in die amerikanischen Präsidentschaftswahlen 2016 plakatives Beispiel. Falls sie wirklich kausal für die Wahl Donald Trumps gewesen wäre, hätte Russland letzten Endes wohl doch nicht ganz den amerikanischen Wunschpräsidenten bekommen, den es sich vorgestellt hatte.

Schon zwei Jahre nach der Wahl Donald Trumps war die Meinung der Russen über die Vereinigten Staaten auf einen Tiefpunkt gesunken. Nur noch 19 Prozent der Russen hatten eine positive Meinung von Donald Trump, verglichen mit 53 Prozent noch im Jahr 2017,[122] trotz aller Attacken Donald Trumps gegen den Sonderermittler des Vorfalls *Russiagate*. Russland hatte sich ein entspanntes Verhältnis zu Amerika gewünscht, bekommen hat es eine Beziehung, die nur zu neuen Tiefs und Flauten führt, und einen amerikanischen Präsidenten, der Militärausgaben steigert und mehr Sanktionen gegen Russland verhängt.

Auch die subversive Arabellion verlief anders, als sich die Bürger vorgestellt hatten. Das Jahr 2011 war für den Nahen Osten eine Zeit des Aufbegehrens. Von Tunesien bis Bahrain, überall steckten die Menschen einander mit Aufbruchseuphorie an und erhoben sich gegen ihre diktatorischen Regime, jedes Land mit einem anderen politischen Ergebnis. Allen gemeinsam war, dass sich die Revolutionäre über Online-Plattformen zusammenschlossen, koordinierten und organisierten. Doch kamen die von ihren Regimen Enttäuschten schließlich auf der Straße zusammen, zerrann die Macht der Online-Netzwerke schnell. Wo es gelang, Regierungen abzusetzen, konnte die Bevölkerung das entstandene Machtvakuum nicht füllen. In Ägypten waren es die Muslimbrüder, die von der Revolution am Tahrir-Platz profitierten. Sie waren schon vor der Arabellion politisch organisiert und konnten die Posten der aus dem Amt gejagten Regierungsmitarbeiter schnell neu besetzen. Mit einer demokratischen Vertretung der protestierenden Massen hatte ihre Machtergreifung nur wenig zu tun. Sie hielt auch nicht lange an, bis wieder das Militär die Regierung an sich riss. Libyen wurde zum gescheiterten Staat, nachdem die Koalition der Willigen Muammar al-Gaddafi aus seinem Amt als Staatschef vertrieben hatte. Die Libyer warten noch heute darauf, dass die Amerikaner ihr Versprechen einlösen und ihnen dabei helfen, eine neue und stabile Regierung aufzubauen. Syrien ist ein Fall, in dem Subversion militärisches Einschreiten und einen kaum übersichtlichen Krieg seiner Bürger und ihrer Stellvertreter nach sich gezogen hat. Nur Tunesien hat sich in eine einigermaßen stabile Demokratie transformiert. Die Unwägbarkeiten der Subversion verlangen deshalb nach mehr als nur nach Medienarbeit. Subversion muss ihren Umbruchzielen kontinuierlich Unterstützung leisten, bis ihre strategischen Ziele langfristig erreicht sind.

Nicht notwendigerweise muss ein gegnerischer Staat nach dem Erfolg subversiven Handelns im Zielland auch die Kohärenz seiner Zielgruppe anstreben. Wenn Wladimir Putin Russlands alte Größe ganz im Sinne eines zaristischen Reichs oder der einstigen Weltmacht Sowjetunion restaurieren und seine eigene Macht kurzfristig zementieren wollte, ist die subversive Strategie des russischen Präsidenten schon dann aufgegangen, wenn die Welt glaubt, Russland sei als neu erstarkte Großmacht auf die Weltbühne zurückgekehrt, weil es die Macht besitzt, den Wahlausgang eines demokratischen Staates zu lenken.

Mit Blick auf die geringe Wirtschaftskraft Russlands sei das aber fern jeder Realität, wird gerne eingewendet.[123] Zwar hat Russland viele Schwächen. Trotzdem muss man zugeben: Außenpolitisch erfolglos ist Russland nicht. Ausgerechnet die Struktur westlicher Demokratien, die Fragmentierung ihrer Gesellschaften, ihre vielfältigen Glaubenssysteme und Ideologien, kommen der Strategie, Wladimir Putins Macht zu festigen, sehr entgegen. Mit hybriden Angriffen, und diese schließen analoge Operationen »kleiner grüner Männchen«, das heißt Soldaten ohne Hoheitsabzeichen, ein, hat Moskau nach der Krim gegriffen und in der Ostukraine einen schwelenden Krieg ohne Beginn und Ende losgetreten. Mit der Implantierung von Logikbomben, also Schadsoftware, hat der Kreml die Sabotage weiter westlich gelegener Infrastrukturen vorbereitet und getestet, fremde Regierungsserver angegriffen, Information über westliche Wahlkampfstrategien durch verdeckte Online-Spionage gewonnen und Desinformation durch offene informationelle Operationen wie das Bekanntmachen vertraulicher Informationen und die Zersetzung westlicher Staaten unter Ausnutzung westlicher Online-Plattformen betrieben. Eingebettet sind die hybriden Maßnahmen in die unübersehbare Erneuerung des russischen Waffenarsenals, die Missachtung nuklearer Abrüstungsabkommen und militärische Partnerschaft mit der Supermacht der Zukunft, China. Zusammengenommen erfüllen alle Instrumente ihren übergeordneten Zweck. Kleinere Anrainerstaaten Russlands fühlen sich vom mächtigen Nachbarn bedroht, und wirtschaftlich wie politisch schwergewichtigere Staaten sind sich nicht darüber einig, wie der Umgang mit Russland künftig zu gestalten ist. Die Unsicherheit und Spaltung seiner ehemaligen Gegner kann Moskau durchaus als Erfolg verbuchen.

»Angst (…) ist die wahre Macht.«[124] »Angst ist stark. (…) ›Du musst abstreiten, abstreiten und nochmals abstreiten (…). Wenn du irgendetwas zugibst oder ein Schuldeingeständnis machst, bist du tot. (…) Du musst alles abstreiten, das über dich gesagt wird. Gib niemals etwas zu.‹«[125] Das sind nicht die Worte Wladimir Putins, sondern Worte, wie sie Donald Trump im Munde führt.

»Es ist völlig in Ordnung, wenn unsere Nachbarn ein wenig Angst vor Russland haben. Wenn die sich vor uns fürchten – gut so!«, zitiert hingegen Wolfgang Ischinger den ehemaligen russischen Vizeaußenminister Georgi Mamedow.[126] Es klingt ganz so, als habe Ischinger, der Diplomat, mit Bedacht eine defensive Übersetzung der Worte des Russen gewählt. Denn Angst ist der Auslöser demokratischer Verfallserscheinungen, wie sie in freiheitlichen Gesellschaften heute zu beobachten sind. Angst macht unsicher und nervös. Angst wird zum Rechtfertigungsgrund, Einschränkungen der Freiheit hinzunehmen, weil wir fälschlich annehmen, nur so könne es mehr Sicherheit geben. Doch der Angst kann man nur mehr Vertrauen entgegensetzen. Aber aggressive Worte, provokante Bilder und übertriebene Gesten schaffen kein Vertrauen.

DREI

Das Wettrüsten der künstlichen Intelligenz

Künstliche Intelligenz ist die Zukunft,
nicht nur für Russland,
sondern für die gesamte Menschheit.
Wer diese Entwicklung anführt,
wird zum Herrscher der Welt.

Wladimir Putin

Am späten Vormittag läutet das Telefon. Der Anrufer ist ein Personalvermittler aus London. Sein Kunde sei auf der Suche nach einem Experten für statistisches Reasoning und Markov-Entscheidungsprozesse bei künstlicher Intelligenz. Für einen solchen Spezialisten mit Erfahrung sei man bereit, ein hohes sechsstelliges Jahresgehalt zu zahlen. 700000 US-Dollar im Jahr, um genau zu sein. Und die technologische Spezialisierung des deutschen Mathematikers, dem der Anruf gilt, entspricht exakt den Vorstellungen des Kunden.

»In welcher Industrie ist Ihr Kunde tätig?«, fragt der Mathematiker bei dem britischen Personalberater nach.

Softwarespiele, gibt der zur Antwort.

Dass seit wenigen Jahren Höchstpreise für Spezialisten für künstliche Intelligenz gezahlt werden, ist längst kein Geheimnis mehr. Junge, frisch promovierte Akademiker mit entsprechender Expertise werden für 300000 bis 500000 US-Dollar Jahresgehalt gehandelt,[1] jedenfalls in den englischsprachigen Ländern. Die amerikanische gemeinnützige Organisation OpenAI zahlt ihren Spitzenforschern

Jahresgehälter von rund zwei Millionen US-Dollar.[2] Wechselt ein Start-up, das künstliche Intelligenz selbst entwickelt und sich nicht nur bei öffentlich verfügbaren Billigangeboten von der Stange bedient, die Eigentümer, bestimmt sich der Kaufpreis auch nach der Anzahl der Experten für künstliche Intelligenz. Fünf bis zehn Millionen US-Dollar werden pro Kopf bezahlt, nur um sich das begehrte Know-how von weltweit doch wenigen Fachkräften zu sichern.[3]

Aber einen Anwendungsfall für die jetzt offenbar in London so begehrten Technologien ausgerechnet bei einem Spieleanbieter kann sich der Mathematiker beim besten Willen nicht vorstellen. Wo in einem Spiel, das zwar hochkomplex sein kann, aber festgelegten Regeln folgt, sollte es nicht beobachtbare, latente Variablen geben, deren Zustand geschätzt werden müsste?

Nach kurzer Diskussion legt der Personalvermittler die Karten auf den Tisch.

Der Kunde sei das Pentagon, sagt er.

»Das ergibt Sinn«, erwidert der Mathematiker. Der Kunde eine Tarnfirma des amerikanischen Militärs – das ist strategische *Maskirovka* nach amerikanischer Manier.

So könne man das nicht sehen, sagt der Personalvermittler, der Kunde entwickle wirklich Softwarespiele, nur eine einzelne Abteilung arbeite für das Verteidigungsministerium.

Für die amerikanische Militärforschung fließt das Füllhorn mit US-Dollars über. Bei der Jagd nach Talenten sieht man vom Motto *America First* beziehungsweise *America Alone* großzügig ab und hat die Suche zwischenzeitlich global ausgedehnt. Und kleine Unannehmlichkeiten wie die Aufhebung der Arbeitserlaubnis europäischer Gastarbeiter als Folge des Brexit entwickeln sich offenbar nur für polnische Servicekräfte zum kapitalen Hindernis einer Beschäftigungsaufnahme in Großbritannien.

Der Mathematiker hat einen Vorbehalt und will sich erst genaue Informationen über den Kunden beschaffen. Der Kunde ist gut finanziert – etwa 500 Millionen US-Dollar Eigenkapital hat er aufgebracht, das ist ein sattes Finanzpolster. Trotzdem ist überraschend, wer der Investor ist: Es handelt sich um das japanische Unternehmen Softbank Group, dessen Gründer, Masayoshi Son, als reichster Mann Japans gilt. Zur Softbank Group gehört auch das Investmentunternehmen Softbank Vision Fund, ein Fonds mit einem Fondsvolumen von 100 Milliarden US-Dollar, die in Zukunftstechnologien wie die künstliche Intelligenz investiert werden sollen. Fast die Hälfte des Geldes, 45 Milliarden US-Dollar, hat Saudi-Arabien beigesteuert. Das ist suspekt, findet der Mathematiker. Wollen sich ausländische Staaten über den Umweg von Direktinvestitionen in Firmen Zugang zu Technologien verschaffen, die für die Rüstung relevant sind? Wird das Verteidigungsministerium einer Supermacht eine Tarnfirma in einem befreundeten Staat beschäftigen, die von einem Investmentfonds eines dritten Staates finanziell gestützt wird, der sich wiederum Geld in Saudi-Arabien beschafft, einem Staat, der sich einen Namen bei der Terrorfinanzierung gemacht hat? Wer hat letztlich Zugriff auf Technologien, die über Krieg und Frieden im 21. Jahrhundert entscheiden können, in einem solchen Netz aus Staaten und Söldnerfirmen?

»Ich will wissen, für welche Regierung ich arbeite«, sagt der Mathematiker zum Personalvermittler.

Der Vermittler hat sich nie wieder gemeldet.

Krieg ohne Krieger?

Wer über Surrogatkriege nachdenkt, stößt unweigerlich auf künstliche Intelligenz und Robotik: Gemeinsam haben sie das Potenzial, den menschlichen Krieger zu ersetzen. Begeisterte Befürworter erzählen deshalb das Narrativ vom »Krieg ohne Krieger« und dem Schlachtfeld, auf dem nur noch unbemannte Maschine gegen unbemannte Maschine kämpft.[4]

Das Narrativ von der kognitiven Maschine, die bald jeden Menschen verdrängen wird, hält sich auch in der Wirtschaft hartnäckig. Dabei sind die Geschäftsmodelle, bei denen künstliche Intelligenz umsatzrelevant wird und gewinnbringend zum Einsatz kommt, nicht sehr zahlreich. Den größten unternehmerischen Nutzen bewirkt die künstliche Intelligenz hauptsächlich bei zwei betrieblichen Funktionen: bei Werbung und Verkauf sowie für das bessere Management von Produktions- und Lieferprozessen in der Wertschöpfungskette, anders gesagt, im Einzelhandel und in der Logistikindustrie.[5] Dort ist es, wo sich Technologieanbieter und ihre Talente tummeln. Zwar sind technologische Konzepte in der Wirtschaft viel weniger interessant und forschungsintensiv als im militärischen Kontext, aber in der Wirtschaft fällt wenigstens ein Geldregen.

Regierungen, die keine globale Supermacht vertreten, haben es deshalb schwer, talentierte Technologen aus der Wirtschaft abzuwerben. Dabei waren es die Pioniere aus den staatlichen Forschungslabors, die die Grundlagen für die künstliche Intelligenz gelegt haben. In militärischen Systemen sind Vorfahren der künstlichen Intelligenz, wie wir sie heute kennen, schon seit mehr als zwei Jahrzehnten im Einsatz. Neu ist sie also nicht, und sie wurde auch nicht von Google erfunden. Künstliche Intelligenz ist weder eine Waffe noch eine Einzeltechnologie, sondern vielmehr ein umfassendes Konzept, das anspruchsvolle mathematische Theorien und unterschiedliche technische Werkzeuge in diversen Anwendungskontexten vereint, um neue maschinelle Fähigkeiten zu schaffen.

»Für tödliche autonome Waffensysteme hält die künstliche Intelligenz einen Baukasten an Schlüsseltechnologien bereit«, stellt der Schweizer Jean-Marc Rickli richtig fest.[6] Künstliche Intelligenz kann sowohl die Trägerplattform einer Waffe als auch die Waffe selbst steuern. Dafür ist Voraussetzung, dass beide über die Fähigkeit verfügen, ihre Umgebung wahrzunehmen, bevor die selbstständige Entscheidung fällt, ein Ziel anzuvisieren und zu neutralisieren. Der militärische Nutzen künstlicher Intelligenz liegt deswegen nach wie vor im Zusammenspiel von »Wahrnehmen und Wirken«[7]. Im Militärjargon ist auch die Rede von *Situational Awareness/Understanding* und *Battle Management*. Damit eine intelligente Maschine ihre Umwelt wahrnimmt, muss sie große Datenmengen zu Echtzeit-Lagebildern fusionieren. Zum Beispiel können Sensoren für radioaktive, biologische oder chemische Kampfstoffe, die auf unbemannten Plattformen installiert sind, große Mengen an Messdaten einer kontaminierten Umgebung sammeln, verarbeiten und auf Plausibilität hin prüfen. Dann werden sie ihre Sensorik optimierend auf eine Gefahrenquelle ausrichten, ein Vorgang, der sich *Sensor Cueing* nennt, und Handlungsalternativen vorschlagen, damit Sicherheitskräfte intelligente Entscheidungen treffen, um sich selbst zu schützen.[8] Künstliche Intelligenz soll den Menschen also nicht ablösen, sondern ihn im Gegenteil unterstützen, damit seine Entscheidungen informierter und schneller fallen – eine Zusammenarbeit, die auch als Mensch-Maschine-Kooperation bezeichnet wird.

Doch nicht der *Good Bot,* sondern der *Bad Bot* macht uns Sorgen. Was Menschen besonders ängstigt, sind Schreckensszenarien von mobilen autonomen Maschinen, die selbstständig über Tod oder Leben eines Menschen entscheiden. »*Being killed by a machine is the ultimate human indignity*« – von einer Maschine getötet zu werden, ist der höchste Grad von Würdelosigkeit.[9] Das korrespondiert mit dem Anspruch auf einen würdevollen Tod, den Gesellschaften in ganz anderem Zusammenhang debattieren, nämlich bei der Sterbehilfe, aber auch, und das ist überraschend, mit dem Recht des Soldaten, die Tötungsentscheidung selbst zu treffen. Auch er wird gewissermaßen entmündigt, weil ihm die Entscheidung über Leben und Tod von einer Maschine aus der Hand genommen wird. Auch seine Souveränität leidet, auch seine Freiheit wird beschränkt, wenn ein Gegenstand über die Zukunft entscheidet und nicht mehr er selbst.

Beim Angriff durch Schadsoftware auf die Umgebungsintelligenz, bei der digitalen Sabotage also, kommen Menschen höchstens mittelbar um. Greift ihn hingegen ein Killerroboter an, hat der Mensch sein Leben unmittelbar verwirkt. So wie beim gezielten Angriff einer unbemannten Plattform aus der Luft der Kategorie »funkferngesteuerte Geräte ohne Piloten an Bord«[10]. Das kann ein *Remotely Piloted Vehicle* (RPV) oder eine teilautonome Drohne sein, unsichtbar und oft unhörbar, aber potenziell tödlich.

Angriff der Drohnen

Nicolás Maduro Moros, der venezolanische Staatspräsident, ist ein umstrittener Staatschef. Seine Wiederwahl zum Staatsoberhaupt Venezuelas, als das er bei den vorgezogenen Neuwahlen am 20. Mai 2018 hervorging, wird von zahlreichen Staaten, darunter die Europäische Union, nicht anerkannt. Maduro gilt als korrupt. Sein Land hat er heruntergewirtschaftet und die Venezolaner um die Einkünfte aus den reichen Ölreserven des Landes betrogen. Die Währung ist abgewertet, der internationale Währungsfonds hat die Inflationsrate des Landes symbolisch auf über eine Million Prozent geschätzt.[11] Die Einwohner des ressourcenreichen Landes hungern jeden Tag. Im Jahr 2018 sind rund zweieinhalb Millionen Venezolaner vor der Armut in die angrenzenden Staaten geflohen. Kolumbien, Brasilien und ihre Anrainer Peru oder Chile sind überfordert und reagieren aggressiv auf die Verzweifelten, auch weil manche von ihnen selbst auf internationale Hilfe angewiesen sind.

Maduro hat viele Feinde. Trotzdem steht die Spitze des Militärs noch hinter ihm, als er am 4. August 2018 eine Parade der Nationalgarde mit vielen Tausend Mitwirkenden abnimmt. Plötzlich kracht es. Maduro und seine Frau, beide auf der Präsidententribüne, heben die Blicke in den Himmel. Noch stehen die Militärs auf der Straße in Reih und Glied, dann löst sich die Ordnung auf, Panik erfasst die

Uniformierten, und sie fliehen auf die der Präsidententribüne gegenüberliegende Seite der Straße.[12]

Der Staatspräsident sei von zwei mit Sprengstoff beladenen Drohnen angegriffen worden, hieß es später in einem Kommentar zum Vorfall. Eine Drohne habe man ausschalten können, aber wie, dafür blieb Venezuela eine Erklärung schuldig. Andere Stimmen bestritten einen Drohnenangriff und behaupteten, die Gasexplosion in einem nahe gelegenen Haus sei Ursache der Detonation gewesen.

Sollte es sich um einen Drohnenangriff gehandelt haben, wäre der Vorfall in Caracas nicht der erste gewesen, bei dem unbemannte Fluggeräte vorsätzlich in die Nähe staatlicher Institutionen oder hochrangiger Politiker gelenkt wurden. 2011 war ein 26-jähriger Amerikaner angeklagt worden, er habe ein mit Sprengstoff beladenes Modellflugzeug in das Pentagon und das Kapitol steuern wollen.[13] 2013 war eine kommerziell erhältliche Drohne bei einer Wahlkampfveranstaltung in Dresden auf Angela Merkel zugeflogen und dann vor den Augen der deutschen Kanzlerin abgestürzt – ferngesteuert von einem Mitglied der Piratenpartei, der einen Akt der Demonstration gegen die Überwachung der Bürger setzen wollte. Angela Merkel hatte die Drohne freundlich angelächelt. Auf den Gedanken, dass Drohnen Menschen angreifen und töten könnten, war sie wohl nicht gekommen. Bis heute haben viele ihrer Mitbürger darüber genauso wenig nachgedacht.

Die Idee, Menschen durch unbemannte Systeme zu ersetzen, ist so wenig neu wie die künstliche Intelligenz selbst. Unbemannte Systeme gibt es schon seit zwei Jahrzehnten zur Luft, zur See und auch zu Land. Seit vielen Jahren unterstützen Roboter amerikanische Soldaten auf ihren Auslandseinsätzen beim Aufspüren von Sprengfallen oder beim Häuserkampf. Von Bodenstationen aus wurden fliegende Roboter von den Amerikanern im Krieg gegen den Terror eingesetzt.

Während sich die Nationen in Abrüstungskonferenzen bereits mit Angriffsszenarien autonomer Killerroboter beschäftigen, sind Drohnen, die *Unmanned Aerial Vehicles* (UAV), heute noch ferngesteuert und meist nur teilautonom. Aufklärungsdrohnen wie den Global Hawk kann man bis auf Reiseflughöhe fernsteuern, bevor die Drohne autonom operiert, um ihre Abstrahlsignatur zu reduzieren. Nur dort, wo sich unbemannte Systeme mit einem hohen Grad an Autonomie in unbekanntem Gelände bewegen sollen, müssen ihre Ingenieure neben der Robotik auch künstliche Intelligenz einsetzen. Robotik und künstliche Intelligenz sind also nicht dasselbe; es handelt sich um zwei unterschiedliche technologische Entwicklungen, die aber langsam zusammenwachsen.

Autonome Kampfdrohnen, die *Unmanned Combat Aerial Vehicles* (UCAV), existieren heute nur als Technologiedemonstrator; ihre Produktreife wird noch Jahre in Anspruch nehmen. Allerdings wird ernsthaft an ihnen geforscht und gebaut. Weit vorangekommen ist Großbritannien, wo der unbemannte Tarnkappenbomber Taranis selbstständig Luftkämpfe führen soll, gefolgt von Deutschland und Frankreich, die im Februar 2019 das *Future Combat Air System* (FCAS) aus der Taufe gehoben haben, und den USA mit ihrem *Airpower Teaming System* der Firma Boeing. »Luftüberlegenheit neu gedacht«, lautet die Marketingparole der Amerikaner. Nicht einmal bei Waffensystemen kommen sie ohne Werbung aus.

Die Professionalisierung der Drohnentechnologie bedeutet nicht, dass die heute für jedermann kommerziell erhältlichen Drohnen nur ungefährliche Spielzeuge sind.

»Diese Technologie, die für den privaten Sektor entwickelt wurde, verbreitet sich mit rasender Schnelligkeit – horizontal über alle Staaten auf dem Globus hinweg und vertikal vom staatlichen Akteur bis hin zum nicht staatlichen Akteur«, erklärt Jean-Marc Rickli.[14] »Seit dem Ende des Kalten Krieges hatte der Westen jederzeit die Lufthoheit. Doch plötzlich wird uns klar: Wir haben die taktische Kontrolle über den Luftraum verloren.«[15]

Allein in den USA, schätzt die amerikanische Luftaufsichtsbehörde, werden 2020 rund sieben Millionen Drohnen für die kommerzielle und private Nutzung gekauft.[16] Deshalb hat sich die Behörde entschieden, die Drohnengefahr für die Luftsicherheit stärker zu berücksichtigen.

Drohnen schmuggeln Drogen, Waffen und Geld, können aber auch ganze Flughäfen wie Gatwick oder Heathrow in London stilllegen, wenn sie über dem Flugfeld kreisen und Passagierflugzeugen gefährlich nahe kommen.

Drohnen breiten sich deshalb so schnell aus, weil – wie so häufig bei der Digitalisierung – die Kosten pro Stück in der Produktion fallen, während die systemeigenen Funktionalitäten besser und zahlreicher werden. Schon ihre Reichweite von bis zu zehn Kilometer und die Bildübertragung ihrer Umgebung per drahtlosem Funk an ihre Drohnenpiloten irgendwo am Boden macht die Attribution zu einem menschlichen Angreifer überall dort schwer, wo eine gesetzliche Regulierung für das Halten von Drohnen fehlt, wie wir sie für das Halten von Kraftfahrzeugen kennen.

Kommerzielle Drohnen, die sich auf dem heutigen Stand der Technik befinden, können mit etwas Geschick auf verschiedene Weise gefährlich frisiert werden.»Man kann bei Drohnen, die man bei Amazon gekauft hat, die Kamera umbauen oder eine Handgranate daran befestigen«, weiß der Verteidigungsberater Rickli.»Das ist eine vollständig neue Weise, den Westen mit Krieg zu konfrontieren.«[17]

Doch nicht nur die Bestückung mit Kampfmitteln ist denkbar. Ausgestattet mit einer Standortverfolgungssoftware, können sich kommerzielle Drohnen auch an die Fersen jeder Zielperson heften, auf die sie angesetzt sind. Verlieren sie die Funkverbindung zu ihrer Bodenstation, setzt ein kontrolliertes Notfallprogramm ein, das die Drohne sicher landen lässt. Wärmebildgebung, Infrarotkameras und die Frequenzspreizung, das *Frequency Hopping,* das die elektronische Verteidigung gegen eine Drohne erschwert – die kommerziellen Drohnenanbieter statten ihre Drohnen immer professioneller aus. Auch die Nutzlast nimmt zu. Der chinesische Hersteller JD.com baut Drohnen für die chinesische Post, die über eine Traglast von einer Tonne verfügen. Das sind eine ganze Menge Pakete – oder 19 Hellfire-Raketen. Mit ihrer »zivil-militärischen Fusion«[18] stellt die chinesische Regierung sicher, dass kommerzielle Technologie zur Doppelnutzung und damit auch für militärische Zwecke taugt.

Bis zur autonomen Kampfdrohne werden noch einige Jahre verstreichen. Trotzdem werden wir es längerfristig mit Schwärmen autonomer Drohnen zu tun bekommen, koordiniert und gesteuert von künstlicher Intelligenz. Amerikanische Forschungsaktivitäten, bei denen insektengroße Mikrodrohnen, die Mücken ähneln, Innenräume durchkämmen, Menschen angreifen und ihnen tödliche Giftstoffe injizieren, sind die Schreckensszenarien, die zur Kampagne *Killer Roboter stoppen!* geführt haben. Mikrodrohnen sind eine große Gefahr, denn sie entziehen sich jeder Aufklärung, jeder Luftraumüberwachung mittels Radar, wie wir sie heute kennen. Radare können die Mikroflieger nicht erfassen; eine Frühwarnung ist also unmöglich.

Außer rund 200 bekannten Einzelmaßnahmen gegen Drohnen, von denen die meisten zur militärischen Abwehr zählen und zivil gar nicht erlaubt sind, besteht nicht die *eine* wirksame Abwehrmöglichkeit, sich gegen einen Drohnenangriff zu verteidigen.[19] Wenn die Abwehr kommerzieller Quadrokopter mit einer Schrotflinte als wirksamste Verteidigungsmaßnahme gilt, ist sie im zivilen Kontext grundsätzlich verboten. Der militärische Einsatz von Streumunition gegen offensive Kampfdrohnen wäre zwar erlaubt, aber irgendwo fällt die Streumunition zu Boden, was neue Probleme nach sich zieht. Die europäische militärische Forschung arbeitet daher fieberhaft an Konzepten zur Entdeckung und Verfolgung von Drohnen und deren Abwehr. Denn andere Nationen, von den USA über Russland bis China, rüsten auf. Bis sich die Staaten schwer bewaffneten Drohnen, die auf das Verhalten von Killerbienen trainiert sind, gegenübersehen, ist es nur noch eine Frage der Zeit. Es sei denn, die Regierungen einigen sich auf ein Verbot (teil)autonomer Drohnen für militärische Zwecke.

Vor dem Angriff:
Wahrnehmen

Täglich treffen wir eine Vielzahl von Entscheidungen, deren Ausgang mit großer Unsicherheit behaftet ist. Soll ich einen Pkw mit Elektroantrieb kaufen, wenn heute nicht klar ist, ob die dominante Antriebstechnologie morgen doch die Brennstoffzelle sein wird? Soll man heute ein Unternehmen in der Schweiz beliefern, dessen Hauptaktionär ein russischer Oligarch ist, mit dem Risiko, dass das Unternehmen morgen in finanzielle Schieflage gerät, weil der Oligarch auf die amerikanische Sanktionsliste aufgenommen wurde?

Auch die Maschinen des zweiten Maschinenzeitalters, in dem kognitive Maschinen geistige Arbeit leisten sollen, haben Informationsbedarf über die Umwelt, in der sie tätig werden. Sie müssen die Situation richtig wahrnehmen. Selbstfahrende Autos müssen die Verkehrssituation einschätzen, bevor sie bremsen oder beschleunigen. Autonome Waffen oder Trägerplattformen, Hyperschallflugzeuge oder Drohnen – sie alle müssen »wissen«, wann die Gefahr des Zusammenstoßes mit einem Hindernis besteht. Sie sollen fähig sein, den Feind zu erkennen, zu klassifizieren und zu identifizieren, sobald er in Sichtweite kommt.

Dazu ermächtigt sie ein algorithmisch erzeugtes Lagebild. Ohne Lagebewusstsein können auch die intelligenten Maschinen des 21. Jahrhunderts keine informierte Entscheidung fällen. Im militärischen Kontext wird deshalb zwischen »Wahrnehmen« und »Wirken« unterschieden, wobei wahrnehmende Systeme die militärische Lage erkennen und beurteilen, während unter die Wirksysteme die potenziell tödlichen Waffen mit Krafteinwirkung fallen. Streng genommen sind moderne Wirksysteme ohne Lagebewusstsein aber kaum einsetzbar; beide Systemkategorien sind eng miteinander verzahnt.

Um die aktuelle Lage zu berechnen und darzustellen, müssen Massendaten aus der Umwelt gesammelt werden: Die Umwelt wird überwacht. Die Überwachungsinfrastruktur ist dieselbe, die Menschen benützen, um miteinander zu kommunizieren und sich zu verbinden.[20] Bei der Überwachung ihrer Umgebung sendet eine Vielzahl von Sensoren unterschiedlichste Datenformate an eine Multi-Sensor-Datenfusionssoftware. Datenformate reichen von Messdatenreihen über Bilder oder Videos bis hin zu Text. Die Kunst der Datenfusion besteht nun darin, diese heterogenen Massendaten aus sogenannten nicht kommensurablen Datenquellen maschinell zu einer aktuellen Lage zusammenzuführen und auch darzustellen, möglichst versehen mit einer Erklärungskomponente, die dem menschlichen Betrachter verständlich erläutert, warum die Maschine zu genau dieser Lageeinschätzung gelangt ist.

Die Herausforderungen, die zu einer maschinellen Erkenntnis führen sollen, sind allerdings zahlreich. Die aus der Umwelt gesammelten Daten sind oft von schlechter Qualität. Manche Umgebungen sind infrastrukturarm;[21] es gibt weder Strom noch eine Funkverbindung, auf die viele Sensoren angewiesen sind, um ihre gesammelten Daten an eine zentrale Datenfusionssoftware zu übertragen. Viele Daten sind unvollständig oder sogar falsch, wenn man auch Daten aus den sozialen Netzwerken ins Lagebewusstsein einbeziehen will. Sie können mehrdeutig sein, wenn der Kontext fehlt, oder widersprüchlich; oder sie verlieren mit der Zeit ihre ursprüngliche Bedeutung, weil auch die überwachte Umwelt langsam ihre Regeln verändert, also nicht stationär ist.

Hinzu kommt, dass nicht nur die Lage berücksichtigt werden soll, wie sie gerade jetzt beschaffen ist, just in diesem Augenblick. Noch viel interessanter ist, wie sich die Lage in der näheren Zukunft wahrscheinlich entwickeln wird. Denn oft verfügen wir schon jetzt über fragmentarische Informationen zur Zukunft. Wir wissen heute, dass die Olympischen Sommerspiele 2020 in Tokio vom 24. Juli bis zum 9. August 2020 stattfinden werden. Was wir heute noch nicht kennen, ist die Anzahl der Medaillen, die deutsche Athleten erringen werden.

Wer weiß, was plausibel passieren kann, trifft bessere Entscheidungen, als wenn er blindlings und aus dem Bauch heraus entscheiden muss. Den kognitiven Maschinen des 21. Jahrhunderts ergeht es dabei nicht anders als uns Menschen. Beide haben Wissensbedarf, beide verlangen nach Vorausschau. Dazu beschaffen sie sich Daten, bereiten sie zu Informationen auf und werten sie aus, bevor sie eine Entscheidung fällen. Maschinen allerdings gehen dabei nicht nur systematischer und schneller vor als der Mensch. Menschen erlangen Erkenntnis anders als Maschinen und nicht nur durch die Analyse von Massendaten aus ihrer Umgebung. Erkenntnis gewinnen Menschen auch, weil sie Modelle ihrer Umwelt, etwa Normsysteme, kennen und anwenden oder auch zu rein theoretischen Überlegungen fähig sind. Sein Gravitationsgesetz hat Isaac Newton ganz ohne Massendatenanalyse formuliert. Auch Albert Einstein hat seine Relativitätstheorie ohne *Big Data* aufgestellt.

Dennoch wollen sich die Vereinigten Staaten auf maschinelle Erkenntnis verlassen, um die militärischen Absichten ihrer Gegner zu ergründen. Ein konkreter Anwendungsfall der maschinell inspirierten Wahrnehmung ist die Jagd nach Atomraketen gegnerischer Staaten.[22] Intelligente Maschinen sollen antizipieren, wann Nuklearmächte wie Nordkorea oder der Iran beabsichtigen, atomwaffenfähige Trägerraketen zu starten. Auch die Standortverfolgung mobiler Abschussrampen gehört zum Funktionsumfang solcher Systeme. Das ist deshalb nicht trivial, weil das amerikanische Militär damit den Versuch unternimmt, die militärischen Pläne der Gegner mithilfe intelligenter Maschinen aufzudecken. *Plan Recognition* nennt sich dieser Auftrag an intelligente Maschinen, bei dem die Absichten des Gegners vorweggenommen werden sollen und dessen intellektueller und konzeptioneller Anspruch alles übersteigt, was die zivilen Technologiegiganten aus dem Silicon Valley jemals erforscht oder in die Tat umgesetzt haben. Und an einem solchen algorithmischen Lagebild der Psyche seiner Gegner muss das Pentagon kontinuierlich arbeiten, weil sich nicht nur die Bedrohungslandschaft fortdauernd und rasch ändert und sich morgen zum Feind verwandeln kann, wer gestern noch Alliierter war. Selbst für die militärischen Forschungslabors ist die Nichtstationarität der Frage, wer Gegner ist und wer nicht, eine große Herausforderung.

Killer Roboter stoppen!

Intelligente Maschinen können mit der Komplexität unserer Umgebung, der Masse an Daten, wie sie heute in allen Lebensbereichen anfallen, und mit der Geschwindigkeit ihrer Erhebung und Verarbeitung gut, bei bestimmten Aufgaben besser umgehen als der Mensch selbst. Sie können uns durch den Dschungel unserer zunehmenden Umgebungsintelligenz navigieren, und das tun sie bereits als smarte Assistenten mit den klingenden Namen Siri, Alexa, Cortana oder Google Assistant.

Wo sich intelligente Maschinen als bequeme Helfer erweisen, haben Menschen nur selten Probleme mit der Technologieakzeptanz und geben sich sorglos gegenüber unheilvollen Nebenwirkungen wie der Überwachung ihrer Person, die zwangsläufig untrennbar mit der smarten maschinellen Assistentin verbunden ist.

Wohlwollen bringen wir auch intelligenten Militärgeräten entgegen, wenn sie zu Verteidigungszwecken eingesetzt werden. Schon seit Jahrzehnten nutzen Militärs Verfahren aus dem großen Baukasten der kognitiven Systeme, wenn es um die Erfassung, Identifizierung und Bekämpfung feindlicher Luftziele durch Multifunktionsradare geht. Obwohl solche Radarsysteme ihre Luftziele ohne Zutun des Menschen erkennen, identifizieren, dann in einen anderen Modus umschalten, sie verfolgen und hochpräzise Daten über das Luftziel liefern, damit Lenkflugkörper das feindliche Ziel auch treffsicher neutralisieren können, hat die (Teil-)Autonomie defensiver Waffensysteme bislang keinerlei Debatte in Bevölkerung und Politik ausgelöst. Offenbar überwiegt die Erleichterung, wenn intelligente Systeme der Landesverteidigung größere Sicherheit der Bürger gewährleisten. Denn in einer Phase der »Versicherheitlichung«, in der jede politische Frage auch im Lichte der Sicherheit – Datensicherheit, Verkehrssicherheit, Sicherheit von Arbeitsplätzen, soziale Absicherung – diskutiert wird, ist Sicherheit hohes Gut und Wirtschaftsfaktor gleichermaßen.

Aber auch Offensivwaffen wie der Bunkerbrecher Taurus verfügen längst über Teilautonomie. Der Luft-Boden-Marschflugkörper, entwickelt und hergestellt im bayerischen Städtchen Schrobenhausen – die Münchner wissen, dass dort auch ihre regionalen Spargelfelder bestellt werden –, ist eine Präzisionswaffe, die Bunker, Brücken, Landebahnen oder Schiffe, die im Hafen liegen, zerstören kann. Smart am Taurus ist etwa sein Zündmechanismus, der selbst die Entscheidung trifft, wann er am besten auslöst, wenn er einen Bunker mit mehreren Stockwerken trifft. Er zählt Etagen und erkennt Hohlräume, bis er explodiert.[23]

Besonders große Ängste löst die radikal neue Bedrohung aus der Luft durch mobile, vollautonome Drohnen aus. Weil die Einführung neuer Waffentechnologien – früher das Schießpulver oder die Kernspaltung – in der Menschheitsgeschichte stets mehr und nicht weniger Kriegstote gefordert hat, verfolgt eine Gruppe von Staaten deshalb die weltweite Ächtung sogenannter Killerroboter, wie sie im Jahr 2019 bei der Ständigen Abrüstungskonferenz in Genf von 28 Staaten befürwortet wird. Zu den Verfechtern gehört allerdings außer Österreich und dem Vatikanstaat bisher kein einziger Staat auf europäischem Boden.[24] Als Befürworter des Verbots gehen sie davon aus, dass auch bei Einsatz modernster Technologien viele Tote zu beklagen sein werden. »Hyperkrieg« nennt eine Denkfabrik der NATO einen solchen Krieg, für den künstliche Intelligenz, automatische oder autonome Systeme schlachtentscheidend sind, bei denen der Mensch aber gerade nicht nur zum interessierten Zuschauer maschineller Schlachten wird.[25]

Für flüchtige Beruhigung der deutschen Bevölkerung will sorgen, dass im Koalitionsvertrag der Bundesregierung 2018 immerhin geschrieben steht:»Autonome Waffensysteme, die der Verfügung des Menschen entzogen sind, lehnen wir ab. Wir wollen sie weltweit ächten.«[26]

Dieser politische Auftrag ist sehr knapp gefasst; er betrifft die Ächtung von letalen autonomen Waffensystemen, kurz: LAWS, und will sich der Sorge der Menschen annehmen, dass im Konfliktfall die Entscheidung zum Töten nicht allein einer Maschine und ihrem Tötungsalgorithmus überlassen wird. Die Letztverantwortung für eine Tötung solle stets ein Mensch übernehmen, lauten die Ambitionen.

Wer es hier genau nimmt, kann dann nichts gegen autonome Waffensysteme (AWS) haben, solange sie nicht tödlich wirken und nur den Angriff anderer autonomer Maschinen stoppen. Wird ein Staat mit einem LAWS angegriffen, kann sein autonomes Waffensystem als Anti-LAWS-AWS das feindliche LAWS abfangen.

In die Debatte um LAWS mischt sich der Völkerrechtler Tobias Vestner, der das *Programm Sicherheit und Recht* beim Genfer Zentrum für Sicherheitspolitik leitet, mit dem rechtspositivistischen Argument ein, dass weder das»Kriegsvölkerrecht noch das humanitäre Völkerrecht oder die Menschenrechte« eine Vorschrift oder auch nur den Geist einer Vorschrift enthielten,»dass [es] ein Mensch [sein muss, der] einen Menschen tötet«[27]. Wie eine Tötung erfolgt, bleibt den Staaten, den Kriegsparteien überlassen. Nur darf die Tötung nicht gegen das Kriegsvölkerrecht verstoßen.

»Töten wir Zivilisten oder nicht? Können wir *Targeted Killing* oder nicht? Und was ist mit Kollateralschäden?«[28] – all das sind Fragen, die gegen die Vorschriften des Kriegsvölkerrechts abgewogen werden müssen.

Im Grunde werden bei LAWS ähnliche rechtliche und ethische Fragestellungen aufgeworfen wie beim autonomen Fahren, findet Professor Wolfgang Koch vom Fraunhofer-Institut für Kommunikation, Informationsverarbeitung und Ergonomie (FKIE) in Bonn.

Wolfgang Koch ist mit der Erforschung militärischer KI-Anwendungen betraut. Er meint:»Auch ein autonomes Auto ist eine Waffe.«[29] Auch ein autonomes Auto kann in Situationen kommen, in denen es über Leben und Tod entscheiden muss. Der Vergleich ist metaphorisch zu verstehen; natürlich sind autonome Fahrzeuge nicht als Waffe geplant.

Aber kann sich eine Maschine, ein autonomes Auto oder Waffensystem, rechtskonform oder moralisch verhalten? Diese Frage müssen sich mit großem Ernst insbesondere diejenigen Staaten stellen, die demokratisch regiert sind und deshalb ein bestimmtes Bild vom Menschen vertreten: Der Mensch ist mehr als eine Maschine, er ist souverän und zu verantwortungsvollem Handeln befähigt. Deshalb steht er über den Gegenständen des täglichen Lebens; deshalb kommt ihm eine besondere Würde zu, die Menschenwürde. International und für den Fall der Kriegsführung wird seine Würde durch das humanitäre Völkerrecht geschützt. Staaten, die von diktatorischen Regimen beherrscht sind, werden sich allerdings weniger streng an das Bild vom souveränen Menschen und dessen Schutzbedürftigkeit gebunden fühlen. Unser spezifisch europäisches Menschenbild gehört eben nicht zur Kultur vieler anderer Staaten.

Das hat Folgen, weil die Entwicklung von LAWS leicht ein neues Wettrüsten auslösen und zu einem radikalen Formenwandel von Politik führen kann. Einerseits könnten sich autoritäre Staatenlenker den rechtlichen und ethischen Fragen im Zusammenhang mit LAWS leicht entziehen (im Jahr 2016 waren übrigens nur 63 Prozent aller Staaten weltweit demokratisch legitimiert – ein Umstand, den wir gerne verdrängen, wenn wir uns auf die Vereinten Nationen und ihren Auftrag für Frieden und Sicherheit verlassen). Andererseits tendiert die Entwicklung von LAWS dazu, preiswerter zu werden als die Herstellung konventioneller oder nuklearer Waffen. Das bringt uns zurück zu der Feststellung, dass die Digitalisierung die globalen Machtverhältnisse verschiebt und auch kleine Staaten zu den Surrogatkriegen des 21. Jahrhunderts befähigen kann.

Zusammengefasst besteht neben den rechtlichen und ethischen Herausforderungen also noch ein weiterer Ablehnungsgrund gegen LAWS: Die sich verbreitenden Technologien der künstlichen Intelligenz dürfen nicht zu einer Verschiebung des strategischen Gleichgewichts führen und statt Abschreckung und Defensive offensives Verhalten begünstigen. Das Rahmenwerk des Völkerrechts, das fordert, Dispute auf politischem Wege, durch Diplomatie und Verhandlung und nicht mit militärischer Gewalt, beizulegen, muss intakt bleiben und auch künftig Vorrang vor militärischen Konflikten genießen. Das ist ein ehrgeiziges Vorhaben – denn LAWS sind digital, und als solche haben sie den Anspruch, disruptiv zu sein und die Kriegsführung für immer zu verändern.

Automatisch oder autonom?

Inzwischen steckt die Rüstungskontrolle von LAWS fest. Die an der Debatte beteiligten Staaten haben sich festgefahren. Sie streiten sich. Kapitaler Bremsklotz ist eine Definitionsfrage: Was eigentlich bedeutet »autonom«? Und was ist der Unterschied zu »automatisch«? Denn die Ächtung soll nur autonome Waffensysteme treffen. Jene definiert das amerikanische Verteidigungsministerium folgendermaßen: Autonom ist ein Waffensystem, »das nach seiner Aktivierung Ziele auswählen und angreifen kann, ohne dass ein menschlicher Bediener eingreifen muss. Dazu gehören von Menschen beaufsichtigte autonome Waffensysteme, die dem Bediener die Möglichkeit bieten, den Betrieb des Waffensystems außer Kraft zu setzen, [die ihre] Ziele jedoch ohne weitere Eingaben nach der Aktivierung auswählen und angreifen.«[30]

Ein Lager ist der Ansicht, dass »komplett autonome Waffensysteme gegenwärtig noch nicht existieren«[31]. Deswegen seien sie auch noch nicht reguliert.[32] Dieser Meinung schließt sich auch der frühere deutsche Botschafter bei der Abrüstungskonferenz, Michael Biontino, an: »Autonome Waffen machen die Zielerkennung selbst, sie haben keine Zielbibliothek gespeichert.«[33]

Vereinfacht gesagt: Die *Kill Decision* müsse dem Menschen entzogen sein. Der Mensch hätte den kompletten Prozess der Zielbekämpfung – von der Auswahl des Angriffszieles, seiner Lokalisierung, Identifizierung, Überwachung und Verfolgung, der Priorisierung von Zielen und der Anpassung des Wirksystems bis hin zur Neutralisierung der Ziele und allen Aufgaben und Aktionen, die auf diese *Kill Chain* folgen – an eine Maschine übertragen. Der Mensch würde sich heraushalten. Weil Menschen jedoch Angriffsziele antizipieren – und das wird im militärischen Einsatz häufig der Fall sein, wenn sich Streitkräfte abstimmen und koordinieren –, ist der Prozess der Zielbekämpfung nicht autonom, sondern höchstens automatisch, argumentiert man bei der Ständigen Abrüstungskonferenz. Und da diese vollständige Übertragung menschlicher Verantwortung auf eine intelligente Maschine heute noch nicht gegeben sei, sei zum jetzigen Zeitpunkt kein Verbot möglich. Schließlich könne man nicht regulieren, was nicht existiert.

Bei dieser Schlussfolgerung besteht freilich die Gefahr, dass sich die Staatengemeinschaft nie auf ein Verbot von LAWS einigen wird, und man muss befürchten, dass die Initiative *Killer Roboter stoppen!* nur halbherzig verfolgt wird. Es ist offensichtlich: Kein Land will sich bei der Erforschung und Entwicklung neuer Technologien behindern lassen. Deshalb blockieren Länder mit Technologieführerschaft bei der künstlichen Intelligenz das LAWS-Verbot. Deutschland und Frankreich nehmen eine mittlere Position ein. Sie haben einen unverbindlichen Verhaltenskodex vorgeschlagen. Nur China hat sich hinter die Initiative gestellt. Es befürwortet die Ächtung, behält sich aber dennoch die Erforschung und Entwicklung von LAWS vor.

Ähnlich wie Deutschland unterhöhlen auch die USA die Initiative, versichern aber öffentlich, dass ihr Land nicht beabsichtige, künftig einen *Terminator* in militärischen Konflikten einzusetzen.

»Wir halten Ausschau nach Systemen künstlicher Intelligenz, die Handlungsoptionen zusammenstellen und auswählen können, um die [gewünschte] Wirkung zu erreichen«, sagt Robert Work, stellvertretender Verteidigungsminister unter Barack Obama und Donald Trump.[34] Niemand wolle eine allgemeine künstliche Intelligenz, die mit der Intelligenz des Menschen vergleichbar wäre. Eine solche Maschine würde zwar selbstständig entscheiden, den *Kill Cycle* autonom zu durchlaufen, aber als Mensch müsste man auch damit rechnen, dass die Maschine sich weigern könnte, überhaupt ein Ziel ins Visier zu nehmen. Das eigene Land wird angegriffen, und das smarte Waffensystem beginnt eine Diskussion darüber, ob es Lust auf Verteidigung hat? Eine absurde Vorstellung, aber konsequent autonom.

Mit dem Mangel an politischem Willen verstreicht die Zeit.

»Ja, man muss diskutieren«, sagt der Völkerrechtler Tobias Vestner. »Wir brauchen mehr Information. [Aber] das ist die typische Verhandlungstaktik [bei den Vereinten Nationen]; man sagt, nein, nein, man sei noch nicht bereit … So kann man Zeit herausschinden, viele Recherchen mandatieren, und alle sind glücklich. Aber man kommt nicht weiter.«[35]

Denn längst kategorisieren Maschinen den Menschen und legen dafür sein Netzwerk und sein Verhalten zugrunde. So kann man schon heute leicht zum Ziel einer Maschine werden. Die Polizeibehörden in Chicago lassen beispielsweise eine Maschine entscheiden, wer die 500 schlimmsten Gefährder ihrer Stadt sind. Ein Algorithmus für die vorausschauende Polizeiarbeit, *Predictive Policing,* stellt eine entsprechende Liste auf. Die vermeintlichen Gefährder werden dann zum Ziel verstärkter Überwachung durch die Polizei. Die meisten von ihnen sind junge männliche Afroamerikaner. Ein Zufall? Oder vielleicht ein Fall von technologischem Rassismus? Hierzu sei angemerkt: Es ist ein Mythos, dass intelligente Maschinen objektiv und vorurteilsfrei entscheiden. Ihre Entscheidungen sind immer nur so gut wie die Qualität der Rohdaten, die einer maschinellen Entscheidung zugrunde liegen.

Kombiniert mit der immer treffsichereren maschinellen Gesichtserkennung, bei der die Chinesen führend sind, ist jedenfalls der Schritt zur Maschine, die ihr Ziel selbst bestimmt, erkennt und dann neutralisiert, nur noch ein kleiner.

Wie kann man die LAWS-Debatte angesichts dieser Entwicklung aus ihrer Erstarrung lösen? Frank Sauer von der Universität der Bundeswehr in München betont: LAWS seien keine Zukunftswaffen, weil Waffen für die Verteidigung schon seit Langem autonom agierten, und schlägt vor, von der Dichotomie automatisch versus autonom abzurücken.[36] Er empfiehlt, die Auseinandersetzung nicht um die Technologie selbst zu führen, sondern um die Erlaubnis oder das Verbot »militärische[r] Praktiken bei der Nutzung von Waffensystemen mit autonomen Funktionen«[37]. Damit meint Frank Sauer, dass man besser überlegen solle, welche neuen Formen der Kriegsführung durch (Teil-)Autonomie ermöglicht werden, die bisher so nicht denkbar waren, und wie diese völkerrechtlich zu beurteilen sind. So betrachtet, könnte man nämlich bereits den Einsatz einer »dummen« Landmine unter die LAWS-Debatte subsumieren. Sie »entscheidet« völlig selbstständig, wer ihr Ziel ist.

Frank Sauers Ansatz, darüber zu diskutieren, welche Einsatzszenarien mit solch modernen intelligenten Waffen verboten oder erlaubt sein sollen, hätte einen Vorteil: Er könnte auch die Staaten an den Verhandlungstisch bringen, die ein generelles Verbot von LAWS bisher abgelehnt haben.

Im Einklang mit dem humanitären Völkerrecht?

Auch wenn man international noch keinen Weg gefunden hat, ein neues Wettrüsten mit LAWS zu verhindern, bevor es begonnen hat, gilt: Staaten dürfen unter geltendem Völkerrecht ohnehin nicht »einfach mal so« neue Waffensysteme bauen. Denn Artikel 36 des Zusatzprotokolls vom 8. Juni 1977 zu den Genfer Abkommen vom 12. August 1949 über den Schutz der Opfer internationaler bewaffneter Konflikte antizipiert bereits die Entstehung neuer Waffensysteme insofern, als Staaten aufgefordert sind zu prüfen, ob eine neue Waffe oder Methode nicht schon a priori als verboten gelten muss. Denn auch die Erforschung und Entwicklung von LAWS findet nicht im rechtlichen Vakuum statt. Auch LAWS müssen legal sein. Auf diesem Wege will die Völkergemeinschaft verhindern, dass neue Waffensysteme verfrüht eingesetzt werden.

Wie diese Beurteilung der Rechtmäßigkeit letztlich ausfällt, bleibt allerdings jedem Staat selbst überlassen. Natürlich bestehen Überlegungen und Erfordernisse hinsichtlich der kritischen Überprüfung der Zulässigkeit neuer Waffen.[38] Materiell-rechtliche Handreichung bieten in diesem Zusammenhang zwei Themenkomplexe. Erstens, die neue Waffe darf nicht unter ein Abrüstungsabkommen fallen. Und zweitens, sie muss mit dem humanitären Völkerrecht im Einklang stehen.

Es ist das zweite Erfordernis, das Menschen Kopfzerbrechen bereitet. Auch LAWS müssen Kombattanten von Nichtkombattanten – auch Soldaten, die *hors de combat* sind, also sich ergeben haben oder verwundet sind – sicher unterscheiden können und Zivilisten verschonen.[39] Würden sie nicht zwischen militärisch und zivil unterscheiden, sondern unterschiedslos töten, hätten wir es potenziell mit einem Kriegsverbrechen zu tun.[40] Weil die maschinelle Klassifizierung und Identifizierung mit Statistik arbeitet, ist Unschärfe aber systemimmanent. Die Maschine kann Fehlurteile fällen, die sogenannten falsch-positiven Fehlalarme auslösen oder falsch-negativen Irrtümern erliegen.

Die Unterscheidung von Kombattanten und Nichtkombattanten ist heute allerdings selbst für einen Menschen schwierig. Was tun, wenn ein Kombattant nicht als solcher erkennbar ist, weil er zivile Kleidung statt Uniform trägt? Und wenn er sich noch dazu hinter einem zivilen Schutzschild verschanzt und ein Kind an seine Brust gepresst hält? Wenn er ein ziviles Surrogat für einen Militär ist, wie es heute häufig der Fall ist bei den Surrogatkriegen des 21. Jahrhunderts? Denken Sie an einen Mitarbeiter des Airbus-Konzerns, der anstelle eines Bundeswehrsoldaten eine Drohne im militärischen Einsatz steuert, weil er an deren Entwicklung mitgewirkt hat und das System besser kennt als der Besteller. Wird der Zivilist so zum Kombattanten oder nicht? (Die Antwort lautet übrigens Ja, und wir werden sie gleich noch bei der Frage nach der Verteidigung näher betrachten.)

Ob die Verletzung oder Tötung ziviler Personen vermieden werden kann, müssten LAWS in ihrem Entscheidungszyklus zur Zielbekämpfung evaluieren können. Diese Entscheidung ist nicht leicht zu treffen, sie kann hochkomplex sein, weil die Maschine Kontext berücksichtigen muss. Notfalls müsste die Maschine in der Lage sein, einen Angriff selbstständig abzubrechen.

Vor die gleiche Entscheidung gestellt, würde sich ein Mensch auf Konzepte wie den »guten Glauben«, *Soft Law* oder auf den *sensus communis* verlassen. Der Philosoph Markus Gabriel spricht vom »vereinheitlichten Eindruck«[41], den Menschen von einer Alltagsszene haben. Das ist nicht dasselbe wie der Datensalat, den eine Maschine zu einem Bild der Lage fusionieren muss. Und wieder stellt sich die Frage: Kann eine Maschine denken wie ein Mensch? Soll sie überhaupt denken wie ein Mensch?

Zur Frage nach der Unterscheidbarkeit von Zielen gesellt sich eine weitere Hauptproblematik. Es ist die Frage nach der Rechenschaftspflicht. Anders als beim autonomen Fahren, das ebenfalls nach rechtlicher Verantwortung verlangt, waren Militärs hier schon immer einen Schritt weiter. Wer ein Waffensystem in den Einsatz bringt, ist verantwortlich. Mit anderen Worten: Setzt die Bundeswehr Waffensysteme ein, die von einem Rüstungskonzern hergestellt wurden, liegt die Verantwortung beim Betreiber, also der Bundeswehr, und nicht beim Hersteller und dessen Programmierern.

Aber wäre es im Fall von LAWS nicht unfair, einen menschlichen

Kommandanten dafür verantwortlich zu machen, wenn ein LAWS, das ein anderer gebaut hat, ein Kriegsverbrechen begeht, sei es vorsätzlich, aus Gründen seines Designs oder auch nur versehentlich? Völkerrechtler führen hier das Konzept der Unsicherheit ein: LAWS arbeiten, wie gesagt, mit Statistik. Das heißt nichts anderes, als dass sie im Falle ihres Einsatzes eine wahrscheinliche Wirkung haben. Die Wahrscheinlichkeitsverteilung lässt sich als Histogramm darstellen; und wie sicher eine wahrscheinliche Folge des Einsatzes ist, können die Entwickler eines LAWS mithilfe statistischer Tests prüfen, bevor sie das System freigeben.

Ein anderes Konzept ist das der vorausschauenden Schadensfeststellung, *Predictive Damage Assessment*. Ein Hilfssystem würde dem Kommandanten vor dem Einsatz anzeigen, welche Schäden es wahrscheinlich verursachen würde.

Das bedeutet, dass ein Kommandant, der ein LAWS einsetzt, mit den wahrscheinlichen Wirkungen der Waffe in bestimmten Szenarien vertraut sein muss. Der Ausgang muss für ihn vorhersehbar sein, was die Auswirkung auf die Zivilbevölkerung betrifft. Sind ihm die wahrscheinlichen Folgen nicht bekannt, wäre der vorsätzliche oder leicht fahrlässige Einsatz rechtswidrig.[42]

Die Rechenschaftspflicht hierfür aber würde eine Erweiterung sowohl des bestehenden humanitären Völkerrechts als auch des Strafrechts nach sich ziehen. Aber auch standardisierte und sorgfältige Tests von LAWS wären erforderlich, auf die sich ein Kommandant verlassen können muss. Solange sich aber die Nationen nicht auf die notwendigen Regeln für Killerroboter einigen, können LAWS desaströse Folgen für die Weltbevölkerung haben.

Streng geheim: der elektronische Kampf

»German Airforce Tornado 4300,[43] ich muss einen Notfall melden. Schalten Sie das Ding sofort aus!«

Selbst über Funk ist dem Jetpiloten anzuhören, wie ärgerlich er ist. Statt wie vorher abgesprochen mit jähen Flugbewegungen einen Kurvenkampf über dem Übungsgebiet zu simulieren, versucht der Pilot, den Tornado-Kampfjet der Wehrtechnischen Dienststelle der Bundeswehr in eine ruhige, stabile Fluglage zu bringen.

»GAF 4300, roger, Sie haben einen Notfall. Können Sie die Höhe halten?«

»Höhe, Höhensteuerung und Trimmung unkontrollierbar. GAF 4300.«

»GAF 4300, roger, Instrumentenstörung. Was haben Sie vor?«

»Schalten Sie endlich das verdammte Radar ab!«

Auf der weiten Grünfläche hinter den weiß getünchten Produktions- und Bürohallen des deutschen Rüstungsbetriebs herrscht hochsommerliche Trägheit. In den Glasfenstern der Büros spiegelt sich gleißendes Sonnenlicht. Ein asphaltierter Weg trennt den länglichen Gebäudekomplex von den gegenüberliegenden Wiesen. Für die Rüstungsfirma, der Volksmund nennt sie »Die Festung«, ist das weitläufige Betriebsgelände neben der Produktionsstätte unverzichtbar. Hier, auf eigenem Grundstück, testet der Hersteller neue Systeme für militärische Zwecke, bevor er sie weiterentwickelt oder für den operativen Betrieb freigibt. Außerhalb der Systemtests nutzen die Mitarbeiter den Außenbereich für erholsame Mittagspausen. »Freigehege«, so nennen sie die Grünfläche hinter den Hallen. Sie erlaubt Spaziergänge vorbei an neuer Militärtechnologie. Vierachsige Lastkraftwagen in grüner Tarnfarbe sind auf eigens dafür vorgesehenen Parkplätzen abgestellt. Sie sind mobile Trägersysteme für Radarantennen der Luftverteidigung zur Abwehr feindlicher Flugzeuge, Hubschrauber und Raketen.

Eine große Phased-Array-Antenne sticht hervor. Steil aufgerichtet steht sie auf dem Chassis ihres Transportfahrzeugs und blickt in den Himmel, bereit für Aufgaben sowohl der Luftaufklärung als auch der Zielzuweisung und Lenkung radargesteuerter Flugabwehrraketen.

In einiger Entfernung steht ein Lkw, auf dessen Ladefläche ein Container installiert ist. Er ist wichtiger Bestandteil des Flugabwehrsystems, denn in ihm sind wie in einem winzigen Einzelbüro der Radarleitrechner und die algorithmische Datenfusion untergebracht. Männer in Zivilkleidung steuern das Phased-Array-Radar aus diesem mobilen Unterstand heraus. Heute haben sie nur einen Test vorgesehen. Im operativen Einsatz würden sie Uniform und Gefechtshelm tragen.

Ein ganzes Netz von Radargeräten überzieht den gesamten Globus und hüllt ihn in seine Strahlungsenergie ein. Die ständig steigende Zahl von Reiseflügen in einem schon überfüllten Luftraum wäre ohne Radar undenkbar. Die Ausstrahlung erfolgt im elektromagnetischen Spektrum, jener Strahlung, die den Menschen immer wie selbstverständlich umgeben hat, weil auch das sichtbare Licht zum elektromagnetischen Spektrum gehört. Doch längst sind andere Komponenten hinzugekommen: Hörfunk, Mobilfunk, Fernsehen, Röntgengeräte, die Mikrowelle, GPS, Bluetooth, WLAN – immer voller und gedrängter wird der Raum der unsichtbaren Strahlungsenergie.[44] Was für sie unsichtbar ist, verstehen viele Menschen nicht. Nur die Profis der elektronischen Kriegsführung bringen mit ihren Erfassungssystemen Licht ins Dunkel. Sie wissen: Strahlung, die früher nicht in diesem Umfang und in dieser Leistungsdichte gegeben war, muss heute aktiv gemeistert werden. Und das bedeutet zum einen, dass wichtige Geräte vor Störungen geschützt werden müssen. Denn tritt ungeregelt hohe Strahlungsenergie auf, verläuft der Alltag moderner Menschen nicht länger reibungslos. Zum anderen besteht auch die umgekehrte Herausforderung: Wie kann man das elektromagnetische Spektrum eines potenziellen Kriegsgegners zugunsten eigener Operationen beeinflussen? Wer das Spektrum beherrscht, verschafft sich einen strategischen Vorteil. Die Kriege der Amerikaner im Irak oder in Afghanistan wären ohne die elektronische Kriegsführung und ihre Dominanz im elektromagnetischen Spektrum undenkbar gewesen.

Von US-Amerikanern schon in den 1980er-Jahren auf Flugzeugträgern installiert, haben sich Phased-Array-Radare in jahrzehntelanger Entwicklung als besonders geeignet erwiesen, unterschiedlichste Aufgaben im zum Bersten vollen elektromagnetischen Spektrum zu erfüllen. Zivil genutzt, haben sie sich im 21. Jahrhundert als »smarte Antennen« für den Mobilfunk etabliert. Doch beim militärischen Gebrauch bieten sie nach wie vor die meisten Vorteile. Auch als Gruppenantenne bezeichnet, sind auf ihrer Grundfläche von mehreren Quadratmetern eine Vielzahl von Einzelstrahlern in Reih und Glied angeordnet. Damit jeder Einzelstrahler unabhängig von den anderen Strahlern der Gruppe Strahlungsenergie aussenden kann, wird er elektronisch von einem Computerprogramm angesteuert. Das Computerprogramm ändert die Pulsfrequenz, die zeitlichen Abstände zwischen den Pulsen oder auch die Richtung des Hauptstrahls. *Beamforming* nennen das die Radarelektroniker. Weil der Computer die Strahlungsenergie des Radars und damit die gesamte Verhaltenscharakteristik der Antenne so in Echtzeit innerhalb von Mikrosekunden ändert, sind Phased-Array-Radare wiederum eine Herausforderung für potenzielle Angreifer. Denn sie zu stören oder zu neutralisieren ist nur schwer möglich.

An ebendieser Strategie – sie führte im Zweiten Weltkrieg zum erstmaligen Auftreten der elektronischen Kriegsführung – hat sich bis heute nichts geändert. Damals hatten es sich die alliierten Streitkräfte zur Aufgabe gemacht, die Radarstellungen und damit die Kommunikation der Achsenmächte elektronisch zu stören. Bis heute gilt, dass die elektronische Kriegsführung Verteidigung und Angriff erst möglich macht. Deshalb ist sie nach wie vor von höchster strategischer Relevanz.

Im militärischen Kontext werden Phased-Array-Radare standardmäßig in einem Verfahren eingesetzt, das Technologen als *Pipelining* bezeichnen. Nacheinander werden die einzelnen Aufgaben von Luftraumüberwachung, Flugzielerkennung und -verfolgung abgearbeitet. Sobald das Radar den Luftraum im Suchmodus abtastet und ein Luftfahrzeug erfasst, reflektiert das Flugobjekt die Strahlung und sendet sie als Signal zur Antenne zurück. Erst Software macht dann sichtbar, was für das menschliche Auge verborgen bleibt. Es ist die Radarbildauswertung, die zunächst Festzeichen unterdrückt. Festzeichen sind Fixpunkte im überwachten Bereich, darunter Gebäude oder Geländeformationen, die sich nicht bewegen und deshalb auf kein besonderes Interesse bei der Luftraumüberwachung stoßen. Das verbleibende Signal wird schließlich auf einem Bildschirm als Plot dargestellt. Hat das Radar ein Signal von Interesse entdeckt, schaltet es den Verfolgungsmodus, den *Tracker,* ein und beginnt, der Flugspur des Luftfahrzeugs nachzuspüren, ja, sie sogar vorherzusagen. Dabei dreht sich die Signalverarbeitung immer nur um die eine Frage: Ist das erfasste Flugobjekt Freund oder Feind? Auch hier hilft der Computer weiter. Ein Klassifizierungsalgorithmus legt den Typ des entdeckten Objekts fest. Erst dann erfolgt die konkrete Identifizierung des Flugkörpers.

Im mobilen Unterstand, in dem der Leitrechner für das Phased-Array-Radar installiert ist, steigt die Anspannung, als der Kampfpilot den Notfall meldet. Konzentriert tippt der Radarelektroniker auf der Tastatur, um die Kontrolle über die Radarfunktion zu übernehmen, die er kurzfristig an eine künstliche Intelligenz abgegeben hatte.

»GAF 4300, roger. Radar ist ausgeschaltet.«

Drei Stunden vor dem Vorfall hatten sich der Forschungsleiter, ein Team aus Experten für künstliche Intelligenz, Radartechniker, ein Tornado-Pilot und ein Waffensystemoffizier der Bundeswehr im Briefingraum getroffen, als ein ganz besonderer Test des Phased-Array-Radars anstand: Zum ersten Mal sollte eine künstliche Intelligenz die Steuerung des Radars übernehmen. Sie sollte zeigen, dass man vom strikten fortlaufenden Pipelining-Verfahren abweichen konnte.

Zu diesem Zweck hatten die Softwareingenieure die Radarsteuerung intelligent gemacht. Ob Suchsteuerung, Identifizierung oder Tracker, ob Leitrechner oder Radarhardware, die Programmierer hatten jede einzelne Systemkomponente losgelöst von den anderen modelliert. Ab jetzt verhielten sie sich wie ein Organismus aus autonomen und dezentral organisierten Einheiten. Eine verteilte künstliche Intelligenz repräsentierte jede Einzelkomponente durch ein geschlossenes Stück Programmcode, der allerdings eine Eigenschaft aufwies: Er kommunizierte und interagierte aktiv mit den anderen Komponenten des Systems. Dabei erfolgte der Erkenntnisaustausch nicht direkt zwischen den Komponenten, sondern nur mittelbar über eine virtuelle Schreibtafel, das *Blackboard*. Sie war das zentrale Nervensystem des Radarsystems. Hatte der Tracker ein Ziel entdeckt, das sich zu verfolgen lohnte, schrieb er die Information für alle sichtbar auf die virtuelle Tafel. Die Information konnte für den Identifizierer interessant sein, der sie auslas, um aus der Flugspurberechnung des Trackers eine höhere Evidenz in Bezug auf die Identität des Luftfahrzeugs zu gewinnen. Tauchte eine neue Information auf dem Blackboard auf, stellte sich deshalb jede Komponente neu die Frage: Nützt mir die Information des anderen, um meine eigene Lageeinschätzung zu verbessern?

Der Vergleich mit einem Lebewesen kommt nicht von ungefähr. Mit einem Systemdesign aus autonomen, interagierenden Elementen war es den Softwareingenieuren des Rüstungsbetriebs gelungen, einen bisher statischen Ablauf mithilfe künstlicher Intelligenz in ein komplexes dynamisches System zu verwandeln. Der Programmcode lebte förmlich. Zwar war das Ziel des neuen Designs klar: Das Radar sollte im Falle eines Luftkampfs in der Lage sein, ein *Air Theater*, in dem sich mehrere Hundert Flieger auf engem Raum Gefechte liefern konnten, viel schneller als beim Standardverfahren zu identifizieren und zu verfolgen. Die erwartete Flexibilität hatte allerdings einen sichtlichen Nachteil: Wie sich das ab jetzt komplexe dynamische Radarsystem verhalten würde, war nicht vorhersehbar.

»Herr Oberstleutnant, wir beginnen den Test der intelligenten Radarsteuerung mit einem einzelnen Kampfjet. Ihr Tornado simuliert das Flugziel. Sie steigen in größerer Höhe Richtung Südwesten auf und leiten dann einen Sinkflug über dem Testgelände ein. Die beiden ersten Überflüge erfolgen im Geradeausflug. Danach können Sie spezielle Flugmanöver oder andere Fluglagen ausführen, wie Sie sie auch für den Luftkampf trainieren.«

Der Oberstleutnant nickt.

»Während Sie Ihre Manöver fliegen, sollte sich unser Phased-Array-Radar stark für Sie interessieren«, fährt der Forschungsleiter erklärend fort. »Deshalb werden Sie so manövrieren, dass Sie das Radar möglichst lange davon abhalten, Sie als Feind zu erkennen und zu verfolgen.«

»Allerdings können wir Ihnen nicht genau sagen, wie sich das Radar tatsächlich verhalten wird«, ergänzt der Systemarchitekt. »Weil jede Komponente des Radarsystems unabhängig von den anderen agiert und für sich selbst eine Strategie verfolgt, die nicht notwendigerweise dieselbe Problemlösungsstrategie wie die der anderen Komponenten ist, wissen wir nicht genau, wie das Gesamtsystem letztlich mit Ihnen verfahren wird.«

»Sie wissen also nicht, in welchen Zustand die Radarsteuerung am Ende einschwenken wird?«, hakt der Pilot nach.

»Das ist richtig. Es ist auch denkbar, dass das Radar gar nicht auf Sie fokussiert, weil die einzelnen Elemente des Radars nicht zu einer gemeinsamen Gesamtstrategie finden«, fügt der Systemarchitekt hinzu.

Der Forschungsleiter nickt zustimmend. »Im besten Fall sammeln wir die Daten über das Verhalten des Radars und werten aus, ob das neue Design einen militärischen Vorteil bringt. Das wäre etwa dann der Fall, wenn es Ihren Tornado schneller oder leichter verfolgen könnte als ein herkömmlicher Tracker.«

»Oder wenn die Veröffentlichung von Information auf dem Blackboard dazu geeignet ist, die Identifizierung von Flugzielen sofort zu validieren«, fügt der Systemarchitekt hinzu. »Immerhin ist ein herkömmlicher Tracker schnell überfordert, wenn es am Himmel hoch hergeht.«

Der Oberstleutnant erhebt sich aus seinem Stuhl. »Leichte Übung. Kann losgehen.«

Noch bei den ersten beiden Überflügen hatte der Pilot keine Auffälligkeiten bemerkt. Während das Team am Boden die Annäherung des Tornados registrierte, verlief die Übung auch an Bord der Maschine wie geplant. Zweimal war der Pilot eine Kampfkurve geflogen und hatte einen Angriff simuliert. Aber schon beim dritten Überflug wird es brenzlig. Plötzlich und unerwartet ist sein Bodenfolgeradar gestört. Sobald ein Kampfjet mit hoher Geschwindigkeit in niedriger Höhe über unebenes Gelände jagt, ist die Navigation mithilfe des Bodenradars für die Unversehrtheit des Piloten, für Leib und Leben, entscheidend. Doch der Bildschirm zeigt nur noch Rauschen an.

Nervös versucht der Oberstleutnant, die Kontrolle über die Maschine zurückzugewinnen, und fliegt einen Richtungswechsel. Doch die Anstrahlung des Radars lässt sich nicht abschütteln. Selbst in mittlerer Entfernung zum Phased-Array-Radar spielt der Bordcomputer verrückt. Riskante Flugmanöver, wie sie wenige Stunden vor der Übung im Briefingraum besprochen wurden, sind jetzt viel zu gefährlich. Erst die Notfallmeldung über Funk stellt die Sicherheit des Kampfjets wieder her.

»Schalten Sie endlich das verdammte Radar ab!«

»GAF 4300, roger. Radar ist abgeschaltet.«

Für das Forschungsteam kam der Lerneffekt völlig unerwartet. Wer im besten Fall mit einer höheren Folgsamkeit des Radars gerechnet hatte, wurde von der künstlichen Intelligenz eines Besseren belehrt. Sie hatte die Strahlsteuerung des Radars so stark auf den Jet konzentriert, dass ein Brennglaseffekt eingetreten war. Ohne Wollen oder Zutun seiner Ingenieure und Techniker und völlig selbstständig hatte das Radar eine Abstrahlung vergleichbar einem elektromagnetischen Impuls erzeugt und so die empfindliche Bordelektronik des Kampfjets riskant gestört. Um durch die elektromagnetische Bekämpfung seines Jets durch das Phased-Array-Radar nicht selbst in Lebensgefahr zu geraten, hatte der Oberstleutnant seine Flugmanöver abgebrochen, den Jet in eine stabile Fluglage gebracht und die Abschaltung des Radars verlangt. Damit hatte das Radar den Kampfjet erfolgreich destabilisiert. Eine gefährliche Situation, hätte es sich nicht um eine Übung gehandelt. Erst destabilisieren, dann abschießen, so hätte die Taktik des Gegners im realen Luftkampf lauten können. Statt eines dynamischeren Zielverfolgungsalgorithmus hatte das Forschungsteam eine elektronische Bombe entwickelt, deren Einsatz genauso zum Absturz des Kampfjets hätte führen können wie ein Abschuss durch eine Rakete. Das also war das Eigenleben eines Radars, das von einer künstlichen Intelligenz gesteuert wurde. Dass das System eine eigene Kampfführungstaktik entwickeln könnte, auf den Gedanken wäre keiner seiner Entwickler gekommen.

»GAF 4300, machen wir Schluss. Wollen Sie noch ein bisschen dort oben herumhängen?«

»Ich gehe landen. GAF 4300.«

»GAF 4300, in Ordnung. Kontaktieren Sie den Tower auf 122,1.«

»122,1. Schönen Tag noch heute. GAF 4300.«

»Heute« liegt lange zurück und war ein heißer Sommertag im Jahr 1996. Seitdem hat keiner der damals involvierten deutschen Ingenieure die elektronische Bombe weiterentwickelt. Stattdessen ist sie schnell in der Schublade verschwunden. Nicht, weil sie nicht funktioniert hätte. Und auch nicht deshalb, weil sich die geopolitische Lage, wie es schien, so verändert hatte, dass Wettrüsten und Kalter Krieg längst Geschichte waren. Der Grund ist ein anderer. Inzwischen war das »Freigehege« auf einen europäischen Konzern der Sicherheitsvorsorge übergegangen. Dieser hatte 2013 die endgültige Schließung des Standorts bekanntgegeben. In dem zwischenzeitlichen Durcheinander von Firmenfusionen, Joint Ventures, Umbenennungen und Teilverkäufen konnten sich die Briten in einem trickreichen Coup die Radartechnologie der deutschen Rüstungsfirma aneignen, legal zwar, aber in Deutschland praktisch unbemerkt. Die einstige Festung hat man heute, fast 25 Jahre später, in einen Gewerbepark verwandelt. Erst seit sich das elektromagnetische Spektrum weiter füllt, bis sich kaum jemand mehr vorstellen kann, wie es ist, nicht mehr mobil zu surfen, einzukaufen, zu telefonieren und zu arbeiten, fokussieren deutsche Forscher wieder stärker auf die Beherrschung der Strahlungsenergie. In jüngster Zeit wird die elektronische Kampfführung bei der militärischen Forschung wieder heiß debattiert. Seit die Verletzlichkeit einer Gesellschaft, die sich vom mobilen Arbeiten über das autonome Fahren bis hin zum industriellen Internet der Dinge auf ein funktionierendes elektromagnetisches Spektrum verlässt, wächst, rüsten Russland, China und die USA elektromagnetisch auf, damit ihr strategischer Vorteil gesichert ist. Was den Europäern hingegen auf den ersten Blick zu Recht sinnvoll und erstrebenswert erschien, nämlich die Abrüstung nach dem Fall des Warschauer Pakts und die damit verbundene Absenkung der Sicherheitsstandards, kann sich für die Surrogatkriege des 21. Jahrhunderts noch bitter rächen.

Die Ferse des Achill:
das elektromagnetische Spektrum

»Militärische Anwendungen der künstlichen Intelligenz umfassen viel mehr als ›Killobots‹«, weiß Professor Wolfgang Koch vom FKIE. »Ich persönlich glaube, dass die ›kinetische Wirkung‹, wie wir uns höflich ausdrücken, weniger von künstlicher Intelligenz beherrscht werden wird als die ›elektronische Wirkung‹. Elektronische Kriegsführung ist das natürliche Komplement des Cyberkriegs und wird sehr große Bedeutung erlangen.«[45]

Ohne Digitalisierung ist moderne Kriegsführung nicht denkbar. Schnell und nachhaltig verändern immer mehr unbemannte Systeme militärische Operationen. Ferngesteuerte unbemannte Systeme verlassen sich dabei auf die Funkverbindung zu ihrer Bodenstation. Autonome Systeme sind genauso auf Funkstrahlung angewiesen. Ihre Sensoren sind Empfänger dessen, was um sie herum vorgeht, und messen Abstände und Ort, damit sie wissen, wo sie sich befinden. Sie müssen sich auf Echtzeitdaten, die unterbrechungs- und medienbruchfrei gewonnen, aufbereitet und eventuell während einer Operation an andere Systeme verteilt werden, verlassen.

Für ihre Kommunikation und Wahrnehmung machen sich Waffensysteme das elektromagnetische Spektrum genauso zunutze wie wir Menschen, wenn wir mit dem Smartphone telefonieren, durch die Röntgenanlage der Sicherheitskontrolle am Flughafen gehen, smarte Funkwasserzähler in unsere Häuser einbauen oder irgendwann einmal mit autonomen Autos fahren. Ohne das elektromagnetische Spektrum wäre unsere mobile Kommunikation nicht möglich. Neben den vernetzten Systemen für den militärischen Einsatz ist es deshalb unsere zivile Umgebungsintelligenz, die besonders schutzbedürftig und im Konfliktfall höchst gefährdet ist. Es ist auch der Konfliktfall, bei dem man das elektromagnetische Spektrum beherrschen und Informationsdominanz erreichen will.

Wäre das elektromagnetische Spektrum durch einen Angriff lahmgelegt, würde unser Leben in die Neunzigerjahre des 20. Jahrhunderts zurückkatapultiert werden. Ein solcher Angriff, so ist Professor Koch zu verstehen, wäre Sabotage unserer Kommunikationsinfrastruktur, nun nicht durch Hacking, durch Viren oder Würmer, die Computer, Industrieanlagen oder die Energieversorgung lahmlegen, sondern durch das »Bombardement« mit hochfrequenter Strahlung durch einen Gegner. Nicht wir selbst, sondern unsere Umgebungsintelligenz würde »blind« werden, weil sie nur noch falsche oder gar keine Information mehr erheben könnte. Ein Angriff auf das elektromagnetische Spektrum würde also nicht die Wahrnehmung von Menschen, sondern die Wahrnehmung unserer smarten Maschinen stören, auf die wir uns so sehr verlassen.

Elektronisch gekämpft wird, seit die Funktechnik beim Militär Einzug gehalten hat. Dass Militärs zu Mitteln des elektronischen Kampfs greifen, wurde dennoch jahrzehntelang geheim gehalten. Ob die elektronischen Maßnahmen defensiven oder offensiven Charakter haben, ist kaum mehr unterscheidbar.

Offensiven Charakter nimmt der elektronische Kampf dort an, wo er das gegnerische elektromagnetische Spektrum aus der Luft oder vom Boden aus stört, bevor ein Angriff erfolgt. Im Libysch-Tschadischen Grenzkrieg hatte Frankreich dreimal zugunsten der Regierung des Tschad, der von Muammar al-Gaddafi überfallen wurde, eingegriffen, zuletzt 1986. Dabei leisteten die Amerikaner Luftunterstützung mit F-111-Kampfflugzeugen, die, nach damaligem Stand der Technik mit umfangreichen Möglichkeiten zur Abstrahlung von Störsignalen ausgestattet, vor der Bodenoffensive der Franzosen das komplette elektromagnetische Spektrum und damit sämtliche elektronische Gegenmaßnahmen Libyens, auch die Radarstellungen zur Überwachung und Identifizierung feindlicher Operationen, ausschalteten. Nichts mehr war zu sehen, für niemanden mehr – ein Moment, den ein Veteran der französischen Fremdenlegion, damals als Frontsoldat zur Verteidigung des Tschad eingesetzt, als »unheimlich« bezeichnete.

Dass Störungen des elektromagnetischen Spektrums nicht nur im offenen Konfliktfall forciert werden, sondern auch in Friedenszeiten auftreten, zeigt ein Zwischenfall vom Sommer 2014. Er betraf den Flugverkehr in Süddeutschland, Tschechien und Österreich mitten in der Urlaubssaison, eine Spitzenverkehrszeit für den Luftraum.[46]

Am Donnerstag, den 5. Juni 2014, fallen unerwartet die Funksignale ziviler Luftfahrzeuge aus. Passagierflugzeuge über Wien, Prag und Bratislava verschwinden plötzlich von den Bildschirmen der Fluglotsen. Das passiert normalerweise dann, wenn Flugzeuge abstürzen. Doch an diesem Tag sind alle Flieger weiterhin in der Luft.

Nur ihre Transponder funken keine Signale und Kennungen mehr. Für die Flugüberwachung am Boden sind die Maschinen damit unsichtbar, und der schlimmste anzunehmende Zwischenfall im Tagesgeschäft eines Fluglotsen wird Wirklichkeit: Die Lotsen sehen keine Flugbewegungen mehr.

Nur gut, dass die Passagiere von dem gravierenden Notfall nichts erfahren. 25 Minuten dauert die Blindheit der Fluglotsen von Austro Control, die sich während des Ausfalls ihrer Systeme mit analogen Werkzeugen wie Stift und Papier behelfen müssen. Denn während die Piloten ihre Position und Höhe funken, führen die Lotsen manuelle Listen über die Flugzeuge mit, die sich über ihren Köpfen befinden.

Eine NATO-Übung in Ungarn, bei dem der elektronische Kampf gegen Transponder trainiert wurde, habe am 5. Juni 2014 zu dieser »drastischen Beeinträchtigung der Flugsicherheit« geführt, heißt es in einer Erklärung des Vorfalls. Als aber wenige Tage später, am 10. Juni 2014 zwischen 13:30 und 15:00 Uhr, erneut Flugzeuge von den Bildschirmen verschwinden, jetzt in Wien, Prag und München, herrscht Ratlosigkeit: Denn inzwischen ist die NATO-Übung längst beendet.

Verschwörungstheorien ziehen die üblichen Online-Kreise. Von der zweiten Störung sind hoch fliegende Luftfahrzeuge betroffen. Ein solches Manöver könne nur aus dem Weltraum und mithilfe von Satelliten durchgeführt werden. Und über solche verfügten allenfalls die Amerikaner, die Russen und die Chinesen.

Dabei könnte es für den zweiten Ausfall auch eine natürliche Erklärung geben. Sie lautet: Sonnenstürme, das sind starke Strahlungsausbrüche der Sonne. Tatsächlich war die Sonne im Jahr 2014 ungewöhnlich aktiv. Am 10. Juni 2014 hatte die NASA drei massive Sonnenstürme der X-Klasse beobachtet.[47] Nur die stärksten Sonneneruptionen zählen zur X-Klasse. Ihre Strahlungsenergie kann dem Menschen zwar nicht schaden, reicht aber aus, das elektromagnetische Feld der Erde zu beeinträchtigen und die GPS- und Kommunikationssignale auf der Erde zu stören. Die erste Sonneneruption des Tages erreichte ihren Höhepunkt um 7:42 Uhr EDT morgens, also um 13:42 Uhr mitteleuropäischer Sommerzeit. Nur eine Stunde später folgte eine zweite Explosion, nicht viel schwächer als die erste. Wenn auch bis heute nicht geklärt ist, was die Flugsicherheit so katastrophal beeinträchtigt hat, ist die gleichzeitig hohe Sonnenaktivität dennoch ein plausibler Grund. In jedem Fall muss man sowohl Fluglotsen als auch Piloten dankbar sein. Noch sind sie auf exzellentes manuelles Arbeiten ganz ohne Computer trainiert. Auch im Notfall kann man sich auf sie verlassen.

Elektronische Gegenmaßnahmen

Elektronischer Kampf, mehr Kunst als Wissenschaft, zielt darauf ab, feindliche Kommunikation, also die Übertragung von Daten, im elektromagnetischen Spektrum zu entdecken, abzuhören, zu behindern oder aber auch zu täuschen. Das geschieht durch die Funktionsstörung der elektronischen Kommunikation, das Zuspielen falscher Information oder die physische Zerstörung des Kommunikationsnetzes. Radartechnologie spielt dabei eine besondere Rolle. Kombiniert mit künstlicher Intelligenz, erhält sie kognitive Fähigkeiten.

Im Militärmodus weisen Radare eine adaptive Strahlencharakteristik auf, die streng geheim gehalten wird. Das ist nicht neu und schon seit vielen Jahrzehnten der Fall. Verändert ein Radar seinen Betriebsmodus, nuanciert es seine Sendeimpulse oder modifiziert es den sogenannten *Envelope,* die Hüllkurve, in der es normalerweise aktiv ist, tut sich ein Aufklärungssystem schwer, das feindliche Radar aufzuklären, wenn es ein solches Verhalten nie zuvor »gesehen« hat. Kennt man die spezifische Strahlencharakteristik eines solchen Radars nicht, kann man es auch kaum stören, jammen, ein

Vorgang, der darauf abzielt, feindliche Sensorik so mit Strahlung zu bombardieren, dass der Gegner nur noch Rauschen empfängt und keine Signale mehr verarbeiten kann. Eben deshalb ist die Geheimhaltung bei den militärischen Betriebsmodi von Radarsystemen so hoch. Nicht nur überlegene Technik, auch die Geheimhaltung soll die Informationshoheit im elektromagnetischen Spektrum gewährleisten.

Ein Radarsystem, das seine Charakteristik nur schematisch variiert, ist nicht kognitiv. Intelligent verhält sich ein Radar erst, wenn es situationsadaptiv, quasi bewusst, auf seine Umwelt eingeht und seinen Modus Operandi auf die Strahlungsquelle einstellt, die es beobachtet. Stellt ein kognitives Radar fest, dass sich etwa ein Aufklärungsflugzeug nähert, kann es seine Strahlungscharakteristik verändern, um sich unsichtbar zu machen und nicht identifiziert zu werden.

Auch die Offensive kann kognitive elektronische Kampfführung einsetzen, beispielsweise zur Erkennung feindlicher Bodenradare. Ein Aufklärungsflugzeug – bekannt ist das NATO-NE3 AWACS – fliegt in einem Luftraum und sammelt Strahlung auf. In der Strahlung verstecken sich Muster, die es zu identifizieren gilt: Gehören sie zu einem Linienflug der Lufthansa? Stammen sie von einem feindlichen Kampfjet? Oder könnte es sich um ein gegnerisches Bodenradar handeln? Ist die Quelle eines Strahlungsmusters nicht genau identifizierbar, aber trifft ein intelligentes Aufklärungssystem bestimmte Annahmen über Funktionsmuster und unterhält eine Hypothese, worum es sich handeln könnte, würde es damit beginnen, die Strahlungsquelle zu provozieren. Schaltet die Strahlungsquelle daraufhin in einen anderen Betriebsmodus um, sodass sich eine der hypothetischen Annahmen über den Typ der provozierten Strahlungsquelle verfestigt, kann das Aufklärungssystem schließlich feststellen, welche Art von Strahlungsquelle es vor sich hat, und mit der Störung beginnen.

Dass der kognitive elektronische Kampf immer größere Relevanz gegenüber Killerrobotern gewinnt, ist dem Umstand geschuldet, dass teilautonome Waffensysteme oder LAWS genauso auf das elektromagnetische Spektrum angewiesen sind, um zu funktionieren, wie unsere zivile Umgebungsintelligenz mit ihren vernetzten Häusern, Industrieanlagen und Gerätschaften. Eine ferngesteuerte Drohne kommt in Schwierigkeiten, wenn ihre Funkverbindung zur Bodenstation unterbrochen wird. Auch ein vernetztes Auto kann interessante Dinge tun, wenn es gestört wird oder seine Sensoren falsche Informationen erheben, weil es Ziel einer *Spoofing*-Attacke ist.

Weder die Hersteller von Umgebungsintelligenz noch die kommerziellen Beratungsfirmen, die Cheerleader der Digitalisierung, berücksichtigen das Risiko potenzieller Angriffe auf das elektromagnetische Spektrum als konkrete Gefahr für unseren hochvernetzten Alltag. In Deutschland bereitet sich nur die Bundeswehr auf dieses immer wichtigere Schlachtfeld vor, die zivilen Digitalisierungsapostel mit Blick auf die Wirtschaftlichkeit hingegen nicht. Mehr Sicherheit in die Vernetzung einbauen, nur um ein Risiko mit einer geringen Eintrittswahrscheinlichkeit zu entschärfen? Wird schon nichts passieren, wird schon alles gut gehen, so die landläufige Meinung. Die Infrastruktur der Digitalisierung sei ja in und für Friedenszeiten geschaffen. Im Klartext heißt das: Ihre Vulnerabilität ist theoretisch zwar erkannt, aber die Risikovorbeugung ist schlicht unwirtschaftlich.

Sicher im Netz mit künstlicher Intelligenz

Militärisch genutzte künstliche Intelligenz verbessert die Luftverteidigung und ermöglicht mehr und neue Fähigkeiten von Militärgerät. Weniger spektakulär, aber mit immer größerer Notwendigkeit, müssen sich auch Sicherheitsexperten auf künstliche Intelligenz verlassen, die automatisiert Bedrohungen analysiert. Es gilt, Schadsoftware abzuwehren, um Sabotage oder Spionageangriffe auf die zivile Umgebungsintelligenz abzuwehren.

Denn inzwischen setzen Angreifer selbst künstliche Intelligenz ein. Sie durchforsten soziale Netzwerke und stellen persönliche Daten von Bürgern zusammen, etwa mit dem Ziel des *Doxing*, der öffentlichen Bekanntmachung privater Inhalte. Die Angreifer müssen dabei viel Geld für Experten ausgeben, die die Kunst der Massendatenanalyse, der mathematischen Modellierung und der Algorithmik beherrschen. Den Aufwand kann sich finanziell nur leisten, wer selbst Staat ist oder für den Staat forscht und entwickelt.

Ein erster Schritt zu mehr Sicherheit der Umgebungsintelligenz ist, die Qualität der eigenen Software sicherzustellen. Der Code moderner Softwareanwendungen wird immer umfangreicher; ein autonomes Auto beispielsweise besteht aus Millionen Codezeilen. Und jeder Programmierer weiß: Fehlerfreie Software existiert nicht. Jede Software hat Fehler, und Software ist auch nie »fertig«. In diesen Millionen Codezeilen, potenziell fehlerbehaftet und unvollständig, gilt es nun, ebendiese Fehler aufzuspüren, die ein Angreifer nutzen könnte, um den Code zu infizieren oder das ganze System zu schädigen. Bei dieser Qualitätssicherung sind Menschen inzwischen überfordert. Um aber komplexen Softwarecode zu testen oder vor seiner Freigabe zu zertifizieren, kann man auf künstliche Intelligenz zurückgreifen.

Ein Beispiel: Man definiert eine bestimmte Abfolge von Kommandos, die ein komplexer Softwarecode ausführen soll, wie etwa die Kommandos 1 bis 5. Die Instruktionen werden in zufälliger Reihenfolge ausgeführt, zum Beispiel 2-5-3-4-1. Tritt etwa bei Instruktion 3 eine Sicherheitslücke im Code auf, merkt sich das Testsystem, welches Kommando zu welchem Zustand des Softwarecodes geführt hat, teilt der Instruktion – in unserem Beispiel: 3 – eine Belohnung in Punkten zu und entscheidet dann, welche Instruktion sinnvollerweise als nächste auszuführen ist. Instruktionen und die entsprechenden Zustände (Zustandspaare), die keine Sicherheitslücke im komplexen Softwarecode aufdecken und nichts als Normalverhalten provozieren, werden sanktioniert. Sie führen quasi nicht zum Erfolg, nämlich der Fehlerdetektion.

Mit Ausnahme der Zustandspaare, die bereits einen Score erzielt haben, werden die Instruktionen in unterschiedlichen Sequenzen, zum Beispiel 1-5-4-2-3, wiederholt. Ziel ist, die Anzahl der Zustandspaare mit Belohnung zu maximieren. Dazu muss das Testsystem explorieren, also neue Kombinationen ausprobieren.

Das ist noch keine künstliche Intelligenz, sondern nur ein Schritt der Vorverarbeitung, die man Monte-Carlo-Suche nennt, eine Technik aus der Ablauf- und Planungsforschung. Ihre Herausforderung liegt darin, dass zu Beginn eines solchen Testverfahrens viele zufällige Kombinationen von Instruktionen abgeschritten werden müssen, bis endlich ein erstes Zustandspaar auftritt, das eine Sicherheitslücke aufdeckt. Diese Suche gilt es abzukürzen und intelligenter zu machen; hier können maschinelle Lernverfahren zu einer Beschleunigung führen. Experten könnten ihre künstliche Intelligenz darauf trainieren, wie kritische Zustände eines komplexen Softwarecodes aussehen. Die künstliche Intelligenz wird dann gezielt solche Zustände herbeiführen, ohne dass sie auf den einen Zufall warten muss, der Fehler entdeckt. Für diesen Fall übernähme die künstliche Intelligenz also die optimierende Suchsteuerung. Ja, so unspektakulär ist künstliche Intelligenz und so viel unscheinbarer als das, was Menschen sich davon versprechen.

Neben der Qualitätssicherung von Codes soll künstliche Intelligenz künftig auch Sicherheitsvorsorge leisten. Proaktiv soll sie Angriffe auf die Umgebungsintelligenz in Echtzeit erkennen und unterbrechen. Doch selbst für die fortgeschrittenen Forschungsinstitute ist das eine Fähigkeit, die in der Zukunft liegt, auch wenn etliche IT-Sicherheitsunternehmen behaupten, sie hätten künstliche Intelligenz zu diesem Zweck schon im Einsatz. Das ist eine vermessene Behauptung, steckt sie doch gerade bei der IT-Sicherheit eigentlich noch in den Kinderschuhen. Bislang verlassen wir uns stattdessen auf menschliche Spezialisten, die Angriffe erkennen, analysieren und nötigenfalls erwidern sollen. Anlässlich der amerikanischen Zwischenwahlen 2018 hat Facebook ein solches menschliches Team eingerichtet. Es trägt den vielsagenden Namen *War Room*, der sich trefflich übersetzen lässt mit »Kriegsrat«.

VIER

Hack Back

Eine Revolution kann man nicht beherrschen,
solange man sie nicht versteht.

Henry Kissinger

Es ist der Tag null. Tief haben sich die Angreifer in die Netze des Staates gebohrt. Mehrere Elektrizitätswerke sind zeitgleich ausgefallen. Einige Stadtnetze sind gar nicht mehr mit Strom versorgt. Andere Kraftwerke liegen unter digitalem Beschuss und kämpfen gegen die Übernahme ihrer digitalen Leistungsregelung durch Unbekannte. In einigen Regionen bricht der Verbindungsaufbau ins Internet seit Stunden ab, und das liegt nicht nur daran, dass seine Teilnetze nicht mehr zuverlässig mit Strom versorgt werden. Online ist die Administration, von gemeindlichen Verwaltungsgemeinschaften bis Bundesbehörden, nicht mehr erreichbar. Züge stehen still, die Logistik kommt nur noch schleppend voran. Von Arbeitsplatzrechnern verschwinden Daten, oder der Zugriff auf Daten wird verweigert und nur gegen Lösegeld eingeräumt. Weltweit fallen die Aktienkurse, weil Transaktionen des Finanzsystems nur noch stockend verarbeitet werden. Auch das elektromagnetische Spektrum ist gestört, denn mobile Telefonie ist nicht mehr überall möglich. Smartphones sind zu nutzlosem, überflüssigem Trödel geworden.

Der Ausfall der Infrastruktur trifft die Menschen unterschiedslos. Kaum einer, der nicht sein ganzes Leben in der Jackentasche mit sich trägt; der Moment, der den digitalen Lebensquell unterbricht, gleicht einer Amputation. Besonders leiden Wirtschaftsbetriebe, vom TV-Sender bis zum Einzelhändler um die Ecke. Ihr Gewerbe liegt danieder. Und die Menschen sind abgeschnitten: von der medizinischen Versorgung, ihren Bildungseinrichtungen und Transportsystemen. Der Ausfall lähmt ganze Städte, weil der Informationsfluss, der Lebenssaft der digitalen Ära, stillsteht und mit ihm auch die Waren- und Finanzströme, die von der Digitalisierung angetrieben sind.

Überraschend hat es auch die Streitkräfte getroffen. Die Computer der Luftwaffe bleiben genauso wenig von Unterbrechungen verschont wie die Rechner von Zivilisten. Eine nicht kinetische Attacke auf Radarstellungen hat die Flugsicherung ausgeschaltet. Im Risiko ist jetzt auch, wer sich in der Luft befindet, sei es als Pilot, sei es als Passagier. Flugzeuge bleiben jetzt besser am Boden.

Doch der digitale Überfall ist nur der Auftakt. Jetzt konzentriert sich der Angreifer nicht nur darauf, die Ausfälle im Opferstaat aufrechtzuerhalten, sondern will gleichzeitig dessen Verteidigungsfähigkeit herabsetzen. Dazu greift der Aggressor ihm bekannte kritische Schwachstellen der digitalen Sensoren von Abfangjägern des überfallenen Staates an. Denn die hybride Attacke hat nur vorbereitet, was nun folgt: ein *Double Tap*, ein Doppelschlag aus hybriden Maßnahmen und dem konventionellen militärischen Vorstoß von Streitkräften.

Zuvor hatten die Angreifer in einer verdeckten Aufklärungsaktion die Regierungsserver des Opferstaats gehackt und Daten gestohlen, die für ihren konventionellen Schlag von Bedeutung sind. Soldaten besetzen nun Gebiete des geschädigten Landes und rücken rasch in strategisch wichtige Städte vor. Unterstützt werden sie aus der Luft, was gelingt, solange die Flugabwehr des überfallenen Staates geschwächt bleibt. Falls erforderlich, kann der Angreifer Raketenabschussbasen hacken oder seine Anti-Satellitenfähigkeit ausspielen. Mit viel Gegenwehr muss er nicht rechnen, denn die betroffene Bevölkerung ist gestresst, verwirrt und erbost ob der anhaltenden Internetstörung. Längst leidet die zivile Moral. Die Medien, sofern sie handlungsfähig geblieben sind, betreiben Sensationsjournalismus und leisten ihren ganz eigenen Beitrag, die Öffentlichkeit mit Panik anzustecken.

Seit 2012 warnen die Amerikaner vor einem *Cyber Pearl Harbor*.[1] Bis 2025 müsse man mit einem Angriff auf digitalisierte Infrastrukturen mit vielen Toten rechnen.[2] Im Rausch der Daten und der Hoffnung auf ein neues Wirtschaftswunder hat die digitalisierungstrunkene Gesellschaft die Warnungen bis jetzt in den Wind geschlagen.

Dabei ist der Plot vom digitalen 9/11 kein Produkt der Fantasie eines mittelmäßigen Science-Fiction-Autors, der den Vorstoß eines Schurkenstaats auf Amerika oder Europa schildert. Die Handlung stammt aus dem Schlachtplan der Vereinigten Staaten mit dem Codenamen *Nitro Zeus*. Sollte der Iran nicht auf diplomatischem Wege einlenken und sein Atomwaffenprogramm einstellen, würden die Vereinigten Staaten ganz Persien abschalten, die iranische Verteidigung stören und das Land unter eigene Kontrolle nehmen.[3] Die Amerikaner, klagen europäische Diplomaten deshalb, verdächtigten andere Staaten nur derselben offensiven Pläne, die sie selbst in die Tat umzusetzen bereit wären. Dass die Vereinigten Staaten von einem umfänglichen digitalen Schlag gegen Persien bisher abgesehen haben, war übrigens dem Iranabkommen geschuldet. Mit der Kündigung des Atomdeals durch Donald Trump rückt das hybride Konfliktszenario wieder in greifbare Nähe, auch deshalb, weil Donald Trump amerikanische Stärke demonstrieren will und aggressiver als seine Amtsvorgänger auftritt.

Dass es genauso kommen wird wie geschildert, ist dennoch eher unwahrscheinlich. Ein Land wird kaum von einem Moment auf den anderen in einen analogen Zustand geschleudert werden. Realistischer ist, dass sich das Chaos schleichend ausbreitet. Computer, Produktionsstraßen und die Logistik werden nicht mehr reibungslos funktionieren, weil sie von Erpressersoftware angegriffen werden; Webseiten sind überlastet und lassen sich nicht mehr aufrufen; oder sie zeigen fremde Propaganda an. Die Arbeit im Land ist erschwert, der Alltag verlangsamt. Ein Hack oder eine digitale Erpressung wird sich nur noch selten gegen einzelne konkrete strategische Ziele richten, wie es noch bei Stuxnet und den iranischen Urananreicherungsanlagen der Fall war. Viren, Würmer, Erpressersoftware folgen dem Gesetz des Zufalls und infizieren unterschiedslos jeden Rechner, in den sie sich einschleusen können. Dann kann niemand mehr vorhersagen, wie sich ein solcher Angriff ausbreitet – nicht einmal der Angreifer selbst. Umgekehrt wird auch das angegriffene Land nicht sofort begreifen, dass es Opfer eines hybriden Angriffs geworden ist. Beide Angriffsszenarien lösen gleichermaßen Stress, Ärger und Angst in der Bevölkerung aus. Um ein Minimum an Normalität wiederherzustellen, werden die Bedrängten damit beginnen, Infrastrukturausfälle, besonders den »schwarzen Start«, das heißt die Unterbrechung der Energieversorgung über einen Zeitraum von Tagen und Wochen, zu überbrücken. Satellitenkommunikation kann Internet- und E-Mail-Ausfälle kompensieren. Sympathisanten aus dem Ausland werden digitale Unterstützung leisten, und dabei wird es sich nicht nur um alliierte Staaten, sondern auch um nicht staatliche Akteure handeln. Die Gemeinschaft aus Infrastrukturbetreibern, Wirtschaft, Behörden und befreundeten Staaten, die man in Friedenszeiten gepflegt und deren Zusammenarbeit man bei Planspielen getestet hat, wird bemüht, während sich die angegriffene Nation fragt: Wer ist verantwortlich? Wie sieht die Vergeltung aus? Wie kann man zum Zweitschlag ausholen?

Rechtslücken:
das unvollkommene Völkerrecht

»Wir sind als Inlandsnachrichtendienst keine Offensivbehörde. Wir haben keine Befugnis zu einem sogenannten *Hack Back*, das heißt, offensiv die IT eines gegnerischen Nachrichtendienstes anzugreifen und zu zerstören«, sagt Hans-Georg Maaßen, Präsident a. D. des Bundesamts für Verfassungsschutz, und er ergänzt:»Die Bundeswehr, die über das Know-how und ausreichende Ressourcen verfügt, darf sich nicht um hybride Angriffe kümmern, weil in diesen Fällen der Verteidigungsfall noch nicht vorliegt. Das Bundesamt für Verfassungsschutz als zivile Abwehrbehörde ist in diesen Fällen zwar zuständig, verfügt aber nicht über eine mit der Bundeswehr vergleichbare Ressourcenausstattung. Deshalb pflegen wir eine enge Zusammenarbeit mit der Bundeswehr.«[4] Weder hybride Maßnahmen noch ihre Abwehr finden im rechtsfreien Raum statt. Trotzdem werfen sie eine Vielzahl offener Fragen auf.

»›Cyber‹ hat gezeigt, dass das rechtliche Regime nicht ganz klar ist«, meint dazu der schweizerische Völkerrechtler Tobias Vestner.[5] Denn schon bei der juristischen Einordnung eines staatlich gesponserten Hackerangriffs tritt Rechtsunsicherheit auf. Ist ein Hack ein kriegerischer Akt? »Zum Beispiel 2008: Russland gegen Georgien. War das ein Cyberangriff? Ich denke, die meisten würden sagen: Ja. Ist das genug, um Raketen zu schicken und aus der Cyberdomain in die physische Domain zu wechseln?«[6]

»Ist das wirklich Krieg?«, fragt sich auch der Verteidigungsberater Heiko Borchert. »Davon hängt ab, wie ich mich wehren kann oder wie ich vergelten kann. Den Wettbewerb um Deutungshoheit halte ich für eines der wichtigsten, wenn nicht das zentrale Schlachtfeld der Zukunft. (…) Entweder ich interpretiere in die eine oder die andere Richtung. [I]st es kriegerisch, hat es auch einen Andockpunkt bei den Streitkräften.«[7]

Darauf gibt der frühere deutsche Verfassungsschutzpräsident eine präzise Antwort. »Wir sprechen nicht vom ›hybriden Krieg‹, weil wir keinen Kriegszustand haben. Ein Kriegszustand soll tunlichst – jedenfalls nach außen hin – vermieden werden. Stattdessen bezeichnen wir es als hybride Bedrohung, wenn Maßnahmen unterhalb der Kriegsschwelle liegen, aber oberhalb dessen, was man als zulässige Einflussnahme-Maßnahmen beziehungsweise zulässige aktive Maßnahmen ansieht.«[8]

Wir bewegen uns also in der Grauzone. Dass Juristen wie Hans-Georg Maaßen vorsichtig mit dem Begriff des Krieges hantieren, hat gute Gründe. Denn ein kriegerischer Angriff würde ernstliche Folgen auslösen, etwa das Recht auf Selbstverteidigung. Im Fall eines verheerenden Angriffs auf einen Staat mit hybriden Mitteln könnte die Selbstverteidigung vom *Hacking Back* bis zum konventionellen Zweitschlag reichen. Denn Gleiches muss nicht mit Gleichem vergolten werden, und die Antwort auf einen hybriden Angriff muss nicht zwingend auch hybrid ausfallen. Es sind aber die Grundsätze von verhältnismäßiger, unverzüglicher und angemessener Verteidigung zu berücksichtigen.

Dass eine hybride Attacke in einen heißen Krieg münden kann, will sich niemand genauer ausmalen. Das heikle Thema wird ungern debattiert. Tobias Vestner bringt es auf den Punkt: »Solange es keine physischen Schäden gibt, können wir immer noch sagen: Das ist kein bewaffneter Konflikt; das ist kein Krieg.«[9] Nur bleiben dann eben auch die Zuständigkeiten offen: Wer eigentlich wehrt hybride Maßnahmen ab?

Wie Deutschlands Politik mit der Frage umgeht, weiß der frühere Verfassungsschutzpräsident Hans-Georg Maaßen: »Im Falle einer hybriden Bedrohung – und ich muss sagen, wir betreten hier (…), ich will nicht sagen: Neuland, aber die Pfade sind von der Bundesregierung, vom Gesetzgeber noch nicht betreten, geschweige denn ausgetreten – ist nach der reinen Zuständigkeitsverteilung der Inlandsnachrichtendienst, also das Bundesamt für Verfassungsschutz, die zuständige Abwehrbehörde.«[10]

Eine ausländische Regierung operiert kriegsähnlich, subtil und sublim unterhalb der Kriegsschwelle, aber die Abwehr liegt in den Händen einer zivilen Behörde und nicht bei den Streitkräften.[11] Die Diskrepanz zwischen Angriffsqualität und Abwehrmöglichkeiten dürfte jeden Verfassungsschutzpräsidenten ziemlich beunruhigen.

Und wie sieht es mit Operationen im Informationsraum aus, die die demokratischen Wahlen eines Landes stören? Handelt es sich dabei um eine unerlaubte Einmischung in die inneren Angelegenheiten eines Staates? Welche staatliche Institution ist zuständig für die Gefahrenabwehr, den Zweitschlag, den Präventivschlag oder die Abschreckung hybrider Angriffe? Und schließlich: Gegen wen soll sich die Vergeltung richten?

»Wenn sich ein Staat nicht sicher ist, wer ihn angegriffen hat, macht er sich völkerrechtlich schuldig, wenn er, um einen Angriff abzuwehren, gegen jemanden losschlägt, der möglicherweise gar nicht der Angreifer war.« Wolfgang Ischinger sorgt sich zu Recht wegen der schwierigen Attribution hybrider Maßnahmen, die das ganze Spektrum von Hackerangriffen über die gezielte Tötung von Regimegegnern im Ausland bis zum Einsatz bewaffneter Militärs ohne Hoheitsabzeichen umfassen. Über einem Zweitschlag ohne validierte Attribution hängt das Damoklesschwert des potenziellen Kriegsverbrechens.

Darüber hinaus schadet die Leugnung hybrider Angriffe *(Deniability)* durch die Aggressoren dem Opfer zusätzlich, das sich mit Argumenten für die Selbstverteidigung bei der Staatengemeinschaft vielleicht nur schwer durchsetzen kann. »›Du musst abstreiten, abstreiten und nochmals abstreiten (…). Wenn du irgendetwas zugibst oder ein Schuldeingeständnis machst, bist du tot. (…) Du musst alles abstreiten, das über dich gesagt wird. Gib niemals etwas zu.‹« Wir erinnern uns an diesen Ratschlag, den Donald Trump einem Freund gegeben hat. In der Politik befolgt, hat er drastische Folgen. Die Leugnung sät Ungewissheit. Irgendein Zweifel bleibt immer. Die Konsequenz: Ein aggressiver Staat kann seine Ziele von Raumsicherung und Einflussnahme erreichen, ohne je einen Reservisten mobil gemacht zu haben. Und hat scheinbar alle Chancen, ungestraft davonzukommen.

Trotzdem geht uns das Wort »Cyberkrieg« leicht über die Lippen, und auch die Altmedien stimmen mit ein: »Von einem Krieg zu sprechen, ist zweifellos richtig.«[12] Ist das wirklich so? Sind wir heute fortwährend niederschwelligen quasikriegerischen Akten ausgesetzt und haben uns längst daran gewöhnt, dass immer wichtiger werden wird, auch den morgigen Tag sicher zu überstehen? Gibt es keine klare Trennung mehr zwischen Krieg und Frieden, herrscht ein Krieg-Frieden-Kontinuum statt einer Dichotomie, und werden die täglichen Nadelstiche zum Dauerzustand? Oder ist die Rede vom Krieg nur eine Metapher wie in »Krieg gegen den DFB« oder »Krieg gegen Drogen«?

Aggressive interstaatliche Maßnahmen regelt das Völkerrecht, aber dessen Anwendungs- und Durchsetzungschancen scheinen gering zu sein. Der deutsche Politologe Herfried Münkler argumentiert deshalb in Hinblick auf die Neuen Kriege von Warlords oder Terroristen, dass das Völkerrecht ausgehöhlt sei, der Staat sein Gewaltmonopol eingebüßt habe, das Verständnis von Front, Kombattant, Konzentration auf ein Schlachtfeld sich aufgelöst habe und weder Kriegsvölkerrecht noch humanitäres Völkerrecht heute noch Beachtung fänden.[13]

Einer Meinung mit ihm sind etliche amerikanische Völkerrechtler. Das humanitäre Völkerrecht sei auf die Neuen Kriege, namentlich den Krieg gegen den Terror, nicht anwendbar, weil der Gegner kein Nationalstaat, sondern ein nicht staatlicher Akteur sei. Mit dieser wörtlichen Auslegung des Rechts wollten die Amerikaner Verbrechen ihrer Bodentruppen, die Insassen des irakischen Gefangenenlagers Abu Ghraib aus niederen Beweggründen folterten, rechtfertigen.[14]

Tatsächlich sind die Menschenrechtsverletzungen, die das humanitäre Völkerrecht verhindern will, ungezählt. Allein im 21. Jahrhundert reichen sie von Entführungen durch den amerikanischen Auslandsnachrichtendienst über den Betrieb amerikanischer Gefängnisse in Drittländern und das Festhalten von Gefangenen, denen nie ein fairer Prozess gemacht wurde, bis hin zu Folter und, würde die Anweisung Donald Trumps in die Tat umgesetzt, den Gebrauch von Schusswaffen gegen Flüchtlinge, die Grenzposten an der amerikanisch-mexikanischen Grenze mit Steinen bewerfen. Die Giftgasangriffe des syrischen Assad-Regimes stehen genauso auf der Liste monströser Menschenrechtsverletzungen wie die Rückführung von Kriegsflüchtlingen in gescheiterte Staaten wie Libyen.

Ohne menschenrechtsverletzende Vorfälle in Europa herunterzuspielen, fällt doch auf, dass ausgerechnet die Vereinigten Staaten, die die Menschenrechte zum Kern ihrer Gesellschaft erklärt haben, immer wieder in besonders grausame Menschenrechtsverletzungen verstrickt sind.[15] Um das zu verstehen, lohnt sich ein kurzer Blick auf den Zusammenhang von Kriegskultur und technologischer Entwicklung.

Das Verständnis, warum und wie Kriege zu führen sind, fiel in der Geschichte je nach Kultur eines Volkes stets sehr verschieden aus. Bei den Azteken hatte Krieg einen rituellen Charakter. Für die Chinesen der Han-Dynastie bedeutete Kriegsführung die Aufrechterhaltung der himmlischen Ordnung.[16] Europa ging es um Expansion und Raumsicherung. Demgegenüber war den Vereinigten Staaten stets die Wahrung ihrer freiheitlichen Werte zentrales Anliegen. Anders als den Europäern bedeutete den Amerikanern der Krieg gerade nicht die Fortsetzung der Politik mit anderen Mitteln, sondern vielmehr einen Dispens von der Politik. Krieg war in ihren Augen ein schmutziges Geschäft und wurde dem Anspruch einer Republik nicht gerecht. Es galt, ihn auf schnellstem Wege zu beenden. Sein Imperativ: der entscheidende Sieg,[17] die bedingungslose Kapitulation. Oder wie es Hannah Arendt formuliert: »Es gibt keine Alternative zum Sieg.«[18]

Was wohl versprach die besten Erfolgsaussichten auf kontrollierte Kriege und schnelle Siege? Eine Antwort auf diese Frage suchte Amerika in seiner technologischen Überlegenheit. Als weites Land mit geringer Bevölkerungsdichte war es, wollte es wirtschaftlich wachsen, ohnehin auf Maschinerie, Automatisierung und standardisierte Geschäftsprozesse angewiesen und trieb sie deshalb ehrgeizig voran. Doch die technische Raffinesse hatte auch zur Folge, dass die amerikanische Kriegsführung extrem tödlich wurde; die Vereinigten

Staaten sind die einzige Nation, die jemals eine Atombombe über feindlichem Gebiet abgeworfen hat.

Für das freiheitlich-demokratisch verfasste Amerika ist es bis heute ein Dilemma, dass es Kriege mit großer Härte führt, um sie schnell zu beenden, aber gleichzeitig das humanitäre Völkerrecht achten muss, das ebenjene Werte hütet, als deren Schutzmacht die Vereinigten Staaten stets aufgetreten sind. Es waren die Menschenrechte, die Amerika jahrzehntelang die *Soft Power* einer globalen Ordnungsmacht verliehen hatten. Ein Dilemma auch, weil das Völkerrecht abstrakt und vorausschauend verfügt, welche Waffentechnologien überhaupt in Einsatz gelangen dürfen – überwältigender Sieg ja, aber Waffen, die liberalen aufgeklärten Werten entgegenstehen: nein. Schließlich darf angesichts der Bedeutsamkeit von Menschenrechten nicht alles erlaubt sein.[19]

Die völkerrechtliche Beschränkung kollidiert folglich mit dem amerikanischen Anspruch auf immer überlegenere Waffen, zu denen auch die LAWS zählen, und auf einen »noch besseren Krieg«. Sie erklärt letztlich auch, warum sich die Vereinigten Staaten nicht an einer Ächtung von LAWS beteiligen wollen: Der digitale Blitzkrieg scheint in greifbare Nähe zu rücken. Die Weigerung, als Signatarstaat eines Verbots aufzutreten, könnte man deshalb schlicht der amerikanischen Kriegskultur anlasten.

Inzwischen hat sich der ganze Globus die Standards der Kriegsführung, wie sie Amerika gesetzt hat, zu eigen gemacht und die früheren kulturellen Unterschiede geschleift. Technologisch weniger versierte Gegner haben sich auf die amerikanische Kriegskultur eingelassen und wenden sich mit asymmetrischen Mitteln gegen die Techno-Utopie einer hochautomatisierten, effizienten Kriegsführung. So betrachtet, ist Hybridität direkte Folge der technologischen Stärke der Vereinigten Staaten, der »Republik der Wissenschaft«, die gleichzeitig zu ihrer größten Schwäche geworden ist. Denn im Falle eines Konflikts kann Digitalisierung viel weniger Aktivposten als Achillesferse sein: Lange hat das Land die Vernetzung zum *Internet of Everything* vorangetrieben und exportiert – heute ist dieselbe Vernetzung zum großen Problem geworden. Das Gleiche gilt für den historischen Westen. Sein Reichtum verschafft ihm keinen Vorteil mehr. Sicher, ärmere Länder können sich weniger Technologie leisten, aber aus demselben Grund sind sie weniger verwundbar. Ihrer Kreativität, die Schwächen technologisch entwickelter Länder auszunutzen und ihnen in hohem Maße zu schaden, sind trotzdem keine Grenzen gesetzt.

Kommen wir zurück zur Frage der Anwendbarkeit des Völkerrechts auf hybride Angriffe. Aufgabe des Rechts ist es, »die Wirklichkeit zu kennen und abzubilden«[20]. Aber Hybridität ist Grauzone. Wenn »Hybridität (…) die Undefinierbarkeit der Sache andeutet, die es beschreibt« und »sich mehr auf etwas [bezieht], das nicht länger existiert, statt präzise zu beschreiben, was neu ist an der veränderten Situation«[21], steht das rechtliche Regime infrage. Kurz gesagt, Hybridität fände im Völkerrecht keine Entsprechung.

Dagegen protestieren Menschenrechtsanwälte und Völkerrechtler entschieden. Denn das rechtspositivistische Argument von der Grauzone, aus der die unzureichende regulierende Wirkung des Völkerrechts und damit seine Unanwendbarkeit folge, führt zu nichts weniger als zu Rechtsnihilismus und zur Kapitulation des Völkerrechts vor den neu geschaffenen Fakten.

»Das Recht muss immer bodenständig sein und darf den Bezug zur Realität nicht verlieren«, hält auch der Völkerrechtler Tobias Vestner dagegen. Er legt das Völkerrecht deshalb über den Wortlaut seiner kodifizierten Normen hinaus aus. »Wenn ein Cyberangriff oder ein Angriff durch künstliche Intelligenz wirklich physischen Schaden hinterlässt, dann sind wir im Gegenständlichen angekommen und können auch mit Panzern zurückschlagen.«[22]

Unter diesem Gesichtspunkt führen hybride staatliche Angriffe eher zu einer Renaissance des Völkerrechts als zu seinem Fortfall, weil es genau das regeln will, was der hybriden Wirklichkeit entspricht: zwischenstaatliche Konflikte. Auf den Charakter des Konflikts – hybrid oder konventionell, offen ausgeführt oder verdeckt von staatlich gesponserten Gruppen – darf es nicht ankommen; allerdings bleibt die Frage, wie er rechtlich einzuordnen ist. Das Völkerrecht kann vor dem Wandel der Verhältnisse nicht einfach kapitulieren, sondern muss Mittel und Wirkung der Friedensstiftung finden, die sich auch in Zeiten des Umbruchs durch den Fortschritt dauerhaft bewähren.

Und die Experten des Internationalen Rechts sind gewissermaßen in der Pflicht, mit Nachdruck auf die Geltung des Völkerrechts zu pochen. Denn gerade dann muss sich das Recht durchsetzen, wenn die Politik Ziele verfolgt, die dem Recht widersprechen. Was uns zu freiheitlichen Demokratien macht, sind nämlich nicht freie Wahlen, ja noch nicht einmal die Herrschaft der Mehrheit, wenn sie despotisch ist. Es sind das Wirken des Rechts, die Gewaltenteilung und die Freiheitsgarantien mit dem Recht der Bürger, an der Herrschaft mitzuwirken. Als dritte Säule des Gemeinwesens festigt das Recht unser demokratisches Staatswesen. Wird ihm keine Geltung verschafft, bricht unser Gemeinwesen zusammen. Wird das Völkerrecht übertreten, kollabiert der Friede.

Völkerrecht deeskaliert, um das hohe Rechtsgut des Friedens aufrechtzuerhalten. Gewalt ist nur im Ausnahmefall der Selbstverteidigung gerechtfertigt; ein nicht gerechtfertigter gewaltsamer interstaatlicher Angriff hingegen löst das Gewaltmonopol des UN-Sicherheitsrats mit diplomatischen Folgen wie Sanktionen oder UN-Resolutionen aus. Völkerrecht kann und darf nationalen Interessen nicht nachgeben, weil es sich sonst selbst aufgeben würde. Eine Regierung, die nur ihre eigenen nationalen Interessen verfolgt und dafür regelmäßig unterhalb der Reaktionsschwelle operiert, Regelungslücken oder die vage Bedeutung einer Norm ausnutzt und jede Verantwortung von sich weist, indem sie auf von ihr beauftragte oder entsandte Söldner zeigt, missbraucht das Recht. Das können die Nationen nicht hinnehmen.»Gerade dann muss das Recht sich als Recht erweisen, als eine Macht, die über der Politik steht, sie kontrolliert und in jene Schranken verweist, die von der Gerechtigkeit gezogen werden«, pflichtet der Rechtswissenschaftler Friedrich Graf von Westphalen bei.[23]

Andererseits trifft auch zu, dass die internationale Gemeinschaft noch keine konzeptionelle Eindeutigkeit geschaffen hat, die eine klare Reaktion auf die neuen Bedrohungen erlaubt. »Die NATO verfügt über eine unglaubliche Cyberfähigkeit. Aber die NATO hat keine unglaubliche Cyberstrategie«, stellte der ehemalige NATO-Befehlshaber Philip Breedlove im Mai 2017 fest. »Unsere Strategie ist in der Tat ziemlich eingeschränkt. Als Allianz können wir nicht wirklich Offensivmaßnahmen im Cyberbereich erwägen.«[24] Es führt zu nichts, sich über das heikle Thema auszuschweigen. Deshalb reden die Nationen darüber, wie die neue digitale Wirklichkeit auch die Kriegsführung verändert und wie das Recht darauf reagieren muss, auch wenn bis heute niemand genau weiß, was Hybridität konkret bedeutet. Immerhin hat die NATO auf ihrem Gipfel in Wales schon 2014 den Versuch unternommen, in Worte zu fassen, was schwer definierbar ist: »Die Bedrohung durch hybride Kriegsführung [besteht aus einer Vielzahl] offener und verdeckter militärischer, paramilitärischer und ziviler Maßnahmen in einem hochintegrierten Design.«[25] Alle Mittel in der Hand eines Staates, die zur Verwirklichung nationaler Zwecke dienen, ohne jedoch einen heißen Krieg auszulösen, gehören zum hybriden Werkzeugkasten.

Sind das die Basislinien hybrider Angriffe, um zu verstehen, wie uns geschieht? Reicht das schon aus, damit wir die Schwachstellen unserer durchdigitalisierten Gesellschaft adressieren können?

Erst bei Klarsicht können wir Standards setzen.

Ius ad bellum:
das Gewaltverbot

Macht ist absolut im Sinne von ganz, vollständig und nicht mehr zu steigern. Aber sie ist nicht bedingungslos. In demokratischen Gesellschaften verlangt sie einen ausdrücklichen Entstehungsmoment. Ihre Genese liegt im Zeitpunkt der Begegnung von Personen. Es ist die Zusammenkunft einer Gruppe, die den Ursprung von Macht markiert. Erst dort, in der Gemeinschaft, wird öffentliches Handeln einer Person in der »Welt« und die Ausübung ihrer intersubjektiven Freiheit, sich zu versammeln, auszutauschen, ihre Meinung zu äußern und zu verteidigen, überhaupt möglich.[26] Daran ändert auch das digitale Zeitalter nichts. Sichtbar machtvoll tritt die Generation *Snowflake,* der jeder Einzelne als so einzigartig, so singulär gilt wie eine Schneeflocke, mit Zehntausenden Schülern bei Klimademos auf. Beim *March for Life* demonstrieren Hunderttausende Amerikaner für schärfere Waffengesetze. YouTuber veranstalten Kundgebungen gegen die europäische Reform des Urheberrechts. Online mächtig zu sein reicht eben nicht, Tausende Follower und Freunde sind nur abstrakte Zahl, und unsichtbar bleibt für die Welt, wer nur in Filterblasen und Echokammern algorithmisch gemanagt wird.

Während sich Macht in der Demokratie auf den Prozess gegenseitiger Überzeugung und Beeinflussung verlässt und Meinungen verhandelt, unter denen die erfolgreichen Akteure »andere dazu bringen, so zu handeln, wie ich es will«[27], ist die Antithese zur Macht, die Gewalt, stets präsent. Macht wie Gewalt haben dasselbe Ziel: Beide wollen Einfluss auf andere nehmen. Die Mächtigen überzeugen, die Gewalttätigen trachten danach, dem Gegner den eigenen Willen aufzuzwingen. Und ebendieser Zwang macht die Essenz des Krieges aus. Gewalt zerstört den Prozess von Überredung und Überzeugung. An dessen Stelle treten menschliche Artefakte, die militärischen Mittel von Invasion, Besatzung, Zerstörung und Tötung. Aber gehören dazu auch die Werkzeuge Computerprogramm, Roboter, künstliche Intelligenz?

»*War is killing*«, sagt der Militärhistoriker Martin van Creveld beklemmend zugespitzt.[28] Wenn das so ist, scheitern vielleicht die neuen digitalen Instrumente ja schon am Gewaltbegriff. Unter dem Eindruck, dass der Krieg auch noch in der ersten Hälfte des 20. Jahrhunderts als probates Mittel zur Durchsetzung außenpolitischer Interessen galt, beschlossen die Nationen noch 1945: Die Welt soll beim Krieg nicht stehen bleiben. Mit der Charta der Vereinten Nationen verabschiedeten sie die epochemachende völkerrechtliche Fundamentalnorm schlechthin: das zwingende Gewaltverbot. Es sollte zur Richtlinie außenpolitischen Handelns der Völker werden.»Alle Mitglieder unterlassen in ihren internationalen Beziehungen jede gegen die territoriale Unversehrtheit oder die politische Unabhängigkeit eines Staates gerichtete oder sonst mit den Zielen der Vereinten Nationen unvereinbare Androhung oder Anwendung von Gewalt.«[29]

Um sich einen größeren militärischen Handlungsspielraum zu sichern, stellen sich in jüngster Zeit vor allem amerikanische Völkerrechtler auf den Standpunkt, das Gewaltverbot sei erloschen.[30] Nicht mehr praktikabel, meinen die Pragmatiker lapidar. Ihr Pessimismus geht darauf zurück, dass der völkerrechtliche Gewaltbegriff eng gefasst ist.

Eine solche Position darf aber mitnichten bedeuten, dass sich der Gewaltbegriff jeder Auslegung, Analogie oder Fortschreibung entzieht. Er appelliert an den Rechtsanwender, generelle Prinzipien des Gewaltverbots auch für das 21. Jahrhundert herzuleiten. Denn als Rechtsbegriff ist das Gewaltverbot über seinen Wortlaut hinaus auslegungsbedürftig und auslegungsfähig. Diese Eigenschaft übrigens unterscheidet klassisches geschriebenes Recht von Programmcode. Bei Programmiersprache, der Notation von Quellcode, gibt es nichts auszulegen, zumindest in den allermeisten Fällen nicht. (Bei künstlicher Intelligenz kann das anders sein.)

Neben den Rechtsnihilisten gibt es eine zweite Fraktion. Sie regt an, neue völkerrechtlich verbindliche Standards für die Sicherheitsprobleme des 21. Jahrhunderts zu schaffen. Der Vorschlag dürfte allerdings mit null Erfolgsaussicht gekrönt sein. Unter dem globalen nationalistischen Regime eines *America First! Italy First! Hungary First!* überwiegen die nationalen Egoismen die Gemeinsamkeiten. Nicht nur der bisher gescheiterte Versuch, LAWS völkerrechtlich zu ächten, legt beredtes Zeugnis internationaler Konsensunfähigkeit ab. Auch das Handbuch *Tallinn-Manual 2.0 über die Anwendung Internationalen Rechts auf Cyberoperationen,* das digitale Angriffe aus dem Köcher hybrider Maßnahmen völkerrechtlich einordnet, ist nichts weiter als das pflichtfreie Kommentarwerk von Experten. Ein Handbuch – unverbindlicher geht es kaum. Angesichts einer derart schwierigen Interessenslage kann es nur ein Gebot juristischer Vernunft geben: Besser erweitern, was existiert, als am Versuch neuer Gesetzgebung scheitern.

Mit der Energie einer Explosion

»Massive militärische Gewalt« ist es, die das Völkerrecht verbietet, und nennt an anderer Stelle den »bewaffneten Angriff«.[31] In Artikel 5 des NATO-Vertrags wiederholen die NATO-Partner, »dass ein bewaffneter Angriff gegen eine [Nation] oder mehrere von ihnen in Europa oder Nordamerika als ein Angriff gegen sie alle angesehen werden wird.« Traditionell legt man den Begriff des bewaffneten Angriffs so aus: Ein bewaffneter Angriff setzt Bewegungsenergie frei und wirkt physisch auf das betroffene, präziser: das getroffene, Objekt ein.

Konkret: Man bombardiert eine Industrieanlage, und sie wird zerstört. Eine Hellfire-Rakete nimmt einen Kombattanten ins Visier, trifft und tötet ihn. Ein bewaffneter Angriff zerstört seine Zielobjekte, womöglich gibt es Tote und Verletzte. Dass diese Interpretation nicht unmittelbar auf hybride Angriffe anwendbar ist, leuchtet schnell ein. Noch nie haben ein Datenklau, eine Erpressersoftware oder eine Facebook-Propaganda einen Menschen getötet.

Solange ein Angriff erfolgt ist oder unmittelbar bevorsteht,[32] darf der Opferstaat zur Selbstverteidigung greifen. Das steht ihm rechtlich zu. Dabei ist das Zeitfenster entscheidend. Es definiert, was als erlaubte Selbstverteidigung gilt und was verbotene Rache ist. Denn für Vergeltung besteht keine gesetzliche Grundlage. Gegen einen feindlichen Angriff, der nicht mehr andauert, kann man sich nicht mehr selbst verteidigen. Dann will man es dem anderen nur noch mit gleicher Münze heimzahlen. Das will die Staatengemeinschaft nicht dulden.

Unbedingt notwendig kann Gewalt zum Zwecke der Selbstverteidigung allerdings auch dann werden, wenn ein Angriff noch nicht stattgefunden hat, aber unmittelbar bevorsteht und das mutmaßliche Opfer keinen anderen Ausweg sieht als den der Gewalt. Hat ein Nachrichtendienst des mutmaßlichen Opfers Erkenntnisse gewonnen, dass in wenigen Tagen ein digitaler Sabotageangriff auf seine Gaspipelines erfolgen soll, darf der Opferstaat vorsorglich zur Gewalt greifen und etwa die Personen, die den Angriff durchführen sollen, neutralisieren.[33] Das ist also schon erlaubt: dass Angriffe gestoppt werden, bevor sie ihr Ziel treffen.

Neben diese antizipatorische Selbstverteidigung, die von Artikel 51 der Charta der Vereinten Nationen gedeckt ist, tritt die Doktrin der Vereinigten Staaten, »aktiv nach vorne zu verteidigen« (*Defend Forward* oder *Active Defense*). Gegen hybride Attacken aus dem Ausland, und das schließt etwa Angriffe auf die Wahlinfrastruktur ein, wollen die USA eine Gegenoffensive lancieren. In diesem Sinne würde das *Hacking Back* zu den Mitteln aktiver Verteidigung gehören.[34] Allerdings ist die technische Ausführung dabei die kleinere Herausforderung. Mehr noch muss man sich fragen, welche politischen Folgen eine präventive Verteidigung nach sich zieht, wie der gegnerische Staat reagiert und ob man selbst für alle Formen der Eskalation bereit ist.

Wie steht es nun um hybride Maßnahmen? Erfüllen digitale Spionage, Sabotage oder Subversion die Voraussetzungen des bewaffneten Angriffs? Wann ist eine hybride Maßnahme eine verbotene Gewaltanwendung, die das Selbstverteidigungsrecht des Opferstaats auslöst? Oder sind hybride Maßnahmen etwa rechtmäßig?

Wer nur bewaffnete Angriffe verbieten will, sagt implizit: Es gibt Formen von Gewalt, die etwas anderes sind als ein bewaffneter Angriff. Dann stellt sich zwingend die Frage, wann eine hybride Attacke als bewaffneter Angriff kategorisiert werden kann.

Zur Methodik des Gewaltverbots der Vereinten Nationen gehört, dass die Staaten nicht die Wirkung eines bewaffneten Angriffs beurteilen, weil die Intensität des ausgeübten Zwangs oder der Grad von Behinderung, Zerstörung und Verwüstung eines Staates durch einen Aggressor letztlich dem doch sehr subjektiven Empfinden des Opferstaats unterliegen und daher von den Nationen nur schwer nachvollziehbar wären. Noch dazu kann Zeit verstreichen, bis sich die Wirkung eines bewaffneten Angriffs vollends entfaltet hat. Deshalb legt man einen anderen Maßstab an und fragt: Mit welchem Instrument wurde die Gewalt ausgeübt? Eine leichte, schnelle, objektive Feststellung, wie es scheint.

Einigkeit herrscht darüber, dass es Instrumente gibt, deren Gebrauch nicht als Gewaltausübung gilt. Dazu zählen alle wirtschaftlichen oder politischen Maßnahmen eines Staates. Inzwischen haben sich auch Instrumente aus dem hybriden Werkzeugkasten zu den erlaubten Mitteln nicht gewalttätiger Einflussnahme gesellt. Forscher sprechen von »Legitimitätsvermutung«. Sie erstreckt sich auf nachrichtendienstliche Vorgänge, auf Spionage, Datendiebstahl, psychologische Operationen und Propaganda.[35]

Das hat Folgen für die Bewertung hybrider Maßnahmen generell: Der Diebstahl der E-Mails Hillary Clintons war keine Gewaltanwendung. Die Veröffentlichung und Zurschaustellung ihrer vertraulichen Inhalte war ebenso wenig Gewalt wie die Schaltung von Anzeigen auf Facebook durch den russischen militärischen Nachrichtendienst unter falschen Identitäten während des amerikanischen Präsidentschaftswahlkampfs 2016. Das russische Eindringen in die Rechner des amerikanischen DNC mit Schadsoftware war kein Äquivalent eines bewaffneten Angriffs. Selbst der iranische Überlastangriff auf die New Yorker Börse und mehrere Wall-Street-Banken im Jahr 2011[36] war keine Anwendung von Gewalt, auch wenn die US-amerikanische Volkswirtschaft erheblichen finanziellen Schaden davongetragen hat. Wer nur wirtschaftlichen Schaden verursacht, hat nicht gegen das Gewaltverbot verstoßen. Nichts anderes trifft auf WannaCry zu, die Erpressersoftware Nordkoreas.

Anerkannt ist inzwischen auch, dass es nicht bewaffnete, nicht militärische Formen physischer Gewalt unterhalb des Niveaus bewaffneter Angriffe gibt: Ein Damm wird unkontrolliert geöffnet, und es kommt zur Überflutung. Eine Stromversorgung wird unterbrochen, und in den Hospitälern müssen lebenswichtige Operationen ruhen. Die Flugsicherung wird gestört, und ein Passagierflugzeug stürzt ab.

Um den Gedanken des Dualismus von Krieg und Frieden, wie ihm zahlreiche Staaten noch heute anhängen, hier nochmals aufzugreifen – die Grauzone der Hybridität liegt also zwischen zwei Zuständen: dem Frieden mit den erlaubten Instrumenten aus Politik, Wirtschaft und Instrumenten mit Legitimitätsvermutung, den »zulässige[n], normale[n] Einflussnahme-Maßnahmen«, wie sie Hans-Georg Maaßen richtig beim Namen nennt, einerseits und dem Krieg mit seinen traditionellen Werkzeugen der physischen Gewaltanwendung andererseits.

Inzwischen bildet sich global die Rechtsmeinung heraus, dass Sabotageakte, ausgelöst von Schadsoftware wie Stuxnet, potenziell zu den Instrumenten aus der Zwischenwelt nicht bewaffneter, nicht militärischer physischer Gewaltausübung stammen. Diese Auslegung allerdings löst sich vom strikten völkerrechtlichen Fokus auf die Instrumente der Gewalt und zieht nun doch deren Wirkung in Betracht. Doch an die Wirkung werden hohe Anforderungen gestellt: Die Gewaltausübung muss massiv sein, schwer, anhaltend, weitreichend, also an Ausmaß, Reichweite, Intensität einem bewaffneten Angriff nahekommen *(Scale and Effect)*. Um einen konventionellen Vergleich zu bemühen: Bewaffnete Grenzscharmützel zweier Staaten überschreiten diese Schwelle nicht. Der Militärhistoriker Martin van Creveld hat es schon einmal gesagt:»*War is killing*« – es muss Verletzte und Tote geben. Gewalt muss die körperliche Unversehrtheit von Personen verletzen, mit einem Angriff auf Menschenleben verbunden sein, wirken wie ein Gefechtskopf. Ein hybrider Angriff muss einen Effekt haben, der mit einer kinetischen Wirkung vergleichbar ist.

Hat die Sicherheitslücke eines Computerprogramms also wirklich den Charakter einer Massenvernichtungswaffe, wie vom Microsoft-Finanzchef Brad Smith im Fall von WannaCry behauptet? Kann man einen *Zero Day* wirklich mit einer Tomahawk-Rakete vergleichen? Nein, eine Sicherheitslücke in einem Computerprogramm ist keine Waffe. Das Narrativ von der Massenvernichtungswaffe ist nichts weiter als ein Gleichnis, denn zur Waffe taugen Sicherheitslücken in Computerprogrammen nicht. Sicherheitslücken üben keine physische Kraft auf Rechner aus und töten auch keine Menschen. Weder Computern noch Personen fügen sie Schaden zu. Solange sie nicht von Schadprogrammen ausgenutzt werden, passiert rein gar nichts.

Und wie ist die Schadsoftware zu bewerten, die durch eine Sicherheitslücke in einen Rechner eindringt, Daten stiehlt, zerstört oder den Zugriff verweigert? Auch sie überschreitet nicht das Maß der erforderlichen Gewalt, mag dem Infizierten auch ein noch so großer wirtschaftlicher Schaden entstehen.

Dieselbe Frage stellt sich, wenn sich ein Staat dauerhaft unautorisierten Zugang zu den Systemen des Opferstaats verschafft. Das ist der Fall, der den Amerikanern schlaflose Nächte bereitet: russische

Schläferprogramme, tief in amerikanische Infrastrukturen einge-
senkt, deren Aktivierung von nichts anderem abhängt als dem politischen Willen Wladimir Putins. Doch weil die Amerikaner, High-
tech-affin und technologieerprobt, noch vor der zu erwartenden
Katastrophe viel Zeit, Geld und Arbeitsleistung investieren können,
um digitale Verteidigungslinien aufzubauen, sind Schläferprogramme per se keine Gewaltanwendung, und auch das Recht auf Selbstverteidigung kommt nicht zum Zuge.

Übrig bleiben Schadprogramme, die (Industrie-)Anlagen wie
Stahlwerke, Pipelines oder Kraftwerke so steuern, dass Betriebsstö-
rungen auftreten: die digitale Sabotage also. Auch wenn der Schadcode selbst keine Waffe ist, hat er doch immerhin das Potenzial, die
gestörte Anlage in eine Quasiwaffe zu verwandeln. Denn explodiert
eine infizierte Gaspipeline, wird die Anlage physisch zerstört; vielleicht kommen sogar Menschen dabei zu Schaden. Eine schwere Sabotage kritischer Infrastrukturen, ausgelöst durch Schadcode, mit
der Konsequenz vieler Toter, das gefürchtete *Cyber Pearl Harbor,*
wäre wohl der bisher einzige denkbare Fall, der der kinetischen Wirkung eines bewaffneten Angriffs gleichkäme. Die Analogie ist allerdings hypothetisch, weil ein solcher Fall in der Praxis bisher noch
nicht aufgetreten ist.

Stuxnet, der Computerwurm, mutmaßlich von den Vereinigten
Staaten und Israel entwickelt und in die speicherprogrammierbaren
Steuerungen iranischer Atomanlagen eingeschleust, würde wohl gegen das Gewaltverbot verstoßen. Mehr als tausend Uranzentrifugen
wurden so stark beschädigt, dass sie das iranische Atomprogramm
um Jahre zurückwarfen. Doch der Konjunktiv ist angebracht, weil
die Stuxnet-Operation vor der Staatengemeinschaft nie verhandelt
wurde. Denn das Völkerrecht hat eine Besonderheit. Es ist wie beim
Antragsdelikt im deutschen Strafrecht: Ein Staat muss ausdrücklich
erklären, dass er von einem anderen Staat völkerrechtswidrig angegriffen wurde, um die Rechtsfolgen des Völkerrechts auszulösen.
Nun hat der Iran immer bestritten, dass ihm ein Schaden entstanden

ist. Er hat sich nie beklagt, Ziel eines hybriden Angriffs gewesen zu sein. Damit hat sich die Frage nach der völkerrechtlichen Zulässigkeit des Stuxnet-Angriffs nie gestellt.

Und was ist mit den unablässigen Nadelstichen, dem Dauerbeschuss durch täglich rund zehn Millionen digitale Attacken allein auf die weltweite Infrastruktur der Deutschen Telekom AG und ihrer Partner?[37] Wenn sie von immer demselben Angreiferstaat ausgehen und man sie aggregiert, überschreiten sie alle zusammengenommen die Schwelle verbotener Gewalt?

Hier hilft ein Vergleich mit Israel. Permanent ist das Land konventionellen Attacken aus dem Gazastreifen ausgesetzt. Mehr als einmal hat Israel die Angriffe der palästinensischen Hamas abgewehrt, den Gazastreifen bombardiert und auf sein Recht zur Selbstverteidigung gepocht. Die Staatengemeinschaft zeigte sich besorgt, hat die israelischen Maßnahmen aber hingenommen. »Verbotene Gewalt!«, könnte man deshalb auch beim digitalen Dauerbeschuss ausrufen. Dafür spricht noch ein anderes Argument: Setzt ein Aggressor unaufhörlich Nadelstiche mit dem Vorsatz, das Völkerrecht dauerhaft und bewusst zu missbrauchen, kann er sich selbst nicht auf den Rechtsschutz des Gewaltverbots berufen und muss dulden, dass der Opferstaat sein dann gerechtfertigtes Selbstverteidigungsrecht ausüben will.

Auf der Suche nach dem Aggressor

»Erstens, bei Cyber- und hybrider Kriegsführung weiß man nicht genau, wer die Parteien sind. Man muss den Angreifer identifizieren, bevor eine Repressionsmaßnahme erfolgen kann. Zweitens, wie groß ist der Schaden, damit man sagen kann: ›Das war ein völkerrechtswidriger Angriff. Wir sind im Krieg.‹? Auch im Krieg gelten natürlich Regeln, aber: *We can kill.* Wir können Kombattanten töten.

Und das ist legal.«[38] Worte aus dem Mund des Völkerrechtlers Tobias Vestner, die wir gar nicht gerne hören, aber rechtlich sind sie stichhaltig. Indirekt weist der Jurist auf ein zentrales Problem hin: Für das Opfer, das nicht feststellen kann, wer es angegriffen hat, wird das Recht auf Selbstverteidigung zur Makulatur.

Die Frage, von wem ein bewaffneter Angriff ausging, musste man sich im 20. Jahrhundert nicht stellen. Japan hatte die Vereinigten Staaten in Pearl Harbor überfallen, Deutschland überfiel Polen und Libyen den Tschad. Die Identität des Angreifers stand nicht in Zweifel, und man war mehr damit beschäftigt, wie und wo der Feind zugeschlagen hatte, um die Schäden und die angemessene Reaktion darauf zu taxieren.

Das hat sich im 21. Jahrhundert, in dem digital spioniert und sabotiert wird, geändert. Bis das Opfer einen hybriden Angriff auf seine digitalisierte Infrastruktur überhaupt bemerkt, kann viel Zeit vergehen, manchmal mehr als ein ganzes Jahr.[39] Und nur wenn ein hybrider Überfall von außerhalb des Staatsgebiets und durch einen anderen Staat ausgeführt wird, seine Stärke der eines bewaffneten Angriffs gleichkommt und vom Opferstaat auch als solcher angeprangert wird, löst er das Recht auf Selbstverteidigung aus. Ohne Zurechenbarkeit keine Selbstverteidigung – der Angriff muss attribuierbar sein.

Die Schwierigkeit, einen digitalen Angreifer eindeutig zu identifizieren, erklärt übrigens, warum es bis heute keine schweren terroristisch motivierten digitalen Angriffe gegeben hat. Häufig werden digitale Spionage oder Sabotage als verdeckte Operationen ausgeführt. Dazu lädt die Anonymität des Internets geradezu ein; die Attribution eines Angriffs ist also in den meisten Fällen nicht gewollt und wird bewusst verschleiert. Für einen Provokateur, der sich stattdessen ausdrücklich zu einem Angriff bekennen will, damit der Welt angst und bange wird, ist die Komplikation der Attribution ein Problem. Denn einen erfolgreichen digitalen Schlag könnten andere Aggressoren, andere Terrorgruppen und sogar Trittbrettfahrer genauso für sich selbst beanspruchen wie der wahre Täter. Die Öffentlichkeit hätte lange, vielleicht nie Klarheit darüber, wer eine Attacke wirklich ausgeführt hätte. Fakten, alternative Fakten und Verschwörungstheorien würden kursieren und dem Angreifer selbst schaden. So könnte unbeabsichtigte Abschreckung geschehen, und zwar ausgerechnet durch die Online-Plattformen und ihre gesellschaftlichen Effekte.

Ein weiterer Grund, warum Terroristen nicht digital angreifen, liegt darin, dass der mögliche Schaden in der Regel wenig öffentliche Aufmerksamkeit erzeugt. Nur die schwersten Fälle digitaler Sabotage wie ein Flugzeugabsturz, bei dem Menschen sterben, oder die Kernschmelze in einem Atomreaktor könnten den beabsichtigten Schrecken in der Bevölkerung säen. Doch bevor ein Computerwurm wie Stuxnet oder eine autonome Drohne überhaupt erfolgreich Anlagen zerstört, müssen seitens des Angreifers viel Geld und Knowhow in die Programmierung der Schadsoftware fließen. Und nicht einmal das ist genug: Ein Attentäter muss die genauen technischen Details des Angriffsziels kennen. Das wird nur dann der Fall sein, wenn er (nachrichtendienstliche) Aufklärung betrieben hat. Terroristen setzen zwar auf die Wirkung der Überraschung, und überraschend ist nur, womit keiner rechnet. Aber insgesamt scheint die digitale Attacke mit der Wirkung eines bewaffneten Angriffs durch Terroristen eher unwahrscheinlich zu sein. Das soll nicht heißen, dass Konfliktmanager einen Ausreißer mit geringer Wahrscheinlichkeit für ihre Präventionspläne nicht in Betracht ziehen sollten.

Ist die Attribution technisch erst einmal gelungen, wird es heikel. Nun drohen diplomatische, politische Verwicklungen. Soll man den Angreifer beim Namen nennen und *Naming* und *Shaming* betreiben? Soll man sich öffentlich dem Hin und Her von Anschuldigung und Dementi aussetzen so wie bei der Annexion der Krim durch den Kreml oder bei den Vergiftungen russischer Ex-Agenten in Großbritannien?

Die diplomatischen Implikationen einer öffentlichen Anschuldigung sind in jedem Fall schwerwiegend, aber ebenso gravierend ist das Verschweigen einer Attribution, weil die betroffene Bevölkerung dann in der Ahnungslosigkeit verharrt. Sie weiß nicht, dass sie von einem hybriden Angriff getroffen wurde oder ein solcher kurz bevorsteht. Man lässt sie im Unklaren darüber, dass sie zum strategischen Ziel geworden ist. So kann sich niemand auf das Undenkbare vorbereiten.

Was die personellen Anwendungsvoraussetzungen des Völkerrechts betrifft, steht in jedem Fall fest: Der Aggressor muss ein Völkerrechtssubjekt sein, also ein anderer Staat. Um den Angriff auszuführen, muss sich der Aggressor nicht notwendigerweise seiner Streitkräfte, sondern kann sich eines Surrogats bedienen. Die Überfälle kann der Staat an private Söldner delegieren. An einen digitalen Blackwater. An falsche Identitäten bei einer False-Flag-Operation.

Wird der hybride Angriff von einem Surrogat ausgeführt, das im Auftrag einer Regierung handelt, kann sich die Selbstverteidigung des Opferstaats trotzdem nur gegen das Völkerrechtssubjekt richten – also gegen den Angreiferstaat. Private Söldner selbst sind kein Völkerrechtssubjekt, aber faktisch werden sie zu Kombattanten des Angreiferstaats. »*We can kill*. Wir können Kombattanten töten. Und das ist legal.«

Und selbst dann, wenn der Staat keinen Auftrag für eine hybride Maßnahme erteilt hat, Gewalt durch Private ausgeübt wird und diese eine derartige Schwere erreicht, dass sie einer staatlichen Militäraktion gleichkommt, liegt nach geltender Überzeugung ein bewaffneter Angriff vor, gegen den sich der Opferstaat verteidigen darf. Seit 9/11 ist das internationale Rechtspraxis.

Das alles wirft nur noch mehr Fragen auf. »Soll der Staat Unternehmen seine Dienste für *Hack Backs* anbieten, wie das gegenwärtig in Australien der Fall ist, oder sollen Unternehmen ›ermächtigt‹ werden, solche Operationen selbst durchzuführen, was unter anderem im US-Kongress diskutiert wird?«, stellt der Verteidigungsberater Heiko Borchert zur Diskussion.

Diese Fragen beantworten kann derjenige, der aus dem Völkerrecht dieselben Schlüsse zieht wie etwa die Autoren des *Tallinn-Manual 2.0* bei ihrer Kommentierung von Fallbeispielen. Rechtsverbindlich ist die Expertenmeinung allerdings nicht. In zwei beispielhaften Sachverhalten, wie man sie in Australien debattiert, lassen sich die folgenden Antworten ableiten.

Fall 1: Unternehmen werden durch private Akteure gehackt, die staatlich orchestriert oder Delegierte eines Staates sind:

Bei Angriffen mit völkerrechtlicher (nicht strafrechtlicher!) Legitimitätsvermutung – Spionage, Datendiebstahl, psychologische Operationen und Propaganda eines anderen Staates – wird das Selbstverteidigungsrecht des Opferstaats nicht ausgelöst. Würde das betroffene Völkerrechtssubjekt *Commonwealth of Australia* hierauf mit einem *Hack Back* reagieren, handelte es sich dabei nicht um erlaubte Selbstverteidigung, sondern um eine Offensivmaßnahme, die ihrerseits gegen das völkerrechtliche Gewaltverbot verstieße, sofern sie nicht ebenso legitim wäre wie der ursprüngliche Angriff.

Gleicht der Hackangriff des staatlichen Aggressors und seiner privaten Söldner einem bewaffneten Angriff auf Australien, ist Völkerrecht anwendbar; dann müsste der Angriff Wirkung und Ausmaß eines bewaffneten Angriffs haben, um Australiens Recht auf Selbstverteidigung auszulösen, das sich dann aber nicht auf einen *Hack Back* zu beschränken braucht. Nur: Wer ist Adressat der Selbstverteidigung? Die privaten Delegierten des Angreifers sind es nicht; ihnen mangelt die Völkerrechtsfähigkeit. Die Verteidigungsmaßnahme muss sich in jedem Fall gegen den orchestrierenden Staat richten, der sich das offensive Verhalten seiner Söldner zurechnen lassen muss.[40] Voraussetzung ist aber in jedem Fall die Attribution. Steht die Zuordnung des Angriffs an einen Staat nicht sicher fest, bleibt Australien nur die Möglichkeit, die Hackangriffe strafrechtlich zu verfolgen.

Fall 2: Unternehmen werden durch private Akteure gehackt, die staatlich nicht orchestriert sind:

Weil weder Täter noch Opfer Völkerrechtssubjekte sind, ist Völkerrecht auch nicht anwendbar. Der Hackangriff Privater gegen Private ist ein krimineller Akt und kann strafrechtlich verfolgt werden.

Bietet der *Commonwealth of Australia* den betroffenen Unternehmen aber einen *Hack Back* an, kann das die Anwendbarkeit von Völkerrecht auslösen, weil Australien ein originäres Völkerrechtssubjekt ist.

Ein *Hack Back* durch das Völkerrechtssubjekt Australien ist dann keine Selbstverteidigung, sondern eine Angriffshandlung, die gegen das völkerrechtliche Gewaltverbot verstößt, sofern sie nicht unter die Legitimitätsvermutung fällt. Als Angriffshandlung könnte ein solcher Hackangriff Australiens das Selbstverteidigungsrecht des Zielstaats auslösen – mit allen Konsequenzen, von staatlichen Sanktionen, schwer gestörten wirtschaftlichen und internationalen Beziehungen und potenziellen Vergeltungsmaßnahmen. Ob sich Australien damit entlasten könnte, dass es nur in privatem Auftrag gehandelt habe, also nicht hoheitlich, sondern selbst als Unternehmer tätig war, diese Betrachtung würde hier zu weit gehen. Unterstellen wir lieber, dass der Staat nicht in jedem Fall als Unternehmer auftreten kann, besonders nicht als Unternehmer strafrechtlich relevanter Aktivitäten. Wo kämen wir hin.

Die beiden Beispiele unterstreichen, wie sehr es ein Gebot der Vernunft ist, auch bei hybriden Maßnahmen geltendes Recht restriktiv auszulegen und von *Hack Backs* nur im Rahmen der gesetzlich erlaubten Selbstverteidigung Gebrauch zu machen. Deshalb spricht auch der Chef des australischen Nachrichtendienstes eine scharfe Warnung gegenüber australischen Firmen aus, für die privates *Hacking Back* immer attraktiver wird. Denn die politischen Verwerfungen, die auf rechtswidrige *Hack Backs* erfolgen, können so ernsthaft sein, dass es irgendwann wirklich zu dem kommt, was keiner will: zum heißen Krieg.

Gegen einen Drittstaat darf sich ein Zweitschlag übrigens niemals richten. Bei hybriden Maßnahmen können Drittstaaten unwissentlich zum Werkzeug werden, wenn, wie im Fall des Hackangriffs auf das DNC im Jahr 2016, Server auf dem Staatsgebiet Dritter angemietet werden, um zur Angriffshandlung auszuholen. Ein derart missbrauchter Drittstaat muss erst einwilligen, bevor auf seinem Staatsgebiet ein Akt der Selbstverteidigung erfolgen darf.

Fassen wir zusammen: Ein hybrider Angriff muss mit der Wucht eines bewaffneten Angriffs vergleichbar sein, um das Recht auf Selbstverteidigung auszulösen. Kann der Angriff keinem anderen Staat zugeordnet werden, ist Völkerrecht nicht anwendbar. Der Rechtfertigungsgrund der erlaubten Gewalt entfällt, und das bedeutet: kein *Hack Back*, kein konventioneller Zweitschlag, kein Nuklearwaffeneinsatz, kein Art. 5 NATO-Vertrag, keine Mitwirkung des UN-Sicherheitsrats und keine kollektive Durchsetzung staatlicher Strafmaßnahmen.

Alles, was bleibt, ist die nationale Strafverfolgung.[41]

FÜNF

Der Kampf um die Vorherrschaft

Künstliche Intelligenz, immun gegen Angst oder Wohlwollen, hilft China bei seiner Außenpolitik.

Stephan Chen

»Wollen die USA der Polizist im Nahen Osten sein, nichts dafür bekommen, aber wertvolles Leben und Billionen Dollar aufbieten, um andere zu schützen, die fast nie anerkennen, was wir tun? Wollen wir für immer dort bleiben? Zeit, dass endlich andere kämpfen ...«[1]

Nicht zum ersten Mal in der jüngeren Geschichte ziehen sich die Vereinigten Staaten aus dem Weltgeschehen zurück. Einmal mehr wollen sie nur sich selbst genügen, eine Position, die ihr Präsident innenpolitisch mit besten Erfolgsaussichten vertreten kann. Denn Amerika befindet sich in der komfortablen Lage des potenziellen Selbstversorgers. Eine relativ kleine Bevölkerung mit der größten Flugzeugträgerflotte der Welt bewohnt eine weitläufige Quasi-Insel mit beachtlichem Ressourcenreichtum und einem großartigen Nachbarn, Kanada.[2] Es mangelt an nichts, weder an Energiereserven noch an Talenten für das digitale Zeitalter. Schließlich hat sich ausgerechnet das Silicon Valley Tausende Fachkräfte der Informationstechnologie aus der ganzen Welt einverleibt. Geostrategisch gehören die Vereinigten Staaten auf jeden Fall zu den Gewinnern. Mit Donald Trump im Weißen Haus »schlägt das Pendel in Richtung Neoisolationismus aus«[3]. Man kann es sich leisten.

Ein Machtvakuum hinterlässt die Abdankung der Vereinigten

Staaten unter der Trump-Administration nicht. An ihre Stelle tritt die Geopolitik Russlands und einer noch immer unterschätzten Großmacht mit einem globalen Führungsanspruch, die wir bisher noch gar nicht betrachtet haben: China, das Reich der Mitte.

Beiden Mächten gibt Donald Trumps Amerika Gelegenheit, ihren künftigen Einflussbereich zu erweitern, neu abzustecken und zu sichern. Folgerichtig hat Donald Trump die Nationale Sicherheitsstrategie der Vereinigten Staaten 2018 deshalb mit *Great Power Competition,* Wettbewerb der Großmächte, überschrieben. Mit der neuen Doktrin ist Amerikas Krieg gegen den Terror Geschichte. An dessen Stelle ist ein neuer Rüstungswettlauf der Nationen getreten. Angetrieben wird auch er vom Anspruch auf technologische Überlegenheit in militärischen Angelegenheiten.

Wie der Kreml seine einstige Großmachtstellung wiedergewinnen will, führt Russland, Meister der hybriden Kriegsführung, der Welt seit 2014 auf der Krim, in der Ostukraine und 2018 im Asowschen Meer vor. Moskau demonstriert, wie man Völkerrecht bricht und das Gewaltverbot verletzt, ohne ernstliche Konsequenzen davonzutragen – außer vielleicht die Wirtschaftssanktionen der Staatengemeinschaft, die anscheinend wirkungslos verpuffen. Denn an der Moskauer Börse läuft es ähnlich gut oder schlecht wie in Frankfurt oder New York, jedenfalls nicht sichtlich schlimmer. Und die Agrarsanktionen, die die Weltgemeinschaft nach den Ereignissen in der Ukraine gegen Russland verhängten, haben die Kreativität Russlands freigesetzt. Bis dahin importierte Agrarprodukte wurden durch eigene, lokale Produkte ersetzt, mit der Folge, dass Russland zu einem führenden Exporteur von Agrarprodukten aufgestiegen ist.[4] Die neue Stellung hatte es auch einem schwachen Rubel zu verdanken. Im Verlauf des Jahres 2018 hat der Rubel gegenüber dem US-Dollar allerdings um rund 20 Prozent an Wert gewonnen.

China verfolgt andere Taktiken der Raumgewinnung als Russland. Auf militärischer Ebene agiert es durch die Abriegelung und Zugangsbeschränkung zu geografischen Räumen. So stationiert es

Marschflugkörper im Südchinesischen Meer oder behindert amerikanische Kriegsschiffe, die dort in internationalen Gewässern operieren. Auf politischer Ebene fällt China durch die Einmischung in fremde Regierungen auf. Zu Übergriffen in die Innenpolitik von Drittländern gehört die Einwanderung von Chinesen in die Binnenwirtschaft und Wissenschaftsbetriebe – 25 Prozent der amerikanischen Studenten der MINT-Fächer sind Chinesen – genauso wie die Direktinvestitionen in strategisch relevante Technologiefirmen oder die Kreditfinanzierungen taktisch wichtiger Häfen, Flughäfen oder Transporttrassen in Europa, dem Mittleren Osten und Afrika.

Dabei waren die Vereinigten Staaten jahrzehntelang als globale Ordnungsmacht anerkannt, weil sie ihren Führungsanspruch in jeder Hinsicht durchsetzen konnten. Amerika wollte führende Seemacht sein, führende Luftmacht und Landmacht, führend in der Wirtschaft und im Weltraum und schon früh auch im »Cyberraum«. Wo die Durchsetzung des globalen Führungsanspruchs nur militärisch möglich war, agierten die Amerikaner imperialistisch und bauten wie in Afghanistan oder im Irak Militärbasen auf. Wenn die USA die überlegene Kultur der Demokratie und mit ihr auch die Idee freier Märkte erfolgreich exportierte, traten sie als Hegemonialmacht mit *Soft Power* auf.

Es war das wirtschaftliche und kulturelle Modell, das vor allem auch die Europäer gewann. Denn nach 1941, der »Geburtsstunde des Westens« auf der USS Augusta am grünen Tisch, an dem Theodore Roosevelt und Winston Churchill Platz genommen hatten, stellten die Vereinigten Staaten ihren Satellitenstaaten öffentliche Güter quasi unentgeltlich zur Verfügung: Sie überzeugten mit militärischem Schutz der äußeren Sicherheit oder frei zugänglichen Technologien wie das *Global Positioning System* (GPS) und, wichtig für unsere Kritik, das Internet und seine Plattformen. Mit hohen Investitionen sicherten sich die USA gleichermaßen erfolgreich die globale Machtposition wie die Gefolgschaft und Loyalität anderer westlicher Staaten.[5]

Amerika und die Logik des Profits

Doch die Globalisierung amerikanischer Prägung ist es auch, von der sich viele abgehängt fühlen. Sie habe die Bedeutung der weltweiten »Durchkapitalisierung«, erklärt Ulrich Menzel, Professor für Internationale Beziehungen. Der Emeritus ist ein besonderer Kenner Chinas und verfolgt den gewaltigen Umbruch des Landes seit Jahrzehnten.[6] Er betont das Amerikanische der uns bekannten Globalisierung deshalb, weil Globalisierung auch ganz anders funktionieren kann, als wir sie kennen und erfahren haben:

»Die Gleichsetzung von Globalisierung und Ausbreitung des Kapitalismus über die ganze Welt – und zwar nach neoliberalem Muster – ist falsch. Die Chinesen praktizieren eine andere Form von Globalisierung.«[7]

Schauen wir uns die Globalisierung amerikanischer Provenienz genauer an. Dezidiert kapitalistisch, hat sie einen unternehmerischen Aspekt. Sie ist profitorientiert.

»Wenn ich in der Logik des Profits operiere, muss ich einen Teil der Einnahmen investieren, um die Arbeitsproduktivität zu steigern und am Markt wettbewerbsfähig zu bleiben. Bei der Logik des Profits ist die Quelle des Einkommens letztlich eine überlegene Wettbewerbsfähigkeit.«[8]

Für mehr Wettbewerbsfähigkeit müssen die weltweiten Ströme von Waren, von Menschen, die der Arbeit hinterherziehen, und von internationalen Finanzflüssen so koordiniert, automatisiert und gesteuert werden, dass Kosten reduziert und der Profit maximiert werden. Das funktioniert nicht ohne die Digitalisierung. Sie optimiert die Wertschöpfungskette von der Finanzierung von Produktion und Dienstleistung bis hin zur bargeldlosen Bezahlung. Ohne die Digitalisierung wäre die Durchkapitalisierung des Globus kaum vorstellbar. Digitale Geschäftsmodelle wie das der Firma Amazon sind nichts weiter als die logische Manifestation dieser Durchflusskontrolle. Sie streben nach Einfluss auf das gesamte Netz der Wertschöpfung.

Es leuchtet ein, dass Länder ohne funktionierende und sichere Infrastruktur für die Logistik – Straßen, Häfen, Schienen, Flughäfen und zuverlässige digitale Vernetzung – von der Durchkapitalisierung ausgeschlossen bleiben. Deshalb war die Globalisierung lange Zeit auf die nördliche Erdhalbkugel, die Industrienationen und einige Schwellenländer beschränkt. Afrikanische Länder ohne Infrastruktur blieben mehrheitlich ausgeschlossen.

Gewissermaßen hat das kalifornische Silicon Valley mit dem Informationskapitalismus die amerikanische Globalisierung 2.0 eingeläutet. Seit 20 Jahren sammeln seine digitalen Unternehmen Daten von und über Menschen weltweit und löschen sie nicht. Den drei virtuellen Gütern des Kapitalismus, nämlich Arbeit, Boden und Kapital, hat das 21. Jahrhundert ein viertes Gut hinzugefügt, mit dem sich Geld verdienen lässt: Information. Aus den Datenspuren von Milliarden Menschen werden Profile und zukünftiges Verhalten des Einzelnen und der Gesellschaft insgesamt berechnet und weiterverkauft, in erster Linie an Werbetreibende und ihre Agenturen. Höhere Klickraten im Informationsraum bedeuten bare Münze für digitale Plattformen und regen die Wirtschaft zu mehr Konsum und Wachstum an.[9]

Dabei beruht die Logik des Profits, wie ihn der Informationskapitalismus anstrebt, nicht auf greifbaren Gütern wie Boden oder Arbeitsleistung, sondern auf hoch abstrakten Gütern. Zwar hatte der Kapitalismus schon in den 1970er-Jahren begonnen, sich von der Realwirtschaft abzulösen, und mutierte zunächst zum Finanzkapitalismus, bei dem Geld mehr Geld verdienen sollte. Doch noch mehr Ablösung von der greifbaren Wirklichkeit erfuhr der Kapitalismus im 21. Jahrhundert, als unkörperliche Daten und Informationen zur Grundlage des Geldverdienens wurden und noch mehr virtuelle Produkte und Leistungen auf einer ohnehin schon immateriellen Basis aufbauten. Apples iTunes hat Millionen Mikrodienste, die Apps, hervorgebracht, Facebook war die Grundlage für Fotoanwendungen, für Onlinespiele kann man bunte Oberflächen kaufen, und

Messengerdienste ziehen Signature-Emoji-Sammlungen nach sich, deren Schöpfer lauthals für ihre Smileys mit dem Slogan werben: »Ein gigantischer Schritt nach vorne.«[10] Was an einer Sammlung bunter Symbole gigantisch ist, ist nur die Werbeparole, und zwar in der Maßlosigkeit ihrer Übertreibung, denn Emojis werden die Menschheit kaum zum Mars und zurück bringen oder die Klimakatastrophe verhindern.

Sobald sich die Möglichkeit bietet, Geld zu verdienen, wird selbst eine gute Idee wie das Internet pervertiert. Bis zum Exzess stimuliert sich die Digitalwirtschaft selbst und überschlägt sich mit Überspitzungen. Die künstliche Intelligenz bleibt davon nicht verschont, auch nicht das Internet der Werte mit seiner verteilten Buchführungstechnologie, der Blockchain, die schon als »neue künstliche Intelligenz« gefeiert wird. Wer Geld verdienen will, muss lautstark auf sich aufmerksam machen.

Die Ausbreitung des Neoliberalismus sollte nicht folgenlos bleiben. Immer dann, wenn sich ein anderer kümmert, wird man selbst bequem. Man scheut das Risiko und packt Gelegenheiten, die sich bieten, nur opportunistisch beim Schopf. Weil die Vereinigten Staaten und ihre privaten Technologieriesen Milliarden US-Dollar in die Digitalisierung investieren und den »digitalen Fabrikationsprozess«[11] größtenteils unentgeltlich anbieten, scheint es auf den ersten Blick ökonomisch wenig sinnvoll zu sein, selbst Geld für eine digitale Infrastruktur *Made in Europe* in die Hand zu nehmen. Erst auf den zweiten Blick erkennt man: Man verfügt nicht selbst über digitale Schlüsseltechnologien, sondern hat sich von anderen abhängig gemacht. Die deutsche Verteidigungsindustrie hat das inzwischen zum Teil erkannt und arbeitet an der De-Amerikanisierung ihrer Produkte. Man will sich nicht mehr gerne amerikanischen Softwaregiganten, deren schnellen Updatezyklen oder Lizenzpolitiken unterwerfen.

Das langjährige Zaudern bei zivilen europäischen Digitalisierungsvorhaben lässt sich mit dem deutschen Vorgehen bei den Militärausgaben vergleichen. Ulrich Menzel bringt es auf den Punkt:»Man hatte sich auf die Trittbrettfahrerposition zurückgezogen: ›Wir brauchen keine hohen Militärausgaben. Das machen die Amerikaner. Wir machen lieber Sozialpolitik und konzentrieren uns auf die zivilen Sektoren.‹ Da sind wir ja auch erfolgreich, gar keine Frage.«[12] Europa ist also Trittbrettfahrer, und das nicht nur in Verteidigungsfragen.

Lange eingeübt, erklärt die opportunistische Mentalität auch, weshalb unsere digitalen Lieblingsmarken, von Amazon bis WhatsApp, allesamt aus dem Silicon Valley stammen und nicht aus Rom oder Stockholm oder Berlin. Denn unsere Vorliebe für amerikanische Technologie hat mit unseren Außenbeziehungen zu tun.

Allerdings stellt sich nun doch als kapitales Risiko heraus, dass sich Europa bei digitalen Schlüsseltechnologien und Geschäftsmodellen wie Cloud-Dienstleistungen, Plattformen oder Bibliotheken frei verfügbarer künstlicher Intelligenz von Amerika abhängig gemacht hat. Denn der Stern des Silicon Valley strahlt inzwischen längst nicht mehr so hell wie einst.

Schuld daran sind auch die informationellen Operationen der Russen während des amerikanischen Präsidentschaftswahlkampfs 2016. Die Chefs digitaler Plattformen müssen sich wegen antidemokratischer Tendenzen ihrer Angebote nicht nur vor Parlamenten verantworten, es flattern ihnen auch Zivilklagen ins Haus.[13] Auf die gesellschaftlichen Risiken ihrer Plattformen haben sie keine Antwort, und, schlimmer noch, sie haben lange Zeit jede gesellschaftliche Verantwortung abgelehnt. Schließlich sei man Unternehmen mit Profitorientierung und nicht die Heilsarmee.

Doch während selbst der Gesetzgeber eine Antwort auf die gesellschaftlichen Probleme digitaler Plattformen weitgehend schuldig bleibt und nur bruchstückhaft reguliert, wird *Big Tech* von seinen Investoren konsequent abgestraft: Google hat im Jahr 2018 rund 25 Prozent seines Börsenwerts eingebüßt, bei Apple betrugen die Verluste 40 Prozent und bei Facebook etwa 50 Prozent. Das, worüber kein Valley-CEO mehr mit dem gewohnten Hochmut hinwegsehen kann, hat auch die Europäer aufgeschreckt. Sie haben sich in Bewegung gesetzt.

Mit abstrakten digitalen Wirtschaftsgütern, die nur auf anderen abstrakten digitalen Angeboten aufbauen, Profit zu machen, birgt eine beträchtliche systemische Schwäche. Wenn neue Märkte und Wettbewerbsvorteile aus Daten und Information erschlossen werden, kann ein einzelner Wirtschaftsteilnehmer nur dann effektiv operieren, wenn er in das große Ganze des digitalen Wirtschaftens integriert ist. Er arbeitet im Verbund mit anderen Marktteilnehmern oder baut auf der digitalen Leistung anderer auf. Ohne Vernetzung, den ungehinderten Zugang zu Datenfluss und reibungsloser Kommunikation, ist Wirtschaftswachstum heute kaum mehr möglich. Das Problem dabei: Die zivile digitale Infrastruktur der euro-atlantischen Wirtschaft und Industrie ist für Friedenszeiten geschaffen. Sie rechnet nicht mit Störungen. Unterbrechungen sind nicht vorgesehen. Wir verlassen uns darauf, dass das Internet immer zugänglich und Bandbreite jederzeit und ungestört verfügbar ist. Großartig, wenn diese Friedenswirtschaft ungehindert funktioniert. Eine strategische Nachlässigkeit ist es dennoch, nur mit den wirtschaftlichen Vorteilen der Digitalisierung zu kalkulieren und Fragen der geostrategischen Relevanz digitaler Technologien auszuklammern.

Dabei ist Strategieunfähigkeit der blinde Fleck im Auge Europas und speziell Deutschlands. Sollte sich ein interstaatlicher nicht linearer Angriff zuerst gegen die digitale Infrastruktur eines Landes richten, könnten Wirtschaft und Industrie ihrer Investitionen in eine digitale Friedensinfrastruktur langfristig verlustig gehen. Oder anders gesagt: Wenn sich die Logik des Profits auf das ungestörte Funktionieren digitaler Vernetzung verlässt, könnten sich Investments in die Digitalisierung als Fehlinvestition erweisen, sobald sich die geopolitische Lage verändert, um nicht zu sagen: verschlechtert. Dieser unbequemen Realität sieht sich die Welt heute mehr denn gegenübergestellt.

Mittelmächte wie Europa sollten sich darauf einstellen, dass der

Rückzug Amerikas in die »Festung Amerika« die Wahrscheinlichkeit hybrider Maßnahmen anderer Staaten – allen voran Russland und China – weiter erhöht. Denn die beiden Rivalen Amerikas um die Weltherrschaft werden ihren Machtbereich erhalten, festigen und sogar ausdehnen. Im 21. Jahrhundert hat die längst überwunden geglaubte Geopolitik leider wieder Hochkonjunktur. Für China hat sie die globale Überlegenheit zum Ziel, für Moskau die Restauration alter Macht.

Chinas Systemalternative: die Logik der Rente

Tatsächlich ist es China, von dem wir die nächste Welle der Digitalisierung erwarten sollten. Längst gibt sich die Volksrepublik nicht mehr damit zufrieden, die Amerikaner zu kopieren, mit einer Ausnahme allerdings: dem imperialen Machtstreben.

Besonders das Wirtschaftssystem, welches China exportiert, unterscheidet sich grundlegend von der amerikanischen Globalisierung. Plakativ beschreibt Ulrich Menzel den Unterschied: »Wir haben in einem großen Teil der Welt nicht die Logik des Profits am Werk, sondern die Logik der Rente. Und das Rentensystem globalisiert sich. Die Gegenthese lautet also: Globalisierung heißt nicht Ausbreitung des Kapitalismus nach neoliberalem Verständnis, sondern Ausbreitung der rentenbasierten Systeme. Dabei ist China, gleichermaßen wie Russland, ein Vorreiter.«[14] Profit, fügt der Professor klarstellend hinzu, sei die Vergütung von Kapitalinvestitionen, Lohn das Entgelt für menschliche Arbeit und Rente der Ertrag von Bodeneinsatz. »Wobei Boden auch alles meint, was unter dem Boden liegt. Also nicht nur die Landwirtschaft, sondern auch den Bergbau.«[15] Und Erdöl. Marihuana. Diamanten. Wasser. Immobilien. Wer dieses fördert und jenes anbaut, handelt nicht wie ein profitorientierter Unternehmer, sondern bezieht eine Rente.[16]

Wer will, kann daraus schließen: Donald Trump ist gar kein Unternehmer. Er überlässt die Nutzung seiner Immobilien Dritten, die ihm Miete oder Pacht dafür schuldig sind. Donald Trump ist somit Empfänger von Renten aus seinem Immobilienvermögen, genauso wie die Ölscheichs Saudi-Arabiens, die ihre Ölreserven in Rentenerträge umwandeln.

Für die künftige Weltordnung hat die Konkurrenz beider Einkunftsmodelle Folgen, die wir erst langsam begreifen. Das euro-atlantische System erzielt Profite aus der unternehmerischen Tätigkeit in einem digitalen Produktionsprozess mit abstrakten, substanzlosen Rohstoffen wie Daten und Information und baut dafür eine höchst verletzliche virtuelle Friedensinfrastruktur auf, um Wettbewerbsfähigkeit durch Informationsüberlegenheit herzustellen. China und Russland gehen anders vor. Sie beziehen Einkünfte »nicht aus unternehmerischer Tätigkeit, sondern [aus] politischer Kontrolle über wirtschaftlich relevante Ressourcen«.[17] Dem Boden eben und allem, was damit zusammenhängt.

Und das System erweist sich als ausdauernd.

»Renteneinkommen sind auf dem Vormarsch, weil sie letztlich auf politischer Macht basieren«, stellt Ulrich Menzel fest. »Sie sind auch eine Erklärung dafür, warum sich die Logik des Profits in vielen Ländern nicht entwickelt. Die Logik der Rente erweist sich als stärker als die Logik des Profits.«[18]

Selbst Donald Trump hat die Verschiedenheit beider Modelle erkannt: »China ist die andere Seite des großen Berges [von Afghanistan]. China ist dort [in Afghanistan] mit Baggern, die die Mineralien herausnehmen; wir kämpfen, sie [die Chinesen] nehmen Mineralien mit (…)«, stellte Donald Trump schon im Wahlkampf 2015 richtig fest.[19] Denn aus der Logik der Rente folgt, dass man sich auch Land aneignet. China tut das besonders augenscheinlich durch *Land Grabbing* in Afrika oder mithilfe der Neuen Seidenstraße mit ihrem Seekorridor, der in Venedig endet, und dem Landkorridor, der über Duisburg bis nach Rotterdam führt.

»Die Initiative für eine neue Seidenstraße ist ja nicht das, was manche in Deutschland glauben, es ist keine sentimentale Erinnerung an Marco Polo«, warnte Außenminister Sigmar Gabriel, ebenfalls inspiriert von Ulrich Menzel, auf der Münchner Sicherheitskonferenz 2018 deshalb völlig zu Recht.[20] »[Sie] steht für den Versuch, ein umfassendes System zur Prägung der Welt im chinesischen Interesse zu etablieren. Dabei geht es längst nicht mehr nur um Wirtschaft: China entwickelt eine umfassende Systemalternative zur westlichen, die nicht wie unser Modell auf Freiheit, Demokratie und individuellen Menschenrechten gründet.«[21]

China setzt also nicht auf abstrakte Güter und den digitalen Fabrikationsprozess wie das euro-atlantische System, sondern unverkennbar auf etwas so Handfestes wie den Boden. Wie wichtig imperiales Verhalten und Raumgewinnung für die Volksrepublik sind, bringt auch die Drohung der Regierung gegenüber dem demokratischen Industriestaat Taiwan zum Ausdruck. Die Insel soll mit dem Festland vereint werden, wenn nötig, mit militärischer Gewalt. Und wer einen Roboter aussendet, der ausforschen soll, ob man auf dem Mond unter Gewächshausbedingungen Gemüse, Blumen oder Seidenraupen züchten kann[22], betreibt expansives *Land Grabbing* auf nie da gewesene Weise.

Boden, den man kontrollieren will, muss abgesichert werden. Die Sicherung – und das ist wesentlich für unsere Betrachtung – geschieht sowohl militärisch durch den Aufbau chinesischer Militärbasen, die schnell näher rücken wie im Fall des maritimen chinesischen Militärstützpunkts in Dschibuti, oder durch Technologieeinsatz mit entschieden politischem Kalkül.

»Aus dieser Logik [der Rente] muss ich einen Teil der Rente in den Machtapparat investieren. Also die Polizei, den Geheimdienst, die Armee, die verschiedenen Präsidentengarden, um, und das ist das Entscheidende, die Macht über die rententrächtigen Ressourcen zu behaupten«, erklärt Ulrich Menzel.[23] »Man muss immer wieder einen Teil der Renteneinnahmen dafür ausgeben, die politische

Kontrolle [aufrechtzuerhalten]. Und zwar nicht nur im eigenen Land, sondern, wenn sich [die Logik der Rente] globalisiert, auch anderswo.«[24]

Also im Ausland. Die Kontrolle über das profitorientierte westliche System lässt sich übrigens hervorragend auch mit Geld ausüben. In den Jahren 2015/17 machten die chinesischen Direktinvestitionen in Technologieunternehmen mit »kriegsentscheidender« Technologie 10 bis 16 Prozent aller Risikokapitaltransaktionen aus. Denn wenn Geld die moderne westliche Informationsökonomie mit ihren digitalen Gütern Daten und Information antreibt, kann ein planvoller Rückzug der investierten Summen, die Desinvestition, diese Informationsökonomie schlimmstenfalls zum Einsturz bringen. Auch in der digitalen Ära sind Daten eben doch nicht dasselbe wie Erdöl oder Gold. Wer sich Erdöl, Gold oder welche Bodenschätze auch immer gesichert und sich gleichzeitig in die Position gebracht hat, den Fluss nicht stofflicher westlicher Güter zu unterbrechen oder ins Stocken zu bringen, ist in einer komfortableren Lage als derjenige, der über Massendaten verfügt, die ihm buchstäblich zwischen den Fingern zerrinnen können.

Wie Kontrolle im Inland aussieht, führt uns das digitale Sozialkreditsystem Chinas vor. Daten gepaart mit den Auswertungskapazitäten künstlicher Intelligenz lassen die Kategorisierung aller Chinesen in »guter Bürger« und »schlechter Bürger« zu – und damit eine neototalitäre Herrschaft über das chinesische Volk. Ein unmenschliches System, so sieht es der Westen aufgrund seiner Erfahrungen mit dem Nationalsozialismus, der Juden und Menschen mit Behinderung millionenfach diskriminierte und tötete.

Neototalitär ist die chinesische Herrschaft vor allem deshalb, weil die Autorität des Staatsapparats nicht mehr auf eine gewaltsame Erziehung der Bevölkerung zurückgreifen muss. Im 21. Jahrhundert lässt sich Gewalt durch eine ubiquitäre Überwachungstechnologie ersetzen. An die Stelle physischer Zwangsausübung tritt ein System von Belohnung und Bestrafung, von gesellschaftlichen und finanziellen Privilegien und Nachteilen, je nach Wohlverhalten oder Ungehorsam einer Person. Der digitale Fortschritt erlaubt die gewaltlose Unterdrückung von Menschen. Gewalt verschwindet aber nicht, sie wird vielmehr zur radikalen Lösung. Auch Krieg verschwindet nicht, stattdessen werden hybride Angriffe gerade unterhalb der Gewaltschwelle zum Normalfall. Die Hypothese: Interstaatliche Konflikte könnten künftig zu weniger statt zu mehr Gewalt führen, trotz des Zusammenpralls zweier sehr verschiedener Systeme.

Verhaltensmodifikation durch Digitalisierung ist übrigens ein Anspruch, den auch das New Yorker Unternehmen x.ai erhebt: *Using Artificial Intelligence to program humans to behave better.*[25] Künstliche Intelligenz soll den Menschen umprogrammieren, damit er sich besser benimmt. Verhaltensmodifikation bringt den einen Profit und den anderen Kontrolle. Die Ziele sind verschieden, die digitalen Werkzeuge dieselben.

Wenn sich die digitale Verhaltensmodifikation weiter ausbreitet und etabliert, sehen ehemals freiheitliche Staaten langfristig wenig rosigen Zeiten entgegen. Demokratie, individuelle und intersubjektive Menschenrechte, die Pressefreiheit oder die Religionsfreiheit werden unterdrückt. China setzt die digitalen Technologien dennoch nicht missbräuchlich ein, wie in Europa oft zu hören ist. Stattdessen sind zwei sehr verschiedene Systeme in den offenen Wettbewerb zueinander getreten, die Logik des Profits und die Logik der Rente, die amerikanische Durchkapitalisierung gegen die chinesische Lösung. Nur China ist sich sicher: Sein System ist überlegen. Dieselbe Überzeugung pflegt das euro-atlantische System von seiner Logik keineswegs und stellt damit sein früheres Selbstbewusstsein infrage. Dabei haben beide Systeme eines gemeinsam: Keines der beiden kann auf die Digitalisierung verzichten, auch wenn sie für jeden der Beteiligten eine andere Bedeutung hat. Die einen nutzen sie als Werkzeug im Markt. Für die anderen ist sie Mittel zur Erhaltung der Macht.

Die Putinisierung: Make Russia great again

Wenn man den offiziellen Wechselkurs des russischen Rubel zum US-Dollar zugrunde legt, ist Russlands jährliche Wirtschaftskraft mit rund 1,578 Billionen US-Dollar nicht größer als die des Bundesstaates New York und beträgt nur rund acht Prozent des Bruttoinlandsprodukts der USA (2017).[26] Gemessen in Kaufkraftparität (KKP), ist Russlands Bruttoinlandsprodukt allerdings mehr als zweieinhalb Mal so hoch.[27] Dieselbe Annahme dürfte für das russische Militärbudget zutreffen. Glaubt man den Zahlen des Stockholmer Internationalen Friedensforschungsinstituts SIPRI, beläuft sich auch der russische Militäretat auf nicht viel mehr als ein gutes Zehntel des amerikanischen Verteidigungsetats. In absoluten Zahlen gesprochen, hätte Wladimir Putin im Jahr 2017 demnach 66,3 Milliarden US-Dollar (KKP: 168,7 Milliarden US-Dollar) für seine Rüstungsvorhaben ausgegeben, die Vereinigten Staaten hingegen 610 Milliarden US-Dollar (2018: 700 Milliarden US-Dollar, das sind rund 15 Prozent mehr als 2017).[28]

Ulrich Menzel ist aber skeptisch und stellt die berechtigte Frage: Was genau zählt eigentlich zu den Militärausgaben? Immerhin müssen die Staaten ihren Veteranen Ruhegehälter zahlen, und die fallen in den USA wesentlich höher aus als in Russland. Dasselbe wird für den Sold gelten. Ist die militärische Forschung einbezogen oder nicht? Während das amerikanische Budget dafür rasch dahinschmilzt, bleiben Russland verhältnismäßig mehr US-Dollar, die es in seine eigentlichen Rüstungsgüter investieren kann.

Wegen solcher Ungleichartigkeit ist es schwierig, den tatsächlichen Anteil des Verteidigungsetats eines Landes an dessen Bruttoinlandsprodukt zu berechnen. Für die USA lag die Quote im Jahr 2017 bei 3,14 Prozent.[29] Im Vergleich dazu betrugen die deutschen Militärausgaben im Jahr 2017 44,3 Milliarden US-Dollar bei einer Quote von 1,2 Prozent. Bis 2023 sollen sie das Niveau von 1,6 Prozent und den Betrag von rund 60 Milliarden Euro erreichen. Dann würde

Deutschland künftig nominal etwa gleich viel Geld in die Verteidigung investieren wie Russland heute, dessen Quote – mit allen genannten Vorbehalten – im Jahr 2017 rechnerisch bei rund 4,2 Prozent gelegen hätte, faktisch wahrscheinlich aber höher war, wenn man die Kaufkraftparität berücksichtigt.

Wegen der Diskrepanz zwischen der außerordentlichen Verjüngung des russischen Waffenarsenals in den letzten Jahren und dem Zustand der Bundeswehr, deren Einsatzbereitschaft vom Wehrbeauftragten zuletzt 2019 als anhaltend schlecht kritisiert wurde, drängt sich die Frage auf, wofür Deutschland seinen Verteidigungshaushalt einsetzt. Für Ruhegehälter wie die anderen Staaten auch. Für Kitaplätze und Flachbildschirmfernseher auf den Stuben. Für die Aufrüstung einer Handvoll Fregatten, deren Dieselmotoren den Abgasnormen Euro 5 oder Euro 6 entsprechen müssen. Für Luftfilter in Leopard-Panzern, deren geschlossener Innenraum der Feinstaubverordnung unterliegt, um ungeborenes Leben zu schützen (im Panzer selbst, nicht außerhalb des Panzers). Das ist alles grundsätzlich gut, und dagegen spricht gar nichts. Russland sind solche Ausgaben aber herzlich egal. Wenn dann auch ein hochbürokratischer deutscher Verwaltungsapparat von privaten Beratungsunternehmen flankiert wird, die von anderen privaten Beratungsunternehmen überwacht werden müssen, damit keine Unregelmäßigkeiten auftreten, schielt man schon mit mehr Besorgnis auf Länder wie Russland, die ihre Budgets offenbar lieber für die Kampfwertsteigerung einsetzen.

Russland folgt der Logik der Rente und lebt vom Export seiner Öl- und Gasreserven. Doch davon profitiert der größte Teil der russischen Bevölkerung kaum. Denn die Privatisierung der einst wertvollsten Staatsbetriebe des Landes, der russischen Energiefirmen, in den 1990er-Jahren ist gründlich schiefgegangen. Sie hat nur eine Elite von Oligarchen zu reichen Russen gemacht.

In einem groß angelegten Privatisierungsprogramm hatte die russische Regierung 1992 Coupons an die russische Bevölkerung ausgegeben. Gegen Vorlage der Coupons konnte die Bevölkerung Anteile an russischen Betrieben erwerben, darunter Firmen mit den größten Energievorkommen weltweit. Die Verteilung staatlichen Vermögens als Streubesitz an Private sollte ein marktorientiertes System nach westlichem Vorbild ermöglichen. Doch die Sache hatte gleich mehrere Haken. Wie hatte Ulrich Menzel richtig festgestellt? »Die Logik der Rente erweist sich stärker als die Logik des Profits.«

Die Mehrheit der Russen hatte nicht verstanden, was sie mit den Gutscheinen, die sie von der Regierung Boris Jelzins erhalten hatte, anfangen sollte. Viele konnten ihren tatsächlichen Wert nicht einschätzen. Immerhin hielt man nur ein Stück Papier mit einem Nominalwert von 30 US-Dollar in der Hand. Gegen Hochprozentiges oder einige Lebensmittel für rund sieben US-Dollar ließen sich die Menschen ihre Coupons gerne abschwatzen. Hatte ein findiger Krämer erkannt, dass man mit den Coupons eine Handelsmarge verdienen konnte, kaufte er sie in seinem ganzen Dorf billig zusammen und gab sie für zwölf US-Dollar pro Stück an einen Großhändler weiter. Dieser wiederum bündelte die Gutscheine in Pakete von 10000 Stück zu je 18 US-Dollar pro Gutschein und bot sie auf Moskaus Coupon-Börse an – einer Börse im primitivsten Sinn und nur ein Raum, in dem an Campingtischen ganze Bündel von Coupons gegen Bargeld gehandelt wurden.[30] Bare US-Dollar wechselten die Hand, und schon hatte der Käufer der Coupons das Recht erworben, Anteilseigner an einem früheren russischen Staatsbetrieb zu werden. Die Regierung machte übrigens keinen Unterschied, ob der Erwerber Russe war oder ausländischer Investor. Sollten staatseigene Betriebe in den Streubesitz der eigenen Bevölkerung gelangen, wäre auch das von Anfang an ein politischer Webfehler der Privatisierung gewesen.

Wenn die Coupons an sich schon einen Wert besaßen, weil man sie gegen ein Anlagegut einwechseln konnte, waren sie umso werthaltiger, wenn man sie gegen Anteile an russischen Unternehmen tauschte, die nur zu einem Bruchteil ihres wahren Marktwerts taxiert waren. Nicht 20 oder 30 Prozent unter Wert, nein, die Unterbewertung lag häufig bei 90 bis 99 Prozent.[31] Den Wert russischer Energiefirmen konnte man mit einiger Mühe ermitteln. Man beschaffte sich Zahlen zur Menge der Energiereserven eines Betriebs und rechnete hoch: Was wäre der faire Wert des Unternehmens verglichen mit einem westlichen Wettbewerber wie Exxon Mobile oder British Petroleum (BP)? Mit wenigen Millionen US-Dollar konnte man so Anteile an milliardenschweren Unternehmen kaufen. Nach dem Chaos der Wendejahre wurden die russischen Unternehmen schließlich zu einem marktgerechten Preis gehandelt. Zur Freude der wenigen Anteilseigner. Sie hatten ihren ersten Einsatz tausendfach wettgemacht, ganz im Gegensatz zur Mehrheit der russischen Bevölkerung, die wie im Märchen vom *Hans im Glück* einen Goldklumpen in fragwürdigen Tauschgeschäften aus der Hand gegeben hatte.

Nach der Neuverteilung russischen Vermögens in den 1990er-Jahren verschmolzen die ökonomischen Eliten Russlands mit der politischen Elite des Landes, um dem Schicksal zu entgehen, das exemplarisch den einst reichsten Mann Russlands, Michail Chodorkowski, ereilt hatte. Dem Oligarchen, der den russischen Ölriesen Yukos leitete, war wirtschaftliche Macht nicht genug, und er trat in den offenen politischen Machtkampf mit Moskau ein. Verhaftung, Prozess und Verurteilung ließen nicht auf sich warten. Andere Wirtschaftsmagnaten waren aufgeschreckt und zogen daraus ihre Lehre: Nur wer sich regierungskonform verhielt, blieb von der Politik unbehelligt und konnte mit dem Erhalt seines Vermögens rechnen – eine denkbar schlechte Voraussetzung, um das Land in eine Marktwirtschaft westlicher Prägung zu überführen. Moskau kontrollierte seine Oligarchen, die sich deshalb kremltreu verhielten, damit ihr Vermögen von der Regierung unangetastet blieb. Mit dem Kompromiss zwischen ökonomischer und politischer Elite entstand so eine Thugokratie, ein mafiöses System aus am Staat beteiligten und gleichzeitig vom Staat kontrollierten Gruppen. Andere nicht staatliche, zivilgesellschaftliche Interessensgemeinschaften, die sich der Kontrolle Moskaus entzogen, wurden zu regierungsfeindlichen Agenten erklärt und als Opposition verfolgt.

Mit der missglückten Privatisierung war die Annäherung Russlands an den Westen gescheitert, das Rentensystem hatte sich dagegen erfolgreich behauptet. Die Methoden russischer Behörden schreckten in der Folge viele Investoren aus dem Ausland ab, und die russische Wirtschaft entwickelte sich nicht. Denn die Logik des Profits setzt voraus, dass ein Land ein wirtschaftspolitisches Modell mit einem positiven Investitionsklima, unternehmerisches Handeln und Innovationsfreudigkeit begünstigt.[32]

Doch Russland schlug einen anderen Weg ein. In der Befürchtung, das Volk könne sich wegen des räuberischen Gebarens seiner Eliten und der stagnierenden Wirtschaft in einer Revolution erheben und wie bei der Arabellion 2011 oder auf dem Maidan 2014 den Sturz der Regierung in Moskau herbeiführen, wandte sich Wladimir Putin nach seiner Wiederwahl 2012 verstärkt der Öffentlichkeit zu und begann, die russische Restauration zu stimulieren. Das Narrativ von Russland als ausgewiesene Großmacht begründete Putin mit viel nationalistischer Mythologie. Er schürte antiwestliche Emotionen und erinnerte an historisch anerkannte imperiale Bestrebungen seines Landes, dessen imperialistischer Vorgänger, die Sowjetunion, bis 1989 durch eine Mauer vom Westen hermetisch abgeriegelt war, ein Symbol säuberlicher Trennung von Hegemonie und Imperium.

Aus den Ansprüchen einer wiedererstarkenden Weltmacht, aber auch aus der hartnäckig stabilen Logik der Rente hat Moskau sodann seine eigene russische Technologiestrategie abgeleitet. Denn in Anbetracht seiner limitierten Wirtschaftsleistung und schmalen Budgets muss Russland ganz genau überlegen, in welche Technologien es investieren will und, wenn der Technologievorsprung uneinholbar zu sein scheint, kreativ werden. Finanziell jedenfalls kann sich Russland nicht so viel leisten wie die Vereinigten Staaten: Technologische Innovation muss daher erwiesenermaßen vom Militärsektor getrieben und militärisch nutzbar sein, denn die Logik der Rente verlangt nach politischer und militärischer Kontrolle. Ein knappes Budget will aber nicht viel heißen, denn im 21. Jahrhundert korreliert Reichtum nicht zwangsläufig mit politischem oder militärischem Erfolg. Wirtschaftlich schwache Staaten können immer auf die Mittel asymmetrischer Auseinandersetzung zurückgreifen. Auch deshalb hat Russland auf die Meisterschaft bei hybriden Maßnahmen hingearbeitet und Nichtlinearität bis zur Perfektion entwickelt. Wladimir Putin, wissen die Amerikaner, unterhält mindestens ein Kontrollzentrum, das digitale Operationen in der Umgebungsintelligenz anderer Staaten – sei es digitale Spionage oder Sabotage – mit informationellen Angriffen und elektronischer Kriegsführung koordiniert und eng aufeinander abgestimmt durchführen kann. 250 000 Mobilmasten will Russland installieren, nicht um den Internetzugang seiner Bürger zu verbessern, sondern um die elektronische Kriegsführung zu optimieren und um die globale Satellitennavigation zu stören.[33] Und in kurzen Abständen werden hybride russische Angriffe auf die westliche Umgebungsintelligenz bekannt. Gleichzeitig wird die Moral der Opferstaaten untergraben: Desinformationskampagnen im Informationsraum schüren soziale Unordnung, gesellschaftliche Spaltung und Angst.

Zur Technologiestrategie Russlands gehört auch, technisch begabten Straftätern Heimat zu bieten. Sie spionieren online, stehlen nachrichtendienstlich oder militärisch relevante Daten und Informationen und mischen sich mit Online-Einflussoperationen politisch in Länder wie die Ukraine, die Türkei, die USA und Europas ein. Werden sie im Ausland angeklagt, wie es der amerikanische Sonderermittler Robert Mueller wagt, oder gar verhaftet, kämpft die russische Regierung mit allen Mitteln um ihre Freilassung – auch deshalb, weil der Kreml aus ihren Reihen künftige Regierungsmitglieder rekrutiert.[34]

Doch hybride Fähigkeiten allein genügen den Ambitionen Moskaus nicht. Um an alte Stärke anzuknüpfen, modernisiert der

Kreml konsequent sein Atomwaffenarsenal, mit dem das Land schon im Kalten Krieg erfolgreich gedroht hatte. Gelder werden in Offensivwaffen mit mehrfacher Überschallgeschwindigkeit investiert, die sowohl konventionell als auch nuklear bestückt werden können. Im Westen schlägt der Puls höher, denn die schiere Geschwindigkeit solch hypersonischer Gleiter übersteigt die Verteidigungsfähigkeiten der bedrohten Staaten. Sie erschüttern das strategische Gleichgewicht; als disruptive Waffentechnologie sind sie deshalb brandgefährlich. Und selbst wenn Wladimir Putin an einem Tag ankündigt, ab 2019 eine Hyperschallwaffe mit einer Geschwindigkeit von Mach 27 in Betrieb zu nehmen, aber kurz darauf die Kürzung seiner Rüstungsbudgets verkündet, sind die technologischen Fähigkeiten eines modernisierten russischen Militärs nicht zu unterschätzen. Historisch gesehen hat Russland Erfahrung mit Hochtechnologie. Die Internationale Raumstation ISS oder das internationale Kernfusionsprojekt im südfranzösischen Cadarache profitieren davon noch heute. Die preiswerte Herstellung von Waffentechnologie muss also nicht notwendig zulasten ihrer Wirkfähigkeit gehen.

Das stellt Russland auch mit seinen unbemannten Systemen, den Militärrobotern, bekräftigend unter Beweis. Sie sind kleiner, billiger, einfacher als ihre amerikanischen Gegenstücke, und über ihren Verlust auf dem Schlachtfeld, darunter Syrien, muss man sich nicht großartig den Kopf zerbrechen. Unbemannte Mini-U-Boote, die in Schwärmen auftreten und sich mithilfe künstlicher Intelligenz selbst koordinieren, und Plattformen für autonome Tiefseeoperationen sind bereits entworfen und werden getestet. Sie sollen die internationalen Gewässer kontrollieren.

Kampfdrohnen, gesteuert von künstlicher Intelligenz, stehen erst noch auf Moskaus Wunschzettel. Hier wird ein Unterschied zwischen der Technologiestrategie Russlands und Amerikas deutlich. Die Vereinigten Staaten setzen unbemannte Systeme ein, um die menschlichen Fähigkeiten ihrer Kämpfer zu erweitern. Russland dagegen schwebt vor, dass seine unbemannten Systeme vor oder neben seinen Soldaten in einen völlig autonomen Einsatz gehen. Das operative Konzept Russlands kommt der Vision von LAWS ziemlich nahe. Trotzdem gilt: Autokratische Herrschaftssysteme pflegen ihre Kontrollparanoia. Ob sie die Kontrolle über das Schlachtfeld und auch das Töten von Menschen an eine potenziell unkontrollierbare Maschine abgeben werden, ist eine offene Frage.

In Russland ist kaum mehr mit einer schnellen Demokratisierung oder Liberalisierung zu rechnen. Die Uneinigkeit des historischen Westens macht die westliche Durchkapitalisierung nicht gerade zur attraktiven Systemalternative. Auch deswegen hat sich Russland andere Partnerschaften erschlossen. Es hat sich von Europa ab- und zu China hingewandt, dessen Wachstumspläne mit einem fast unstillbaren Energiehunger einhergehen. Allerdings betrugen Mitte 2017 die chinesischen Direktinvestitionen in Russland nur ein Fünfzigstel der aus EU-Staaten.[35, 36] Die Zusammenarbeit mit Fernost gestaltet sich vermutlich nicht wie vom Kreml erhofft. Der Grund: China hat seine eigenen Pläne.

Der chinesische Traum

14. März 2013. Xi Jinping ergreift das Amt des Staatspräsidenten der Volksrepublik China. Herr Xi macht einen freundlichen, jovialen Eindruck. Das soll nicht darüber hinwegtäuschen, dass er trotzdem mit harter Hand regieren wird und wie Mao Zedong in die Geschichte eingehen will. Unter seiner Herrschaft, die fünf Jahre nach Amtsantritt im März 2018 auf Lebenszeit verlängert wurde, will China nicht mehr länger Opfer des westlichen Kolonialismus sein. Die Opiumkriege und der Boxeraufstand sind zwar länger als hundert Jahre Geschichte, aber im Narrativ, das die Regierung ihrer Bevölkerung vermittelt, kann man das alte Trauma neu beschwören und Misstrauen wachhalten.

Wie weit China mit der Entwicklung neuer Technologien heute schon gekommen ist, begreift das euro-atlantische System erst langsam. Bis ins Jahr 2030 strebt Xi Jinping eine Spitzenposition bei künstlicher Intelligenz an; 2049, dem 100. Jahrestag der Gründung der Volksrepublik China, will das Land die Vereinigten Staaten als globale Ordnungsmacht, als größte Wirtschafts- und Militärmacht ablösen. Es baut an einem eigenen Mondfahrtprogramm, an Satelliten, auch Spionagesatelliten, beschäftigt die größte Armee der Welt, stellt eigene Flugzeuge her und eine chinesische Flugzeugträgerflotte in Dienst. Weithin bekannt ist die maritime Stärke Chinas noch nicht. Doch gemessen in Bruttoregistertonnen, ist das Land längst zum größten Schiffsbauer der Welt avanciert.[37]

Chinas Aufstieg scheint unaufhaltsam. »Irgendwann in diesem Zeitfenster [2030–2035] wird das chinesische Sozialprodukt das US-amerikanische Sozialprodukt übertreffen. Bislang war es so, dass sich die chinabezüglichen Prognosen eher früher erfüllt haben als später«, kommentiert Ulrich Menzel den chinesischen Fortschritt kurz und prägnant.[38]

Dabei hat Xi nichts weniger im Sinn, als das globale Regierungssystem zu ändern.[39] Zum ersten Mal in der Geschichte ist die Welt mit der Globalisierung eines bürokratischen Entwicklungsstaats kommunistischer Prägung konfrontiert. Denn das neue Gesellschaftsmodell, das Xi Jinping verfolgt, ist nicht demokratisch-kapitalistisch. Auch Xi vertritt die utopische Politik einer Partei, die alleine den Anspruch auf die Wahrheit erhebt; mit ihr und ihrem charismatischen Führer an der Spitze will der chinesische Staatskapitalismus die Welt herausfordern, und zwar unter der eisernen Hand eines Autokraten, der eine gleichgeschaltete Gesellschaft ohne Opposition unter der Kontrolle der kommunistischen Partei Chinas anführen will. Mit China im Zentrum soll eine große globale Familie entstehen, in der alle denselben Wohlstand, dieselbe Sicherheit, dasselbe Glück genießen. Xi Jinping nennt seine Ideologie den »chinesischen Traum«. Alle würden reich und erfolgreich. Die wirtschaftliche Entwicklung werde aufblühen, nur ohne demokratische Ideen und westliche Werte.

Für die Sicherheit entlang der Neuen Seidenstraße, der zukünftigen Lebensader der Wirtschaft, will China durch den Einsatz militärischer Gewalt sorgen und mischt sich dazu bereits jetzt in die Innenpolitik anderer Länder ein, so wie es Russland mit der Einmischung in die amerikanischen Präsidentschaftswahlen 2016 vorgemacht hat.

Chinas neue Weltordnung besteht aus der Vereinigung von Geostrategie, Wirtschaftsstrategie, politischem Eingreifen im Ausland und politisch-militärischen Bündnissen. Nein, der Fall der kommunistischen Sowjetunion im Jahr 1991 war nicht das Ende der Geschichte, wie der Politikwissenschaftler Francis Fukuyama einst behauptete. Weltpolitisch gesehen, können wir bis heute längst nicht derselben Meinung sein. Der Drache hat sich erhoben und auf Eroberungszug begeben. Er hat die Shanghai Organisation für Sicherheit etabliert, den chinesischen Gegenentwurf zu G7, und die Initiative 16+1 – ein Land, China, führt eine Koalition aus 16 europäischen Staaten an –, spaltet die osteuropäischen Länder vom älteren Kern der Europäischen Union ab und lässt sie von Albanien bis Ungarn eine chinafreundliche und gleichzeitig EU-kritische Haltung einnehmen.

Auch für den chinesischen Traum werden hohe gesellschaftliche Kosten anfallen, so wie schon bei der weltweiten Ausbreitung der Silicon-Valley-Ideologien, bei denen erst seit dem politischen Schicksalsjahr 2016 langsam offenbar wird, wie und woran sie scheitern. Den Preis für die erneute Ausbreitung des Kommunismus können wir mit Blick auf seine Geschichte schnell erahnen. Es geht um nichts weniger als die *Conditio humana*, das Menschenbild. Die Ideologie der kommunistischen Partei Chinas soll Vorrang vor allem anderen genießen, auch vor dem Einzelnen. Menschen werden dem Ganzen geopfert. Eine Person zählt nichts. Jeder muss sich dem Ziel des chinesischen Traums unterordnen. Abweichler werden nicht geduldet. Wer trotzdem opponiert, den kann man leicht loswerden. Das ist das kommunistische Konzept von jeher: »Das Individuum ist nichts; das Individuum ist null. Die Partei ist alles.«[40] Der Mensch ist keine Person, die Freiheitsrechte genießt, sondern nur Atom einer Gesellschaftsordnung, ein Objekt, dem keine eigenen Rechte zustehen. So sozialisiert, verbietet Xi Jinping mit dem *Dokument Nummer 9*, einem Strategiepapier, das seit 2013 in englischer Übersetzung vorliegt, über sieben Themen zu sprechen, darunter die universellen Menschenrechte, die Demokratie, den freien Journalismus und die Zivilgesellschaft.[41] Sie sind verbotene feindliche Ideen. Sie alle schaden den Plänen Chinas.

Damit sich die geopolitischen Ambitionen Chinas erfüllen, hat Xi Jinping einen strategischen Pakt mit der Digitalisierung geschlossen. Besonders vom Einsatz künstlicher Intelligenz erhofft er sich geostrategische und militärische Vorteile. Im Gegensatz zum euro-atlantischen System, das in wirtschaftlichen und sozialen Zusammenhängen denkt, verbindet Xi die Innen- und Außenpolitik Chinas mit der technologischen Entwicklung seiner Nation und verfolgt die zivilmilitärische Fusion mit der engen Einbindung chinesischer Technologiegiganten in Politik und Militär.[42] Das führt zu einer völlig anderen Technologiestrategie, als sie das westliche Modell verfolgt – sofern es überhaupt eine kohärente Strategie entwickelt hat.

Erst langsam begreift der Westen, wie sehr er von China strategisch herausgefordert wird. Gegenüber der erstaunlich stringenten Entwicklung digitaler Konzepte durch die Regierung Chinas, die politisch wie militärisch motiviert ist, wollen die westlichen Demokratien dringend aufholen. Trotzdem zieht etwa das Strategiepapier der deutschen Bundesregierung »Strategie Künstliche Intelligenz« vom November 2018 nicht im Geringsten die geostrategische Relevanz der künstlichen Intelligenz als Universaltechnologie in Betracht, die doch für die Zukunft rentenbasierter Länder wie China oder Russland eine so zentrale Rolle spielt. Auch die deutschen Liberalen wollen sich aus der Technologiestrategie heraushalten und es den Ingenieuren in der Wirtschaft überlassen, woran sie gerne arbeiten. In Washington aber ist aufgefallen: Gegenüber China verliert man sprichwörtlich an Boden. Und das liegt auch an der amerikanischen Durchkapitalisierung. Technologie und Innovation richten sich zu sehr auf die Märkte aus – und zu wenig auf Sicherheit und Politik.

Singularität auf dem Schlachtfeld

Je nachdem, ob ein Land der Logik des Profits oder der Logik der Rente folgt, divergieren folglich seine Technologiestrategien. China, das anders als der historische Westen nach natürlichen Ressourcen greift, leitet aus der Logik der Rente andere Digitalstrategien ab als libertäre digitale Kapitalisten.

»Die Logik der Rente setzt voraus, dass man die politische Kontrolle behält«, betont der Politikwissenschaftler Ulrich Menzel.[43] Dann ist nur konsequent, dass digitale Technologien, besonders die künstliche Intelligenz, solche Machtgarantien abgeben und eher geostrategische und militärische Vorteile verschaffen sollen als unternehmerischen Wettbewerbsvorteil. Das muss man sich so vorstellen: An der Initiative der Neuen Seidenstraße sind über 70 Länder beteiligt. Sie betrifft rund 65 Prozent der gesamten Weltbevölkerung. Der schiere Umfang des Vorhabens stellt China vor außergewöhnliche außenpolitische Herausforderungen. Damit China entlang der Neuen Seidenstraße politische Macht ausüben kann, muss es seinen neuen Einflussbereich bis Venedig und Rotterdam absichern.[44] Dazu gehört auch, dass China für die Sicherheit der See- und Landwege der Neuen Seidenstraße aufkommt; chinesische Militärposten werden sich gen Westen ausbreiten. Ulrich Menzel ist sich sicher: »Auf der Seeroute? Das kriegen sie hin.«[45] Immerhin haben die Chinesen damit begonnen, eine Flugzeugträgerflotte aufzubauen. Dass die Chinesen aber in Ländern wie Afghanistan oder Usbekistan in der Lage sein werden, für die Sicherheit auf der Landroute zu sorgen, daran zweifelt der Experte für Internationale Beziehungen.[46]

Wie um ihm zu widersprechen, forscht die chinesische Volksbefreiungsarmee fieberhaft in geheimen Forschungslaboren an der »technologischen Singularität auf dem Schlachtfeld«[47]. Künstliche Intelligenz soll umfassende militärische Sicherheit herstellen, indem sie menschlichen Soldaten um Längen überlegen ist, ja wenigstens ihre menschlichen Kameraden mit übermenschlich schnellen Entscheidungen und mehr Tempo bei militärischen Auseinandersetzungen unterstützt. Neu an der chinesischen Strategie ist also die Einsatzdoktrin für künstliche Intelligenz, die den chinesischen Neokolonialismus überhaupt erst durchführbar macht, und die ausgesprochen stringente strategische Ausrichtung digitaler Technologien auf das höhere Ziel des chinesischen Traums.

Trotz Chinas konsequentem Vorgehen, die künstliche Intelligenz als Schlüsseltechnologie für immer mehr sicherheitsrelevante Anwendungen zu nutzen, ist es (noch) nicht so, dass die NATO-Staaten technologisch in Rückstand geraten sind.

Schon seit den späten 1990er-Jahren nutzen NATO-Staaten die künstliche Intelligenz für die Berechnung militärischer Lagebilder. Doch das westliche Modell hat ganz klar ein strategisches Problem mit China. Im Silicon Valley, an der amerikanischen Ostküste, inzwischen auch in Europa mit Großbritannien, Frankreich und Deutschland, werden Digitalprojekte und ausdrücklich die künstliche Intelligenz zwar unterstützt und gefördert, aber sie sind nicht eingebunden in eine nationale oder europäische Gesamtstrategie. Sicher, die Digitalisierung will viele Ideologien bedienen, vom elektronisch aufgerüsteten *Homo superior* bis zum Anspruch auf Wirtschaftswachstum: »Die drei [deutschen] Kernbranchen sind der Fahrzeugbau, der Maschinenbau und die chemische Industrie. Da muss man führend bleiben. Aus dem Auto soll ein Computer werden. Nicht mehr der Maschinenbauer leistet das Entscheidende, sondern der Informatiker oder der Elektrotechniker«, meint Menzel mit Blick auf Deutschland.[48]

Die Rente als technologischer Königsmacher

	LOGIK DES PROFITS	LOGIK DER RENTE
VERTRETER	USA, Europa	China, Russland
ZIEL DER LOGIK	Wettbewerbsfähigkeit Erschließung neuer Wettbewerbsfelder Wirtschaftswachstum	Raumgewinnung Raumsicherung Politische Kontrolle
WELTBILD	**Unternehmerisch-libertär**	**Staatlich gelenkt**
ZIEL VON DIGITAL-STRATEGIEN	**Informationelle Dominanz:** • Digitale Extraktion von Nutzerprofilen • Verhaltensmodifikation durch Überwachung im geschlossenem kybernetischen Regelkreis	**Schlachtfeld-Singularität:** • (Innen)politische Steuerung und Kontrolle, u. a. durch ein Sozialkreditsystem • Technologische Überlegenheit von Politik und Militär
SCHLÜSSEL-TECHNOLOGIE*	**Künstliche Intelligenz**	**Künstliche Intelligenz**
PRIMÄRE EINSATZ-KONTEXTE FÜR SCHLÜSSEL-TECHNOLOGIE	**Automatisierung:** • Datenerhebung, Datenanalyse • Prädiktion, z. B. von Verkaufszahlen oder Konsumentenverhalten • Empfehlungsmaschinen, z. B. für vorausschauende Wartung • Digitale Assistenten • Automatisierung menschlicher Arbeit, z. B. in Callcenter, in der Wertschöpfungskette, als Intelligente Prozessautomatisierung (IPA)	**Autonomie:** • Datenerhebung, Datenanalyse • Steuerung informationeller Kriegsführung • Smarte Kommandosysteme • Autonome (humanoide) Roboter und Drohnen • Simulationssysteme • Trainingssysteme • Entscheidungsunterstützung • Komplexe dynamische (emergente) Systeme • Hybride Intelligenz, z. B. Mensch-Maschine-Kooperation
TRANSFORMATIVER EFFEKT	**INFORMATIONS-ORIENTIERT**	**INTELLIGENZORIENTIERT**

* Andere Schlüsseltechnologien, an denen China intensiv forscht, sind: Neurowissenschaften, Quantenkommunikation, Genom-Editierung und Finanztechnologien.

Doch angesichts der geopolitischen Absichten der aufstrebenden Großmacht China dürfte die Reduzierung der Digitalisierung allein auf den Treiber einer leistungsfähigeren Wirtschaft viel zu kurz greifen. Ohnehin lässt sich die Logik des Profits nur dann verwirklichen, wenn Frieden und Sicherheit einer durchdigitalisierten Wirtschaft gewährleistet sind. Deren Digitalisierungsanstrengungen aber sind gefährdet, wenn die digitalen Fähigkeiten einer Nation nicht neu bewertet werden: Erstens sollten sie auch Fertigkeiten wie die Attribution hybrider Angriffe, digitale Zugangsverweigerungen oder die Erzählung attraktiver demokratischer Narrative auch auf internationalen Online-Plattformen beinhalten. Und zweitens, man kann es nicht oft genug betonen, sollten sie in eine kohärente Gesamtstrategie mit eigenen europäischen Sicherheitsinteressen eingebettet sein.

SECHS

»Nur bedingt abwehrbereit«

[D]enn in der Welt des 21. Jahrhunderts kann Friede in Europa nur durch gemeinsames Engagement für Frieden, Sicherheit und Stabilität nach außen gewonnen werden. Und weil wir auf einer Sicherheitskonferenz sind, muss das auch bedeuten, dass Demokratien stets auch die Balance von nicht militärischer und militärischer Resilienz halten müssen.

Sigmar Gabriel

Mike Tyson, amerikanische Boxlegende, war von einer Ausstrahlung umgeben, die auf seine Mitmenschen furchteinflößend wirkte. Er wollte seine Gegner nicht nur besiegen. Schon sein erster Boxschlag sollte sie *töten,* und daraus machte er keinen Hehl. Im zarten Alter von 13 Jahren bereits 38 Mal verhaftet, kämpfte Tyson trotz seiner sportlichen Erfolge gegen schwere Drogen- und Alkoholmissbrauch, wurde rechtskräftig wegen Vergewaltigung verurteilt und ging ein weiteres Mal ins Gefängnis, als er seinem Herausforderer Evander Holyfield bei einem Boxkampf, den er zu verlieren drohte, das halbe Ohr abbiss. Einmal von einem Reporter nach seiner Taktik bei leichtfüßigen, schnellen Gegnern gefragt, äußerte er einen Satz, der es zu eigener Berühmtheit gebracht hat: »Jeder hat einen Plan, bis er eins auf die Schnauze bekommt.«

Auch Donald Trump hält wenig von Planung, eine Lektion, die er von seinem Freund Mike Tyson, den er ab 1988 in geschäftlichen und gerichtlichen Belangen gegen Bezahlung beraten hatte, gelernt hat. Planung sei überflüssig, behauptete Donald Trump vor frustrierten Beratern im Weißen Haus und zitierte wie zur Bekräftigung ebenjenen Satz Mike Tysons, der heute sämtliche Online-Zitatsammlungen bereichert. Anstatt sich politische Ziele zu stecken, handelt Donald Trump impulsiv. Selbst die Vorbereitung von Sitzungen hält er für überflüssig.[1] Lagen würden sich ständig ändern, und man müsse jeden Tag aufs Neue in den Ring steigen, lautet Donald Trumps Devise.[2]

»Es ist buchstäblich nicht abzusehen, ob er seine Meinung nicht von einer Minute zur nächsten ändert«, gab ein anonymer Partisan im Oval Office gegenüber der Presse preis.[3] Manchmal würde Donald Trump zwar erklären, er habe einen Plan. Der aber sei geheim. Kein Plan oder ein geheimer Plan: In beiden Fällen kennt die Öffentlichkeit viele konkrete Ziele nicht, die ihr Präsident erreichen will und an denen sie die politischen Fortschritte ihres Präsidenten messen könnte – mit Ausnahme des Baufortschritts einer Grenzmauer zu Mexiko. Jedes Technologie-Start-up plant mehr als Washington.

Anders als Donald Trump verfügt Xi Jinping über ein hochambitioniertes politisches Ziel und richtet konsequent alles und jeden auf die Verwirklichung seines chinesischen Traums aus. Natürlich hat auch Xi mit Unsicherheit zu kämpfen: Handelskriege werfen die chinesische Wirtschaft zurück, die Wachstumszahlen könnten beschönigt sein, eine große Bevölkerung ist nur schwer kontrollierbar, die chinesische Volksbefreiungsarmee modernisiert sich nicht so schnell wie gewünscht. Es ist seine strategische Konsequenz, die Xis Plänen großen Schwung verleiht, auch wenn sich die Umwelt auf globalem Niveau dynamisch und unvorhersehbar ändert. Dann muss eben nachgeregelt werden, ohne das höhere Ziel aus den Augen zu verlieren. Selbst ein künstliches neuronales Netz verfügt über eine Zielfunktion.

China handelt zielgerichtet im Wettkampf um die Weltherrschaft, Russland ebenso, wenn auch in anderen Dimensionen. Donald Trump hingegen verfolgt nur den Rückzug in die Festung Amerika, in einen »konservative[n] Isolationismus, der in der radikalen Version die Abwehr aller schädlichen Einflüsse von außen und die Nichteinmischung in die Konflikte der Welt (…) meint«[4]. Amerika hat sich für die protektionistische Selbstgenügsamkeit im eigenen Land entschieden, verbunden mit Maßnahmen, den chinesischen Traum zurückzudrängen, aber nur aus reinem Eigennutz. Staatliche Beschränkungen ausländischer Direktinvestitionen in amerikanische Technologiefirmen und die Exportkontrolle digitaler Technologien sollen den Technologietransfer von den Vereinigten Staaten nach China unterbinden.

An der Front

Dort, wo die beiden Systemalternativen geografisch kollidieren, entsteht ein geostrategischer Bruch. Entlang einer gedachten Achse, der westlichen Bruchkante, die von der Ukraine im Norden über Syrien, Israel und den Gazastreifen bis in den Jemen im Süden reicht, drückt sich der Kampf beider Denksysteme durch Störfälle aus, die mehr als nur hybride Bedrohungen sind. Hier finden heiße Kriege statt. Europa, das im Westen unmittelbar an den geostrategischen Bruch angrenzt, bekommt nicht nur die Folgen der militärischen Gewalt in seiner direkten Nachbarschaft zu spüren. Wenn sich die Bruchkante weiter nach Westen verschiebt, weil sich die chinesische Lösung auch nach Europa ausdehnt, und darauf deutet vieles hin, können Konflikte selbst die Mitte und das Herz Europas erfassen.

Im Westen Europas steht gerade niemand mehr, der eine helfende Hand ausstreckt. Im Osten bauen sich Drohkulissen von gescheiterten Nuklearabkommen, Hightech-Aufrüstung und Großmachtstreben auf. Und nahe an der gedachten systemischen Bruchkante liegt Europa, eine Union mit dem erstmals seit ihrer Gründung erwachten Bedürfnis nach strategischer Autonomie.

Viel steht für den einst geeinten Westen vom Amerika Donald Trumps nicht zu erwarten. Demokratie und Neoliberalismus will er nicht mehr global exportieren und auch nicht mehr für deren Sicherheit sorgen. Er twittert von NATO-Austritt, dem Ausscheiden aus der Welthandelsunion, hat den UN-Menschenrechtsrat verlassen und den Rückzug amerikanischer Truppen aus Syrien angeordnet, was auch den Truppenabzug aus Afghanistan wahrscheinlicher werden lässt. Und sein Außenminister Mike Pompeo zweifelt öffentlich und ganz undiplomatisch daran, dass die Europäische Union noch länger den Interessen ihrer Bürger diene. Der Brexit sei ein Weckruf gewesen. Internationale Organisationen, die nichts mehr beitragen, um die Zusammenarbeit zu fördern, müssten reformiert oder aufgelöst werden.[5]

Der Rückzug Amerikas markiert das Ende der einst unipolaren Machtverteilung der Welt und schafft Platz für eine multipolare Ordnung. Schnellaufsteiger ist China. Afrika hat viel Potenzial, ist aber den verheerenden Folgen des Klimawandels ausgesetzt und sieht sich noch dazu schwer erträglichen, mörderisch-religiösen Gruppen gegenüber, die Teile des Kontinents so unsicher machen, dass für eine rasche Besserung der Lebensverhältnisse in Afrika kaum Hoffnung besteht. Auf der anderen Seite des Atlantiks folgt Lateinamerika in weiten Teilen der Logik der Rente. In vielen südamerikanischen Staaten herrschen Korruption und Staatskrisen. Venezuela ist Spielball Russlands und Amerikas, Argentiniens Inflation liegt bei fast 50 Prozent, und Brasilien hat sich seinen eigenen Donald Trump, Jair Bolsonaro, ins Präsidentenamt gewählt. Nur in Asien zeigt sich die politische Lage leidlich unaufgeregt. Japan gehört zu den Vertretern der Amerikanisierung, und Indien gilt als die größte, wenn auch defekte, Demokratie weltweit.

Noch gelingt es China, Stabilität und Bevölkerungszufriedenheit über Wirtschaftswachstum und strikte politische Kontrolle herzustellen, und trotzdem gibt es auch im Fernen Osten einen systemischen Graben, die Entsprechung zur geostrategischen westlichen

Bruchkante entlang der russischen Westgrenze bis in den Mittleren Osten: den pazifischen Bruch, der von der koreanischen Halbinsel im Norden über Taiwan bis in das Südchinesische Meer reicht. Landseitig liegt China, im Pazifik Japan, Ozeanien, Australien und die amerikanische Westküste. Wenn sich die USA entlang der geostrategischen Bruchkanten militärisch engagieren, aufrüsten und Flugzeugträger in Fernost stationieren, ist das gerade kein Widerspruch zum wiedererstarkten amerikanischen Isolationismus, sondern Anzeichen dafür, dass sich die Weltordnung für das 21. Jahrhundert an diesen Linien entscheiden wird. Während China dort ganz im Sinne seiner Strategie Völkerrecht bricht oder auch sonst illegal vorgeht – weil es zum Beispiel die Regierung der Philippinen bedroht, sollte diese Offshore-Gas für die Elektrizitätserzeugung fördern –, versuchen die Vereinigten Staaten noch, die alte Ordnung aufrechtzuerhalten.

Auch Europa steckt in der Krise und ist alles außer einig. Großbritannien hat den Austritt aus der EU beschlossen und steht fortan alleine da. Die Länder der Osterweiterung haben kaum integrative Kräfte und greifen mit dem Konzept der illiberalen Demokratie, der Einschränkung von Pressefreiheit und unabhängiger Justiz, die politischen Grundpfeiler der Union selbst an. Skandinavien, das auf der Liste der weltweiten perfekten Demokratien ganz oben steht, ist ein Fall für sich, eher gelassen und meist erfolgreich bei der Gestaltung sozialer Belange. Eine vierte europäische Region bildet Kerneuropa, das noch länger im Sinne der Gründungsidee der Union friedlich, einig oder wenigstens kompromissbereit zusammenleben will, aber von sozialen Spannungen und gesellschaftlicher Spaltung trotzdem nicht verschont ist. In Frankreich demonstrieren Gelbwesten gegen Reformen, in ganz Europa ist der Rechtspopulismus auf dem Vormarsch, und die Digitalisierung droht dort zu schweren sozialen Belastungen zu führen, wo Arbeit automatisiert wird oder die Technik schneller um sich greift, als Menschen den Umgang mit ihr erlernen können.

Inmitten dieser Dynamik im Innern wie im Äußeren braucht Europa eine Vision für die Zukunft.

Eine Reise ohne Ziel

Schon im 19. Jahrhundert pflegte Europa eine Politik des Ausgleichs und fand sie in Bündnissen. Standpunkte und Bündnispartnerschaften sind schnell geklärt, solange die Welt eine unipolare ist. In einer multipolaren Ordnung ist das anders. Opportunismus, Trittbrettfahren und faktische Überlegenheit haben ein Ende. Dauerhaft geglaubte Beziehungen lösen sich auf, und politische Erschütterungen drängen dazu, selbst Weltpolitik zu betreiben.

»Tatsache ist, dass die Europäische Union und ihre Vorgänger, die Europäische Wirtschaftsgemeinschaft, nicht auf Weltpolitikfähigkeit ausgerichtet war[en]. Wir waren lange Zeit nicht weltpolitikfähig. Und die Umstände bringen es mit sich, dass wir uns um Weltpolitikfähigkeit bemühen müssen«, stellte der langjährige Kommissionspräsident Jean-Claude Juncker richtig in einer Rede im Jahr 2018 fest.

Nicht jeder hat seine Botschaft erreicht. Westliche Wirtschaft und Politik wollen auch künftig in der Logik des Profits operieren. Geostrategische Aspekte werden gerne ignoriert, besonders von der Wirtschaft und der Industrie, die zwar wahrnehmen, dass Märkte immer politischer werden, die wachsenden Risiken aber als gegeben hinnehmen. Wie bisher richten sich alle Anstrengungen auf Wettbewerbsfähigkeit und Wirtschaftswachstum selbst in jenen Regionen der Welt, in denen die Logik der Rente herrscht. Auch wenn das Verhältnis zu Russland durch Wirtschaftssanktionen belastet ist, China gilt einhellig als Wachstumstreiber der europäischen Wirtschaft. Dieser Umstand lässt keine politischen Spannungen zu. Nur ganz zurückhaltend wird ausgesprochen, dass die chinesische Lösung auch Probleme mit sich bringt, die über Wirtschaftsfragen weit hinausgehen.

So uneinig Europa im Ganzen ist, so wenig koordiniert sind selbst diejenigen Kräfte, die beharrlich die Logik des Profits fortführen. Allein Deutschland hat zahlreiche Kommissionen errichtet und etliche Einzelstrategien formuliert, die sich mit Digitalisierung und Technologie beschäftigen und deren Ziele sich teilweise überschneiden: als Wert für die Wirtschaft, als Vision für die Industrie, als neue Nachfrage aus neuen Märkten. Wenn es an nichts mangelt, dann an Gremien und Papier und damit an Erkenntnis. Digitalstrategie, Künstliche-Intelligenz-Strategie, Cybersicherheitsstrategie, offensive Cyberfähigkeiten – bedauerlich nur, dass die finanziellen und intellektuellen Strapazen, die es erfordert, um auch bei Zukunftstechnologien führend zu sein, nicht eingebunden sind in langfristige, ambitionierte politische Leitlinien, die sich nach der Vision eines künftigen Europas richten. Außer dem Erhalt der Wettbewerbsfähigkeit hat sich Europa bislang keine höheren Ziele gesetzt – ebenjenes Bemühen um Weltpolitik, wie sie Jean-Claude Juncker wünschte, lässt auf sich warten. Doch Wettbewerbsfähigkeit allein wird einer chinesischen Systemlogik, die einen globalen Verhaltenskodex durchsetzen will und nicht nur Mindeststandards gesellschaftlichen Zusammenlebens, nichts entgegensetzen können. Was fehlt, ist eine klare europäische Position und die Absicht, neue Technologien auch für diese politische Vision dienstbar zu machen. Woran es Europa mangelt, ist die langfristige geostrategische Perspektive. Wer sich dem Perspektivwechsel verweigert, weil dieser nicht in einen verengten Debattenraum, nicht in die Alternativlosigkeit der nächsten Wachstumswelle passt, wird im Wettbewerb der Systeme nicht bestehen können.

Mut zur entschiedenen Demokratiepolitik

Europa braucht eine weltpolitische Vision. Natürlich kann es auf der Suche nach einer solchen sein Arsenal politischer und militärischer, technologischer, rechtlicher und finanzieller Möglichkeiten mustern und sich die Frage stellen: Was können die Europäer damit erreichen? Eine mögliche Antwort, die in der deutschen Debatte häufig zu hören ist, lautet zugespitzt: »Unsere Industrie und die Wissenschaft sind die Treiber neuer Technologien. Sie gestalten eine großartige moderne Zukunft.« Man setzt darauf, dass neue Technologien Veränderungsdruck auf die Gesellschaft ausüben, und erwartet nicht, dass die Gesellschaft sich zuerst verändert und dann neue Technologien fordert, um sich besser zu organisieren. Die Gesellschaft soll von den technologischen Innovationen der Wissenschaftler und Ingenieure umgeformt werden, ein Vorgang, der sich faktisch schon einmal weltweit vollzogen hat, als die Firma Apple den Globus ab 2007 mit Smartphones überzog. Seitdem hat sich vieles geändert. Menschen kommunizieren anders, arbeiten anders, lieben und leben anders als zuvor.

Aber dass Wissenschaftler und Ingenieure über diese gesellschaftliche Diskontinuität entschieden haben, ist auch nur ein Narrativ. Was auf den ersten Blick nach grenzenloser Freiheit von Forschung und Entwicklung klingt, ist beim zweiten Hinsehen doch nur Opportunismus. Wissenschaftler und Ingenieure entscheiden faktisch nichts mehr selbst. Das tun ihre Kapitalgeber an ihrer Stelle, die Investoren, die sich ganz der Logik des Profits verschrieben haben. Die »Wissenschaft als Kofferträger« der Wirtschaft und die Transformation des »Professors als [ehemals] Gelehrter zum Wissensarbeiter«[6] entsprechen der Realität sehr viel mehr als die Vorstellung, dass Wissenschaftler und Ingenieure daran arbeiteten, der Gesellschaft eine großartige Zukunft zu ermöglichen.

Pragmatischer ist, wer das Pferd von hinten aufzäumt und zuerst den europäischen Traum träumt. Die Frage: Welche Vorstellung haben wir von einem künftigen Europa? setzt den strategischen Effekt an erste Stelle und legt dann die Maßnahmen fest, die wahrscheinlich zum Ziel führen. Der Traum vom Wunschziel wird realistischer, wenn man mit Henry Kissinger zweierlei prüft: Was wollen wir unbedingt erreichen? Was müssen wir unbedingt verhindern?[7] Im Sinne unserer Kritik können wir ergänzen: Und was kann Technologie dabei leisten? Ein wirkungsbasierter Denkansatz beginnt nicht mit der *Causa*, sondern immer mit dem gewünschten Endzustand, in den Europa eintreten soll.

Schnell wird klar: Die Liste dessen, was Europa idealerweise ausmachen soll, ist lang. Ganz bestimmt gehören eine pulsierende Wirtschaft und Marktmacht dazu. Eine stabile Währung. Wohlstand und Armutsrückgang. Innere wie äußere Sicherheit und Frieden in Europa. Soziale Durchlässigkeit und gesellschaftliche Einheit. Kein Stadt-Land-Gefälle und Klimaschutz. Freiheit, Demokratie, Rechtsstaatlichkeit und Qualitätsmedien. Eine vertiefte Freundschaft unter den Europäern. Verlässliche Bündnisse trotz Unabhängigkeit und Autonomie. Vielfalt und Offenheit.

Noch immer ist Europa ein Aktivposten mit Potenzial. Wenn es wollte, es hätte das Vermögen, selbst Hegemonialmacht mit *Soft Power* zu werden, nicht für die ganze Welt, sondern als eigenständige dritte Systemalternative zwischen der Amerikanisierung und dem chinesischen Traum. Es wäre dann attraktiv für all diejenigen Nationen, denen weder die eine noch die andere der beiden Alternativen reizvoll dünkt. Nicht nur von Eigeninteresse geprägt, sondern auch mit einem Schuss Altruismus versehen, könnte ein solches Europa auf internationaler Bühne Akzeptanz erringen, indem es multilaterale Politik in enger Abstimmung mit anderen demokratischen Staaten betreibt und dabei nach klar formulierten Grundsätzen agiert.

Auch wenn gerade die Hoffnung schwindet, dass sich das Narrativ einer europäischen Identität von Einheit in Verschiedenheit bei allen Differenzen von Ost und West, von Nord und Süd noch glaubhaft erzählen lässt, gibt es im Herzen Europas noch immer Staaten, die den Umschwung herbeiführen und Europa stark machen, die für Demokratie, für Menschenrechte und Rechtsstaatlichkeit aktiv eintreten könnten, allen voran der Eurohegemon Deutschland. Das Land ist Wirtschaftsmotor und größte Volkswirtschaft Europas, der größte Nettozahler der EU und bis vor Kurzem Exportweltmeister; es hat den ersten Platz auf vielen Podesten bestiegen. Weil der wirtschaftliche Erfolg Europas in großen Teilen von Deutschland geschultert wird, hat das Land, das viel meistert, auch viel Verantwortung. Führung ist stets mehr Verpflichtung als Renommee und Rang.

Künftige europäische Führungsstärke würde nicht mehr wie in der Vergangenheit ausschließlich über Marktmacht hergestellt werden, sondern auch durch kulturelle Attraktivität, insbesondere und im Gegensatz zum asiatischen Systemherausforderer durch die europäische *Conditio humana,* das heißt durch das Menschenbild vom souveränen Individuum als Grundlage jeder freiheitlich-demokratischen Gesellschaftsordnung. Dessen Anziehungskraft wäre natürlich nicht gewaltsam durchzusetzen, aber es gelte, sie wirksam zu sichern und zu verteidigen. Damit könnte aus dem relativen Abgang Amerikas ein relativer Aufstieg nicht nur Chinas oder Russlands, sondern auch Europas werden. Nur müsste Europa dafür deutlich auf den Rückzug Amerikas reagieren und fördern, was für Donald Trump nicht mehr wichtig erscheint: die Demokratie, den Rechtsstaat, die soziale Marktwirtschaft und vor allem Sicherheit innerhalb wie außerhalb seiner Grenzen in seiner direkten Nachbarschaft. Europa bräuchte eine starke Demokratieutopie für die Zukunft.

Voraussetzungen hegemonialer Macht

Das zu erreichen wird nicht leicht. Denn längst sind nicht mehr alle europäischen Regierungen vom demokratischen Ideal überzeugt. Die Zweifel müssen überwunden und demokratische Überzeugungen neu eingeübt werden. Denn die Wahrung und erst recht die Durchsetzung europäischer Werte werden nicht schon dadurch erreicht, dass Europäer in China, Russland und Amerika klagen: Bitte, hört damit auf, die Weltordnung umzubauen! Anklagen, debattieren, weitermachen wie bisher, der Vergangenheit nachträumen: So bleibt Demokratie nicht erhalten, so setzt sie sich nicht durch. Nur wenn sich eine entschiedene Demokratiepolitik alle diplomatischen, informationstechnischen, militärischen und wirtschaftlichen Mittel und Werkzeuge zunutze macht, besteht eine Chance, dass sie Wirkung zeigt.

Eine systemische Bremse für Demokratiepolitik ist allerdings in der Logik des Profits selbst angelegt. Es ist die Versuchung zur Wirtschaftlichkeit: Die Kosten einer solchen Politik sollen möglichst gering gehalten werden. Dann würde Demokratiepolitik nicht nur auf Wirkung, sondern auch auf Effizienz abzielen. Demokratiepolitik wäre dann mit einem Minimum an Aufwand zu betreiben, mit möglichst geringem Ressourcenaufwand und, ginge es um die Förderung von Demokratie in Nachbarstaaten, mit möglichst seltenem Auslandseinsatz von Streitkräften, Ausbildern und Mittelmeer-Patrouillen gegen Menschenhändler.

Aber Effizienz ist kein Maßstab für eine attraktive Weltpolitik. Hegemonie, das wissen wir aus der Geschichte, beruht auf *Soft Power,* jener Magie, die der Kraft der Überzeugung entspringt. Aus der Geschichte wissen wir ferner, dass eine solche Macht auf Grundlagen beruht. Ganz von alleine stellt sie sich nicht ein – und sie kann teuer werden.

Wichtigste Voraussetzung der Anziehungskraft von Demokratiepolitik ist demnach die Bereitstellung internationaler öffentlicher

Güter, der *Commons* – eine blühende Wirtschaft, eine stabile Währung und anhaltender Frieden –, und das unentgeltlich oder wenigstens zu geringen Kosten.[8]

Zu den *Commons* der Europäischen Union gehört **wirtschaftliche Stabilität mit klaren Regulierungsstandards**. Sie müsste sich besonders auch auf die Randzonen Europas erstrecken, sofern sich dort noch nicht China ausgebreitet hat, das aktuell den europäischen Rändern bereitwillig Kredite zur Verfügung stellt.

Und während der US-Dollar langsam seine Eigenschaft als sicherer Hafen einbüßt, in den sich die Anleger im Glauben an die Führungsrolle Washingtons in unruhigen Zeiten flüchten, könnte der **Euro** die Rolle einer sicheren globalen Referenzwährung übernehmen – wenigstens theoretisch.[9] Dafür müsste die Eurozone aber zuerst die Probleme lösen, die mit der Stabilität des Euro verbunden sind, besonders die nun drängende Frage, wie es mit Italien weitergehen soll.

Jemand wird sich um den Migrationsdruck aus dem Süden kümmern müssen und damit zwangsläufig auch um Klima- und Entwicklungsfragen. Unbedingt gehören auch **Frieden und Sicherheit** zu den *Commons,* im Falle europäischer Demokratiepolitik eben die *Pax Europaea.* Die Europäische Union müsste den entschiedenen Willen und die Konsequenz aufbringen, selbst für die Sicherheit von 500 Millionen Europäern zu sorgen. Die Sorge für das öffentliche Gut des Friedens kann nicht nur eine politische sein, sie verlangt nach Verteidigung und militärischer Absicherung.

»Man kann Außenpolitik nicht ohne Militär betreiben«, fasst Wolfgang Ischinger seine langjährigen diplomatischen Erfahrungen zusammen. »Sonst bleibt Außenpolitik nur heiße Luft.«[10] Europa, fügt er hinzu, brauche mehr Autonomie bei Verteidigung und Strategie.

Doch nicht nur in Verteidigungsfragen wird es kostspielig. Die Vereinigten Staaten mit ihrem Anspruch, die neuen *Commons,* die Weltmeere, den Luftraum, den Weltraum und den »Cyberspace«, anzuführen, hatten Billionen US-Dollar investiert und boten stets die Chance für Innovation. **Innovative Leistungen** sind unverzichtbar, will ein Weltsystem sein Ansprüche untermauern. Neue Technologien, die globale Satellitennavigation, das Internet und viele virtuelle Güter, die ihrerseits auf der Vernetzung aufbauten, hatten die Vereinigten Staaten unentgeltlich zur Verfügung gestellt, wenn auch nicht kostenlos. Besonders die Europäer profitierten davon. Doch der Preis, den sie für die Bereitstellung der digitalen Leistungen aus den USA zahlten, war die Überwachung ihres sämtlichen Datenverkehrs, Zugriff der NSA auf Internetknoten genauso eingeschlossen wie die potenzielle Einsicht in strategisch relevante Daten der europäischen Wirtschaft und Industrie, die in amerikanisch geführten Rechenzentren gespeichert sind.

Europäische Demokratiepolitik müsste beginnen, Innovation und neue Technologien auch auf ihre politische Wirkung hin zu beurteilen. Besonders die künstliche Intelligenz gilt weltweit als militärische Schlüsseltechnologie. Allerdings ist es ausgerechnet Deutschland, das sich wünscht, militärisch genutzte künstliche Intelligenz möge sich auf ein bloßes Beiprodukt von Forschung und Wirtschaft reduzieren lassen.[11] Die Supermächte der künstlichen Intelligenz sehen das ganz anders. Ihre Innovationsbestrebungen sind auf Doppelnutzung, den *Dual Use* in militärischen wie zivilen Kontexten, ausgerichtet. Der deutsche Blick hingegen bleibt bislang verengt auf Wettbewerbsfähigkeit und die Logik des Profits.

Technologie für Frieden und Sicherheit in Europa

Wir haben die Eigenschaften moderner zwischenstaatlicher Konflikte reflektiert: Staatlich dirigierte Angriffe unterhalb der Kriegsschwelle, darunter digitale Spionage und Sabotage, nehmen zu. Online-Subversion untergräbt das Vertrauen in demokratische Regierungen, ihre Mittel heißen alternative Fakten, *Social Engineering* oder *Doxing*. Und als Waffenautonomie global debattiert, werden offensive autonome Maschinen, wie sie Russland, China und die USA mit hoher Priorität erforschen und entwickeln, zu einer wachsenden Herausforderung für die Sicherheit in Europa. Die Digitalisierung verändert die Kriegsführung, fügt den Gefahren aus dem 20. Jahrhundert fundamental neue Bedrohungen hinzu und schafft ein neues Gefechtsfeld.[12]

Können die neuen Technologien auch Demokratiepolitik unterstützen und Sicherheit herstellen? Verteidigung, Abschreckung und Eskalation gehören zur Sicherung der *Pax Europaea* genauso wie größere Resilienz sowohl der Bürger als auch digitaler Infrastrukturen. Wer das europäische Modell, seine Partner und Alliierten gegen Zwang von außen oder aggressive Handlungen verteidigen will, muss auf die Herausforderungen des neuen Gefechtsfelds eine Antwort finden. Denn mit Panzern sind die digitalen Krieger nicht zu schlagen. Nur eine kleine Auswahl von Ideen, wie eine solche Antwort aussehen könnte, sei hier skizziert. Sie wünscht und fordert Fantasie und vielfache Ergänzung.

Mehr Sicherheit bei der Umgebungsintelligenz schaffen

Die europäischen Staaten und ihre Unternehmen verbessern die Abwehr von digitalen Angriffen zwar stetig, aber die schiere Anzahl der Nadelstiche ist überwältigend. Und sie werden raffinierter. Immer öfter richten sie sich gegen die Lieferkette, gegen das Finanzsystem oder Rechenzentrumsbetreiber. Schon punktuelle Angriffserfolge genügen, das Misstrauen der Bevölkerung in die Sicherheit der Vernetzung zu schüren, weil etwa die Versorgung mit Gütern des täglichen Gebrauchs nicht mehr zuverlässig funktioniert, wenn das Benzin knapp wird oder Agrarprodukte in den Supermarktregalen fehlen.

Noch ist es so, dass Unternehmen und Versorger in Fragen der Umgebungssicherheit alleinegelassen werden. Faktisch sind die meisten von ihnen längst nicht mehr in der Lage, die Sicherheit ihrer Umgebungsintelligenz zu gewährleisten, sofern sie nicht gerade Konzerngröße erreichen. So sind etwa kleinere Krankenhäuser kaum imstande, selbst für ihre digitale Sicherheit zu sorgen. Denn dafür sind die Kosten zu hoch; sie lassen sich nicht auf die Fallpauschalen pro Patient umlegen. Und so können digitale Angriffe wie auf das Klinikum Fürstenfeldbruck in Bayern am 8. November 2018 dazu führen, dass Rettungsfahrzeuge nicht mehr ausrücken und selbst Patienten, die in Lebensgefahr schweben, nicht mehr aufgenommen werden können. Die Rettung für Schwerkranke lag im Fall des Angriffs auf das Klinikum Fürstenfeldbruck darin, dass umliegende Krankenhäuser nicht mit dem betroffenen Hospital vernetzt waren und den Ausfall überbrücken konnten. Infrastrukturelle Sicherheit liegt also auch in der Dezentralisierung und eben gerade nicht in der Vernetzung aller mit allem zum *Internet of Everything*.

Eine Hegemonie muss das Vertrauen ihrer Bevölkerung, ihrer Partner und Alliierten in die digitale Infrastruktur erhalten. Kann eine Führungsnation die Sicherheit von Umgebungsintelligenz garantieren und behält sie die Kontrolle über die Schadenszufügung, stärkt sie nicht nur ihr Machtmonopol; auch ihre Bürger können sich sicher fühlen. Die Angst vor Angriffen relativiert sich, die Zuversicht wächst.

Wenn Europa beweist, dass es die Sicherheitsherausforderungen des 21. Jahrhunderts lösen kann, wird auch der EU-Pessimismus abnehmen. Anstatt also die Bevölkerung in digitalen Sicherheitsfragen auf sich selbst gestellt zu lassen, könnte sich Europa entscheiden, zur weltweit führenden Plattform für mehr Sicherheit bei der Umgebungsintelligenz zu werden. Konkret bedeutet das: Der Staat wehrt hybride Angriffe nicht nur auf staatliche Einrichtungen ab. Er baut Kooperationen mit Privaten auf, wie es schon seit 1975 in Österreich mit dem Kuratorium Sicheres Österreich (KSÖ) geschieht. Er fördert Investitionen in den Fähigkeitsaufbau sowohl IT-begabter Menschen als auch in sichere Alltagsgegenstände. Denn Kinder mit Programmierbegabung sind nicht notwendig gute Schüler, und smarte Objekte sind nicht zwangsläufig sicher. Die einen müssten entdeckt und gefördert, die anderen verbessert werden.

Gerade Deutschland hätte viel Potenzial, viel mehr Sicherheit in der Umgebungsintelligenz zu leisten. Die Nation hat einen guten Ruf bei der Herstellung von Präzisionsmessgeräten und Sensoren, dem Rückgrat der Umgebungsintelligenz. Es gilt, Standards zu setzen. Moderne Sensoren müssten in der Lage sein, Verschlüsselung mit ihren Kontrollzentren auszutauschen, um das Risiko falscher Informationen durch *Spoofing* zu minimieren. Verschlüsselung wiederum weist weiter in die Zukunft. Während die Forschung fieberhaft nach einem betriebswirtschaftlichen Applikationskonzept für den Quantencomputer sucht, steht schon heute fest: Bei der Entschlüsselung ist er besonders schnell und effektiv. Heutige Schlüssel, die auf Primzahlzerlegung basieren, werden von Quantencomputern sämtlich schnell zu knacken sein. An zukünftigen Verschlüsselungstechnologien zu forschen wäre ein unbedingtes Erfordernis für die Sicherheit von morgen.

Die Verteidigung ausbauen

Was die Verteidigung gegen Angriffe auf die Umgebungsintelligenz durch die deutschen Streitkräfte betrifft, gibt es gute und schlechte Nachrichten.

Speziell die deutschen Streitkräfte sind für die Abwehr digitaler Angreifer gut gerüstet. Es mangelt ihnen weder an Ressourcen noch an Know-how oder Budgets. Das ist die gute Nachricht. Die schlechte: Gegen digitale Angriffe verteidigen sie nur ihre eigenen Netze, nicht aber die wachsende zivile Umgebungsintelligenz. Kampfszenarien umfassen, aber beschränken sich gleichzeitig auch auf die Störung gegnerischer militärischer Kapazitäten, auf die Unterstützung der eigenen Truppen im neuen Gefechtsfeld und die Aufklärung.

Angriffe gegen Wirtschaft und Industrie abzuwehren könnte indes einen kapitalen Kulturschock für die Streitkräfte bedeuten: Sollen sie etwa digitale Offensiven auf das Amazon-Rechenzentrum in Frankfurt – als Rückgrat des Internets zwischenzeitlich systemrelevantere Infrastruktur als die beiden deutschen Großbanken – abwehren und so im Inland militärische Aufgaben wahrnehmen? Die Abwehr digitaler Angriffe bleibt jedenfalls in Deutschland den Zivilbehörden wie den Nachrichtendiensten überlassen. *Hacking Back* fällt in die Kompetenz des Bundesnachrichtendienstes und nicht der Streitkräfte. Doch möglicherweise ist im 21. Jahrhundert die Definition von Landesverteidigung mit der rasanten Entwicklung des neuen Gefechtsfelds so überholt wie viele andere (zivile) Konzepte auch.

Immerhin gibt es Anschläge auf die Umgebungsintelligenz, die den Verteidigungsfall auslösen würden. Sie wären den bewaffneten Angriffen von Artikel 51 der UN-Charta gleichgestellt. Kluge Demokratiepolitik würde mit Alliierten und Partnern in multilateralen Vereinbarungen definieren, welche Angriffe den Verteidigungsfall und eine Beistandspflicht auslösen: die digitale Sabotage von Nuklearreaktoren oder der grundlegenden medizinischen Versorgung, Eingriffe in die Luftsicherheit mit der Folge, dass zivile Luftfahrzeuge zum Absturz gebracht werden, oder die Sabotage des Finanzsystems. Wer die Sabotage demokratischer Einrichtungen wie digitale Wahlsysteme nicht in den Katalog für den Verteidigungsfall aufnehmen will, ist mindestens gehalten, die Angriffe aufklären zu können und konsequent strafrechtlich zu verfolgen. Vorbild dafür ist der US-amerikanische Sonderermittler Robert Mueller.

Auch vorsorglich ausgeführte Maßnahmen einer proaktiven Verteidigungshaltung könnten im Sinne einer umfassenden Demokratiepolitik in Erwägung gezogen werden. Sie haben offensiven Charakter und stören die Angriffe des Gegners, bevor ein Schaden der eigenen Umgebungsintelligenz eintritt. Hackern kann der Zugang zu ihren Servern verwehrt werden, oder Daten werden mit einem Ortungssystem versehen, die im Fall des Datendiebstahls eine Ortung und die Attribution des Angriffs erleichtern. Auch hier stellt sich wieder die Frage nach der Zuständigkeit. Jedem Staat steht frei zu entscheiden, ob er sein Militär, Nationalgarden, paramilitärische Gruppen, polizeiliche Spezialkräfte oder Nachrichtendienste damit betraut. Es kommt nicht darauf an, wie der Staat seine Verteidigungskräfte bezeichnet und organisiert, sondern welche Aufgaben sie wahrnehmen.[13]

Eine entschiedene Demokratiepolitik hat zuvor aber eine Frage zu beantworten, nämlich die, inwieweit Völkerrecht einen Präventivschlag überhaupt zulässt. Ein amerikanischer Regierungsberater der Obama-Administration stellte schon vor Jahren fest: »Auf kein anderes Problem haben Anwälte der Regierung mehr Zeit mit so wenig produktivem Output verwendet als auf die Frage, wie Völkerrecht auf digitale Angriffe anzuwenden ist.«[14]

Von Demokratiepolitik muss man aber erwarten, dass sie stets dem Recht den Vorrang einräumt. Zwangsläufig können dann nicht alle offensiven Maßnahmen erlaubt sein. Das bedeutet: Demokratiepolitik würde zum Leuchtturm und Leitstern einer kohärenten Strategie, welche Maßnahmen gegen digitale Angriffe konkret erlaubt sind und welche nicht. Auch hierbei gilt es, sich mit Partnern multilateral abzustimmen.

Noch eine weitere Konsequenz zieht die vorsorgliche Verteidigung nach sich. Die Hegemonialmacht muss sich für alle Fälle wappnen. Sie muss vorbereitet sein und das Undenkbare denken – dass ein Konflikt eskaliert und sich potenziell bis zur gewaltsamen militärischen Auseinandersetzung steigert.

»Sie haben keine Angst vor uns«:
abschrecken und eskalieren

Kann ein Staat, der Demokratiepolitik betreibt, die Sicherheit der Umgebungsintelligenz gewährleisten, indem er digital hinlänglich stark aufrüstet, um so hybride Angriffe seiner Gegner abzuschrecken? Die Frage kreist letztlich um nichts anderes als um die Fähigkeit, einen vernichtenden Zweitschlag zu führen. Die Angst des Gegners wäre dann das Kalkül für die Entwicklung von offensiven digitalen Fähigkeiten wie Techniken, mit denen man in verschlüsselte Systeme einbrechen oder eigene Schadsoftware zum Zwecke der Verteidigung gegen digitale Attacken in Echtzeit einsetzen kann. Denn Abschreckung kommuniziert immer auch den Willen zur Offensive, ihre Demonstration ist ein Mittel der Politik.

Kommunikation und Demonstration sind überhaupt Stichworte, die im Zusammenhang mit der Abschreckung ihren großen Auftritt haben. Sicher stellt niemand infrage, dass die Vereinigten Staaten (noch) über die besten digitalen Fähigkeiten weltweit verfügen. Davon sind allerdings selbst die USA nur vage überzeugt. Sie wissen, dass sie ihren technologischen Vorsprung vor dem Verfolger China fast eingebüßt haben – ein Zustand, an den sie sich erst gewöhnen müssen.[15] Zwar kann Amerika für die Sicherheit seiner Umgebungsintelligenz noch vieles leisten, was aber der genaue Umfang dieser Leistungsfähigkeit ist, kann keiner mit Bestimmtheit sagen. Man will sich nicht in die Karten schauen lassen. Wie Amerika andere Länder digital ausspioniert, sabotiert oder sonst unterläuft, bleibt Geheimsache, nachrichtendienstliche Angelegenheit hinter verschlossenen Türen. Davon fühlt sich Russland nicht abgeschreckt und greift die USA mit spektakulären hybriden Attacken an, so wie im Präsidentschaftswahlkampf 2016 geschehen.

Abschreckung ist ein Konzept des Kalten Krieges, und es scheint, als ob der gewünschte Effekt nur im Zusammenhang mit Atomwaffen und ihrem ungeheuren, überproportionalen Vernichtungspotenzial auftritt. Abschreckung wäre dann nicht ohne Weiteres auf hybride Angriffe des 21. Jahrhunderts übertragbar – oder nur dann, wenn ein Staat mit dem atomaren Zweitschlag drohte, sollte ein Gegner eine schwere hybride Attacke ausführen. Tatsächlich haben sich die Vereinigten Staaten zum Einsatz taktischer Nuklearwaffen gegen verheerende digitale Angriffe bekannt, wie die dramatische Verschiebung der amerikanischen Außenpolitik unter Donald Trump in der Stellungnahme zum Einsatz nuklearer Waffen vom Februar 2018 nahelegt.[16]

Trotzdem gibt es einen historischen Fall von erfolgreicher digitaler Abschreckung. Ausgerechnet Amerikas Präsident Barack Obama zögerte, eine robuste Antwort auf die russischen Eingriffe in den amerikanischen Wahlkampf 2016 zu geben. Obama hätte russische Server hacken können. Malware implantieren können. Die Stromversorgung rund um die Angreifer-Server unterbrechen können. Obama hätte die Sanktionen gegen Russland ausweiten und die Konten russischer Staatsangehöriger sperren lassen können.

Doch nichts dergleichen geschah. Die Angst, Russland könne an der Eskalationsschraube drehen, war größer als der Wille, sich gegen die russische Wahleinmischung zu wehren. Denn in der Eskalationsspirale stellt sich immer die Frage, wie der Gegner auf eine Verteidigungsmaßnahme reagiert. Wird er im Ausland lebende Regierungsgegner vergiften? Oder Diplomaten ausweisen? Wird er Staatsangehörige des Opferstaats, die auf seinem Staatsgebiet leben, unter dem Vorwurf der Spionagetätigkeit verhaften? Wird er schlafende Malware in der Infrastruktur des Opferstaats auf Knopfdruck aktivieren?

Nicht einmal so weit musste Barack Obama denken. Allein die Befürchtung, eine wie auch immer geartete Verteidigungsmaßnahme könne von der amerikanischen Bevölkerung als Einmischung der Obama-Administration in den Präsidentschaftswahlkampf 2016 interpretiert werden, hielt Barack Obama davon ab, die US-Wähler zu alarmieren. Russland hatte erneut nicht zu befürchten, einen Preis für seinen hybriden Angriff zahlen zu müssen.

Wenn Abschreckung ihre Bedrohungswirkung verfehlt, ist es vernünftiger, ganz darauf zu verzichten und die eigenen Kräfte stattdessen für bessere Abwehrmaßnahmen und mehr Ausfallsicherheit zu bündeln. Dafür müsste selbst die deutsche Bundesregierung etwas aufgeben: den Wunsch nach Offensivmaßnahmen. Wer also wie Deutschland an innovativen Offensivtechnologien forscht und eine Sonderagentur wie die Zentrale Stelle für Informationstechnik im Sicherheitsbereich (ZITiS) errichtet, die an Entschlüsselung und Überwachungstechnologien arbeitet, muss sich darüber im Klaren sein, dass ihre Werkzeuge offensiven, nicht defensiven Charakter haben. Ein Hegemon, der Sicherheit auch offensiv herstellen will, muss dann aber auch mit allen Konsequenzen rechnen und bereit sein, Eskalation und Gegenangriffe hinzunehmen. Rüsten andere Staaten digital in ähnlicher Weise auf, stehen am Ende der Eskalationsspirale womöglich doch die physische Gewalt und der Einsatz von Waffen mit kinetischer Wirkung, wenn die digitale Abschreckung längst ihr Drohpotenzial verspielt hat.

Wer dennoch an der Abschreckung festhalten will, muss offen kommunizieren. Vor den amerikanischen Zwischenwahlen 2018 hatten die Vereinigten Staaten erneut russische Einmischung in ihre Demokratie identifiziert und ließen den Angreifern im Anschluss offene Nachrichten zukommen.[17] Mit dem neuen Konzept »Geheimhaltung als Ermessenssache« reagierten die USA ganz anders als noch im Jahr 2016, als null Kommunikation der Amerikaner auf verbales Bestreiten durch die Russen traf. Durch das Versenden der offenen Nachrichten machten die Vereinigten Staaten diesmal deutlich, dass sie Angriffe bis zum einzelnen Hacker nachvollziehen können.

Dieses eine Mal haben sie ihre Hybris der Geheimhaltung überwunden. Wenn sie jetzt noch konsequent strafrechtlich gegen die Angreifer vorgehen, stehen die Aussichten gut, in Zukunft besser geschützt zu sein. Das jedenfalls ist das Kalkül der Amerikaner.

Wünschenswert wäre ein Strategiebuch, das – anders als das Tallinn-Handbuch – verbindliche Verhaltensstandards für Abwehr, Abschreckung und Eskalation formuliert. Ein solches Strategiebuch sollte multilateral abgestimmt sein. Auch private Technologiegiganten sollten eingebunden sein, nicht nur, um sich ihre Unterstützung zu sichern, sondern auch, um sie enger an das Recht zu binden. »Wenn es so ist«, stellt Botschafter a. D. Wolfgang Ischinger fest, »dass wir eine ganze Reihe von Firmen haben, die über das Zehnfache, Hundertfache, Tausend-, Zehntausendfache an Wirtschaftskraft der meisten Staaten verfügen – und ihre Zahl wächst –, ab wann kommt der Punkt, an dem man sagen muss: Diese Firmen müssten eigentlich auch in einem Gremium vertreten sein? Auch sie müssen wir einbeziehen. Können wir sie den Regeln, die auch Staaten achten müssen, unterwerfen?«[18]

Microsoft hatte eine Digitale Genfer Konvention vorgeschlagen, der CEO der Deutschen Telekom AG, Timotheus Höttges, eine Weltsicherheitsorganisation, die mit der Weltgesundheitsorganisation vergleichbar wäre.[19] Immer eine Option bleiben sowohl die Auslegung, gegebenenfalls die Ausweitung, bereits bestehenden Völkerrechts oder die Selbstverpflichtung von Unternehmen im Rahmen der *Corporate Social Responsibility,* der nachhaltigen Unternehmensführung, für deren Verletzung sich Firmen und ihre Manager notfalls auch vor Gerichten verantworten müssen.

Wie auch immer ein internationales Regelwerk zustande kommt, die Zeit drängt. Solange keine Standards und auch Grenzen vereinbart sind, können digitale Angriffe immer gefährlicher werden. Weil Firmen, besonders jene der Finanzindustrie, grenzüberschreitend immer häufiger zu digitalen Vergeltungsmaßnahmen greifen, sind Abschreckung und Eskalation zur internationalen Herausforderung geworden. Doch nicht nur Staaten, auch Technologiefirmen müssen sich verantwortungsvoll verhalten, Unternehmen umso mehr, als sie nicht zwingend die rechtlichen und diplomatischen Folgen ihres Handelns abschätzen können. Trotzdem handeln Firmen zunehmend offensiv. Sie haben nicht nur ein Motiv, sondern auch die Mittel für den offensiven Zweitschlag. Leider ist deshalb der internationale Markt für Offensivmaßnahmen weiter im Wachstum begriffen – und das ganz ungeregelt.

Bei der Debatte über Verhaltensnormen und die Überwachung von deren Durchsetzung liegen Vorschläge auf dem Tisch, die explizit Versicherungsunternehmen einbeziehen. Sie sollen das Risiko bei digitaler Verteidigung übernehmen und moderierend formulieren, für welche Schäden und Risiken sie konkret aufkommen würden. Das schließt die Schäden bestimmter digitaler Maßnahmen aus.

»[W]enn die Staaten ganz klar in ihren Positionen sagen: ›Das ist für uns ein Angriff‹, und: ›Das ist für uns kein Angriff‹, oder: ›So und so reagieren wir, wenn …‹, dann wäre alles ziemlich klar (…)«, sagt der Schweizer Völkerrechtler Tobias Vestner. Einige Aktionen wären dann gar nicht gestattet, darunter die Industriespionage. Auch die Sabotage etwa von Fertigungs- oder Pharmazieunternehmen wäre verboten. Reine Abwehrmaßnahmen wären zulässig, riskante offensive Werkzeuge hingegen nur *Ultima Ratio* – und der Anwender müsste nachweisen, dass alle Bedingungen für einen gerechtfertigten Zweitschlag vorliegen und sämtliche Vorsichtsmaßnahmen und Sicherheitsvorkehrungen getroffen wurden, um riskante Aktionen tatsächlich verantwortlich durchzuführen. Dass sich Unternehmen an die getroffenen Regeln hielten, dafür würde ein Steuerungsmechanismus sorgen, der immer funktioniert. Es ist die Höhe der Versicherungsprämie, also das Geld. »Aber«, schließt Tobias Vestner ab, »das wollen sie nicht.«[20]

Abwehrmaßnahmen bleiben indes oberstes Gebot, auch wenn Ausfallsicherheit nie vollständig hergestellt werden kann. Einen Trost gibt es aber: Inzwischen kann infrastrukturelle Resilienz für mehr Sicherheit im Falle eines gegnerischen Angriffs sorgen.

Resilienz schaffen mit verteilten Infrastrukturen

Zentralistische Strukturen wie Systemarchitekturen, die einen sogenannten *Hub-and-spoke*-Ansatz implementieren, bei dem viele Endpunkte über einen zentralen Knoten kommunizieren, brechen zusammen, wenn der Zentralknoten ausfällt. Heutige Umgebungsintelligenz, das Internet der Dinge, arbeitet nach einem zentralistischen Prinzip, wenn es Daten aus der Umgebungsintelligenz an zentraler Stelle, am liebsten in den Rechenzentren amerikanischer Technologiegiganten, speichert. Dort werden sie weiterverarbeitet und als Impulse wieder an die lokalen Steuergeräte zurückübertragen. Würde es einem Angreifer gelingen, in einen solchen Zentralknoten einzudringen oder einen Enthauptungsschlag gegen ein systemrelevantes Rechenzentrum zu führen, wäre das Gesamtsystem gefährdet, denn zentralistisch gesteuerte digitale Infrastrukturen können großflächig ausgeschaltet werden.

Im Vergleich dazu sind dezentrale Infrastrukturen robuster. Für sie gilt das Prinzip der Fehlertoleranz. Bei einem Angriff auf die kritische Infrastruktur würde man zwar in Kauf nehmen, dass ein Teil des Systems ausfiele, aber das Ganze als solches könnte wenigstens teilweise weiterbetrieben werden.

In einem solchen *System of Systems* werden Daten nicht an einen zentralen Knoten kommuniziert, sondern stattdessen lokal verarbeitet. Dabei verfügt jedes Subsystem über seine eigene lokale Intelligenz. Obwohl dieses *Edge Computing* seine ganz eigenen Herausforderungen meistern muss – gibt es vor Ort genügend Prozessorleistung? Ist die Stromversorgung gewährleistet? –, kann es Privatsphäre besser schützen und Bandbreite sparen, weil Rohdaten nicht pausenlos an die Cloud gesendet werden. Gelegentliche Dienstanfragen an ein zentrales Rechenzentrum, etwa das Auktionieren von Diensten, dienen dann nur noch der Qualitätsverbesserung lokalen Handelns.

Tatsächlich ist nur autonom, was eigenständig funktionstüchtig ist, ohne von einer Rechnerwolke abhängig zu sein. Bei wahrer Autonomie ist die Kommunikation nur eine optionale Aktion, aber bestimmt kein Muss. Darauf wies selbst Wenshuan Dang, Chief Strategy Architect von Huawei Technologies, auf einer Herbstkonferenz in Berlin 2018 ganz zutreffend hin. Wer autonomes Fahren so implementiert, dass selbstfahrende Autos nur mithilfe von 5G-Technologie und einer zentralen Rechnerwolke funktionieren, habe das Konzept von Autonomie nicht verstanden.[21]

Der geneigte Laie denkt sich nun, es ist sinnvoll, Systeme für mehr Robustheit zu dezentralisieren und zu verteilen. Doch *Systems of Systems* sind die Ausnahme, nicht die Regel. Wenn Infrastrukturen auf Zentralismus setzen, hat das mindestens zwei Gründe.

Erstens, Verteiltheit geht auf Kosten von Effizienz. Wieder einmal setzt sich die betriebswirtschaftliche Sicht durch, denn verteilte Systeme sind unbequemer zu handhaben und oft schwieriger zu warten. Streuung kostet im laufenden Betrieb oft mehr Geld, und a priori ist eben nicht klar, welche Einkünfte den Kosten für mehr Robustheit und Sicherheit entgegenstehen.

Zweitens, Konzentration ist Teil des neoliberalen Anspruchs, denen amerikanische Technologiegiganten schon aufgrund ihrer Sozialisierung in einem neoliberalen System anhängen. Amazon, Google, Facebook – alle haben sie riesige Rechenzentren aufgebaut, die sie als Zentralstelle für wissenschaftliches Rechnen, kurz: für die exzessiv beworbenen maschinellen Lernverfahren und künstlichen neuronalen Netze, ausgelastet sehen wollen. Wieder einmal mehr geht es um die Machtstellung des Monopols oder wenigstens des Oligopols. Oligopolisten, die Technologien zentralisieren wollen, können gar kein Interesse an verteilten Strukturen haben. Es widerspricht ihrer Ideologie. Denn vom Neoliberalismus und der angestrebten Wettbewerbsfähigkeit profitiert nur, wer selbst an der Spitze des Wettbewerbs steht, um die »Wirtschaftsgefüge anderer (...) zu kontrollieren, ohne für die Folgen aufkommen zu müssen«[22].

Die Gesellschaft gegen Angriffe impfen

2017 war ein Superwahljahr für Europa. Deutschland, Frankreich, Großbritannien, die Niederlande und Österreich haben zum Urnengang aufgerufen. Und alle waren alarmiert: Wird sich in Europa wiederholen, was im Jahr zuvor in den Vereinigten Staaten geschehen ist? Wird sich Russland in den demokratischen Wahlprozess der Europäer einmischen? Fieberhaft und ein bisschen spontan, weil unter großem Zeitdruck, arbeiteten die Europäer an der Integrität ihrer nationalen demokratischen Wahlen.

Heute kennen wir den Ausgang. Das Fazit: Glimpflich davongekommen. Dabei ist es jedem Land etwas anders ergangen. Von Angriffen praktisch verschont blieb Deutschland. Das ist nicht harmlos, weil Wähler künftig die Gefahr auf die leichte Schulter nehmen könnten, die von Staaten ausgeht, Präferenzen der Wähler für einen Kandidaten oder eine Partei, den eigentlichen Wahlvorgang oder sogar die Wahlbeteiligung von außen zu erschüttern. Über die Zurückhaltung Russlands wird bis heute spekuliert. Vielleicht haben die Warnungen abgeschreckt, die Deutschland gegenüber Moskau formuliert hatte: Wer hackt, muss mit der roten Karte rechnen. Vielleicht war auch das erratische Verhalten Donald Trumps für den Kreml ein Grund, seine Beziehungen zu Europa neu zu bewerten. Schließlich kann man Partner, die gemeinsam mit Moskau nach Kompromissen in Krisenregionen suchen, gut brauchen.

Emmanuel Macron hatte weniger Glück, vielleicht auch deshalb, weil ihm die populistische Widersacherin und Kreml-Verbündete Marine Le Pen direkt auf den Fersen war. Allerdings war seine Wahlkampagne gut vorbereitet und erstaunlich kreativ: La République en Marche war für den Informationskrieg mit russischen Hackern gut gerüstet. IT-Spezialisten aus Emmanuel Macrons Bewegung fluteten Phishing-Webseiten mit Passwörtern, von denen einige korrekt, aber viele falsch waren. Damit hatten die Angreifer nicht gerechnet und waren gut damit beschäftigt, die einen von den anderen zu trennen. Außerdem hatte La République en Marche Scheinziele für digitale Angriffe eingerichtet, im IT-Jargon als »Honigtopf«, *Honeypot*, bezeichnet. De facto schlug Macrons Bewegung mit falschen Identitäten zurück. Hacker leitete man auf E-Mail-Konten erfundener Franzosen weiter, deren Postfächer mit Falschnachrichten gespickt waren. Wurden die vermeintlichen Lecks und die damit verbundene angebliche Desinformation in den sozialen Medien öffentlich gemacht, konnte Macrons Team in Windeseile aufklären: Das sind Lügen, und wir haben sie selbst produziert, um Angreifer zu täuschen. Hier ist der Nachweis.

Nach Macrons Kampagne kann eigentlich niemand mehr behaupten, die Europäer seien digital auf den Kopf gefallen. Denn anders als Barack Obama reagierten die Franzosen sofort: Mit einer guten, transparenten Öffentlichkeitsarbeit war die Bevölkerung Frankreichs vorgewarnt.

Übrigens erfolgt in beiden Ländern, Frankreich und Deutschland, sowohl die Abgabe der Wählerstimme als auch die Auszählung analog. Weder kann man per Computer wählen (mit Ausnahme der Auslandsfranzosen), noch werden die Stimmen maschinell ausgezählt. Für die manuelle Auszählung hatten sich auch die Niederlande entschieden. Nur bei der Übertragung der Wahlergebnisse werden Computer eingesetzt, und hier kann es zu Gefährdungen kommen. Eine Nation, die ihre Wahlinfrastruktur zur kritischen Infrastruktur erklärt, wird hier besondere Sicherheitsmaßnahmen ergreifen.

Schon während des Wahlkampfs 2016 kam der Obama-Administration der Gedanke, die Wähler gegen Desinformation zu »impfen«. Die Ergebnisse neuester Forschung sprechen dafür, dass die Geimpften dazu befähigt werden, Desinformation zu erkennen und gelassen darauf zu reagieren. Die Impfung selbst kann auf unterschiedlichen Wegen erfolgen, immer jedoch handelt es sich um eine bildungspolitische Maßnahme. Schon Schüler kann man über subversive, manipulative Aktivitäten im Informationsraum aufklären. Für Erwachsene hat eine europäische Forschungsgruppe ein Spiel entwickelt: *Bad*

News.[23] Es gilt, sich gegen diejenigen Teilnehmer des Informations-raums abzuhärten, die provozieren, übertreiben und beleidigen: die Trolle. Dazu schlüpft der Spieler selbst in die Rolle des Trolls, betrügt, lügt und kränkt andere. Ziel des Spiels ist zu lernen, Trollmeldungen schneller zu erkennen.

Weil damit nicht jeder Wähler erreicht wird, bleibt oberstes Ge-bot, dass Regierungen, Parteien und auch die Medien, die On-line-Plattformen eingeschlossen, zusammenarbeiten, um subversive Attacken gegen die Demokratie zu erschweren. »Technokognition« lautet das neue Zauberwort, bei dem Algorithmen ins Spiel kom-men. Sie sollen Falschnachrichten auf digitalen Plattformen als sol-che erkennen und kennzeichnen sowie falsche Identitäten löschen. Inzwischen wird davon auch Gebrauch gemacht.

Neben technischen Mechanismen spielen menschliche Kuratoren eine zentrale Rolle. Selbst Donald Trumps Droh-Tweets gegen seine Feinde verstießen gegen die Nutzungsbedingungen der Plattform und seien strafrechtlich relevant, beschweren sich Kritiker. Sie soll-ten gelöscht werden. Und so warnte Twitterchef Jack Dorsey: Nicht einmal ein amerikanischer Präsident sei gefeit gegen den Ausschluss von Twitter.[24]

Bleibt noch die größte Herausforderung der Wahrheit zu erwäh-nen, die *Deep Fakes.* »Tiefenfälschungen« von Videos und Audios zeigen echte Menschen, wie sie Dinge tun oder sagen, die sie aber nie gesagt oder getan haben. Tiefenfälschungen sind besonders heimtü-ckisch, weil wir dazu neigen zu glauben, was wir mit eigenen Augen sehen. Deshalb sind sie ein Problem für die nationale Sicherheit; sie können leicht eine politische Auseinandersetzung, Gewalt oder di-plomatische Verwicklungen auslösen, Menschen verunglimpfen und als falsche Beweise dienen. Die Crux: Je mehr uns bewusst wird, dass Videos oder Audios gefälscht sein können, desto weniger be-rühren uns die Botschaften authentischer Bilder.

Tiefenfälschungen werden mit *Generative Adversarial Networks* (GANs), also künstlicher Intelligenz im strengen Sinn, erzeugt. Zwei künstliche neuronale Netze treten im Training gegeneinander an. Sagen wir, ein Neuronalnetz, der Generator, erzeugt das Bild eines Politikers. Ein zweites Neuronalnetz, der Diskriminator, bewertet, wie weit dieses Bild von der Wirklichkeit abweicht. Die Aufgabe des Generators ist es, Bilder zu erzeugen, die der Diskriminator nicht mehr von der Wirklichkeit unterscheiden kann. Was nach einiger Trainingszeit herauskommt, ist eine synthetische »Wirklichkeit«, die aber mit der eigentlichen Wirklichkeit nicht das Geringste zu tun hat. Das aber weiß der Zuschauer oder Zuhörer nicht, der so wenig wie der Diskriminator zwischen Wahrheit und Lüge unterscheiden kann.

Die Europäische Union ist am fortschrittlichsten, wenn es um die Abwehr von Tiefenfälschungen geht, und finanziert wie in einem Technologiewettrüsten informationstechnische Forensik zur Erkennung von *Deep Fakes,* deren Algorithmik immer besser wird.[25] In den USA stellt man Überlegungen an, Videos und Audios mit Wasserzeichen zu versehen, die beim Hochladen auf digitale Plattformen gefiltert werden, um Authentizität zu gewährleisten. Ganz untypisch für die USA erwägt man sogar, regulatorisch einzugreifen und den Einsatz von Tiefenfälschungsalgorithmen zu limitieren – ein seltener Vorgang in den Vereinigten Staaten, die stets für libertäre, deregulierte Märkte plädieren.[26] Für die nationale Sicherheit in digitalen Zeiten muss man offenbar weiter gehen, als man es bisher gewohnt war.

Ist Desinformation erst einmal in eine demokratische Gesellschaft eingesickert, bleibt noch die technische Möglichkeit, den Grad der Unruhe zu messen. Wenn soziale Bindungen nachlassen und die Ordnung gestört ist, steigt die Wahrscheinlichkeit des sozialen Chaos. Informationstheoretiker sprechen von »sozialer Entropie«. Steigt die soziale Entropie, rückt die Gesellschaft der Gefahr näher, einen neuen Zustand anzunehmen. Eine Demokratie etwa könnte in eine Autokratie kippen. Ist die soziale Entropie hingegen gering, gilt die Gesellschaft als stabil.

Um den Grad sozialer Entropie zu messen, könnte man Massendaten, *Big Data,* erheben und einen Indikator berechnen. Hier ist viel Platz für konzeptionelles Denken: Ist Sentiment ein solcher Indikator? Der Grad der Durchdringung einer Gesellschaft mit Hass? Das Vertrauen der Menschen in ihren Staat, und soll man dafür die Anfälligkeit ihrer Regierung für Korruption messen? Je größer jedenfalls das Vertrauen der Bevölkerung, desto unempfindlicher steht sie digitaler Subversion gegenüber.

Der Grund für Attraktivität: Innovation

Wer attraktiv sein will, muss Innovation schaffen. Nicht nur technologische Neuerungen gehören dazu; sie könnten auch bürokratischer, rechtlicher oder wirtschaftlicher Natur sein.[27]

Für digitale Innovationen sind die Ausgangsbedingungen für Europa ungünstig. Zu lange hat sich der Kontinent auf amerikanische Angebote gestützt und den Aufstieg von Oligopolen befördert, auch weil seine Bürger gedankenlos zum Datenreichtum von Amerikas *Big Tech* beigetragen haben. Dessen Datenschatz ist außerordentlich; zu groß ist der zeitliche Vorsprung der Amerikaner bei der Sammelei persönlicher Daten. Gut 20 Jahre beträgt er inzwischen.

Auch bei der künstlichen Intelligenz dominieren derzeit die USA, aber China, Südkorea, Russland, Singapur und Israel stehen ganz oben auf der Liste der vielversprechendsten Mitbewerber.[28] Ein europäisches Land ist nicht darunter. Trotzdem will sich Deutschland auf ein Wettrennen um die künstliche Intelligenz einlassen und »zum weltweit führenden Standort für KI werden«[29].

Beratungsunternehmen haben festgestellt, dass künstliche Intelligenz besonders wirtschaftlich ist, wenn sie im Endkundengeschäft eingesetzt wird für ebenjene fragwürdige privatwirtschaftliche Kategorisierung von Menschen als finanzkräftige, finanzschwache, gesunde, kranke, lohnende, interessierte Kunden und deren Stimulation, Geld auszugeben. Es sind die Marketing- und Verkaufseinsätze von künstlicher Intelligenz, die die derzeit höchsten Umsätze und Profite erzielen, und nicht etwa Anwendungen in der Industrie. Die Erklärung ist einfach. Anders als unsere Alltagsgegenstände, Industrieanlagen oder Infrastrukturen verfügen Menschen über Geld. Wer Menschen überwacht und sie zum Konsum verführen kann, macht ein gutes Geschäft. Bei der Überwachung von Objekten ist das anders. Sachen geben kein Geld aus, was zu einer Herausforderung macht, den betriebswirtschaftlichen Nutzen von künstlicher Intelligenz zu definieren, wenn sie im Kontext von Industrie 4.0 eingesetzt werden soll. Natürlich ist es vorteilhaft, wenn man eine Industrieanlage algorithmisch überwachen und steuern kann. Aber welchen wirtschaftlichen Nutzen hat der Erkenntnisgewinn, wenn er denn überhaupt neu ist und künstliche Intelligenz nicht nur entdeckt, was der Betreiber ohnehin schon weiß?

Nun ist es fair zuzugeben, dass noch nicht ausgemacht ist, wer die künftige Führerschaft bei Künstliche-Intelligenz-Anwendungen übernehmen wird. In Nischen kann man sich schließlich immer profilieren. Eine nicht klassische Segmentierung der Marktteilnehmer hilft hier weiter.

Aktuell prägen vier Felder das Ökosystem der künstlichen Intelligenz. Wenn Deutschland bei der künstlichen Intelligenz weltweit führen will, auf welchem Feld soll das geschehen? Denn Führerschaft ist immer auch Folge der Entscheidung, wie Technologie eingesetzt werden soll.

Da gibt es, erstens, das Segment der **Algorithmiker**. Das sind diejenigen Wissenschaftler aus Mathematik, Physik und Informatik, die in der Lage sind, selbst neue Verfahren oder Theorien der künstlichen Intelligenz zu entwickeln. Heute vollzieht sich diese Entwicklung fast ausschließlich in Forschungsinstituten; noch vor 20 Jahren unterhielten auch Unternehmen interne Entwicklungsteams. Aus Kostengründen wurde die unternehmenseigene Forschung inzwischen großflächig abgebaut und auf die Universitäten verlagert. Dort stellt man fest: Deutschsprachige Forscher nehmen durchaus eine Spitzenposition bei der Künstliche-Intelligenz-Forschung ein.

Doch es gibt einen sehr bitteren Wermutstropfen. Wer die neuesten Publikationen europäischer Forscher liest, kann leicht feststellen, wer Drittmittel für die Forschung bereitgestellt hat. Die Liste der Forschungsförderer am Ende der Beiträge ist lang, und die Namen der Geldgeber sind Legende. Unter ihnen befinden sich die immer selben Verdächtigen: Google, Amazon, Facebook. Ihnen gehören die von ihnen finanzierten europäischen Forschungsergebnisse. Europa fördert so die Künstliche-Intelligenz-Führerschaft seiner Mitbewerber und weniger sein eigenes digitales Ökosystem.

Von den Algorithmikern profitieren, zweitens, die **Cheerleader** der künstlichen Intelligenz. Dabei handelt es sich um Beratungsunternehmen; oft sind sie selbst amerikanischer Herkunft. Sie kämpfen um die Deutungshoheit bei der künstlichen Intelligenz, heizen die digitale Transformation an und üben Druck auf Unternehmen aus mit der Warnung, wer heute nicht künstliche Intelligenz einrüste, sei in der Zukunft nicht wettbewerbsfähig. Dahinter stecken Berechnung und die Absicht, den eigenen Umsatz und Gewinn zu steigern, indem man Manntage für Beratung abrechnet und frei verfügbare amerikanische künstliche Intelligenz für Standardaufgaben beim Kunden in Einsatz bringt. Den Anspruch, im Detail zu verstehen, wie die künstliche Intelligenz eines Drittanbieters funktioniert, wie Information durch ein künstliches neuronales Netz propagiert wird und warum es zu den beobachteten Ergebnissen kommt, erheben die Cheerleader nicht. Sie sind es auch, die das Narrativ verbreiten, man müsse nur genügend Daten sammeln und ein künstliches Neuronalnetz damit füttern, um neue Einsichten zu gewinnen, weil die künstliche Intelligenz »Modelle entwickelt«. Eine Irreführung, denn künstliche Intelligenz stellt keine Kausalketten her und entwickelt auch keine Modelle, insbesondere keine Vorhersagemodelle. Sie entdeckt nur Korrelationen. Darunter sind manche »Geister-Korrelationen« ohne jeden Bezug zur Wirklichkeit, die sie zu repräsentieren beanspruchen.

Die schwarze Kunst der künstlichen Intelligenz beherrschen, drittens, die **Modellierer**.[30] Sie stehen den soeben erwähnten Empirikern entgegen. Kaum jemand stellt einen Zusammenhang von künstlicher Intelligenz und konzeptionellen Denkern her, aber gerade sie könnten die Vorreiter kognitiver Systeme werden – jener Anwendung künstlicher Intelligenz, die vom Mitbewerb nur ganz schwer zu kopieren ist, weil sie eine Mischung aus mathematisch-handwerklichem Können und praktischer Erfahrung bietet. Modellierer sind diejenigen, die Korrelationen, wie sie künstliche Neuronalnetze herstellen, für unwissenschaftlich halten und lieber wissen wollen, was in einem kognitiven System vor sich geht. Ihre Arbeit ist von hoher wirtschaftlicher und militärischer Relevanz. Modellierer können Repräsentationen industrieller Vorgänge anfertigen, die exzellente Ergebnisse zeigen. Sie streben danach, künstliche Intelligenz richtig einzusetzen und den ganzen Werkzeugkasten der Universaltechnologie auszuschöpfen. Sie bauen globale Steuerungssysteme, deren Subsysteme lokal agieren, um zu kooperieren, wenn es nötig ist. Sie fügen statistische Schätztheorie, kombinatorische Optimierung oder Kontrolltheorie mit maschinellen Lernverfahren dort zusammen, wo es sinnvoll ist. Ihre Arbeit käme der deutschen Industriekultur besonders entgegen, ja, sie liegt geradezu in den deutschen Genen. Und sie ist auch besonders datenschonend. Erst wird modelliert, danach das Modell mit Daten beaufschlagt, und zwar nur mit den Daten, die auch wirklich benötigt werden. Im Umkehrschluss heißt das aber auch: Die Daten, die bei der öffentlichen Hand oder auch bei Forschungsinstituten lagern, und sowieso die Konsumentendaten, die amerikanische Technologiegiganten in zwei Jahrzehnten gesammelt haben, sind für Modelle der Industrie häufig unbrauchbar. Industriedaten liegen auch wegen Sicherheitsbedenken und wettbewerblicher Probleme nicht in demselben Ausmaß vor wie persönliche Daten.

Übrigens müssen sich auch die Modellierer Herausforderungen stellen. Sie brauchen ein tiefes Verständnis des operativen Problems, das sie unter Einsatz künstlicher Intelligenz lösen sollen. Die Optimierung des städtischen Lieferlogistikverkehrs braucht einen exzellenten Logistiker-Mathematiker oder eine Krebsdiagnose-künstliche-Intelligenz einen versierten Mediziner-Informatiker. Und die Diplomatie der Zukunft einen Technologie-Diplomaten.

»Künstliche Intelligenz ist die Zukunft, nicht nur für Russland, sondern für die gesamte Menschheit. Wer diese Entwicklung anführt, wird zum Herrscher der Welt«, hat Wladimir Putin gesagt. Und weil künstliche Intelligenz wissenschaftliches Rechnen ist, das auf enorme Prozessorleistung zugreifen muss, werden die wahren Herrscher der Welt diejenigen sein, die Rechnerinfrastruktur betreiben. Damit sind wir beim vierten Segment. Jene, die über Hardware in **Rechenzentren,** die Rechnerwolke, verfügen, üben technologische Macht aus.

2018 hat der japanische Computerhersteller Fujitsu angekündigt, das einzige Werk, das auf europäischem Boden noch Hardware herstellt, in Augsburg zu schließen. Dann wird in Europa keine Rechenmaschine mehr gebaut. Aber auch die Modelle der Modellierer sind rechenintensiv. Sie müssen trainiert werden und brauchen Rechnerressourcen, beispielsweise die Alibaba-Cloud, die der Cloud von Amazon so ähnlich sieht. Künstliche Intelligenz kontrolliert letztlich derjenige, der Zugriff auf Hardware erlaubt oder verweigert. Damit schließt sich der Kreis, dass sich letzten Endes diejenige Systemalternative durchsetzt, die wirtschaftlich relevante Ressourcen kontrolliert. Die Logik der Rente, selbst in der digitalen Ära erweist sie sich als vorteilhaft.

Wenn der Anspruch
auf die Realität trifft

Das Europa, das wir kennen, ist zu langsam,
zu schwach, zu ineffektiv.

Emmanuel Macron

Das letzte Kapitel war durchzogen vom Konjunktiv. Europa *sollte* Demokratiepolitik wagen, *müsste* seinen digitalen Technologiestrategien nicht nur wirtschaftliche, sondern auch geopolitische Bedeutung beimessen, die gleichermaßen auf Prosperität als auch auf Sicherheit abzielt, *sollte* Maßnahmen treffen, 500 Millionen digital lebende Europäer zu verteidigen, und *könnte* innovativer Vorreiter bei kognitiven Systemen werden, die mehr sind als nur lernende Maschinen.

Das ist ein großer Traum von einem Europa, dessen Nationen so ganz unterschiedliche Interessen haben, sei es in Verteidigungsfragen oder bei ihrer inneren Sicherheit. Es ist die Vision eines Europas, das ein kohärentes Narrativ selbst erzählt, bevor es andere tun. Es sind große Wünsche an den Eurohegemon Deutschland, der zwar weiter wirtschaftlich führen, aber in heikleren Angelegenheiten viel weniger Verantwortung übernehmen will. Es formuliert die Notwendigkeit einer Technologiestrategie, die dann aber in einen taktischen wie operativen Kontext übersetzt werden will – gegen die Trägheit der Gewohnheit und die Gleichgültigkeit alter Strukturen und institutionalisierter Prozesse in der Gesellschaft.

Erinnern Sie sich noch an den bereits erwähnten Mathematiker, dem eine vermutlich britische Tarnfirma des Pentagon ein Jahresgehalt von 700 000 US-Dollar für sein mathematisches Können angeboten hatte? Für einen deutschen Technologen ist eine Offerte aus dem angelsächsischen Raum immer verführerisch, weil sich der Wirtschaftsmotor Europas, Deutschland, zu zögerlich bei der Einrüstung von Innovation verhält. Neue Technologien kommen oft über die Vorhölle der Pilotphase nicht hinaus. Doch als Bayer pflegt unser Mathematiker einen ausgeprägten Lokalpatriotismus und träumt vom Rentenalter am Biertisch und beim Kartenspiel. Weil er trotz ausländischer Verführungskünste nicht von Bayern lassen will, meldete er kürzlich bei seiner zuständigen Gemeinde folgendes Gewerbe an: »IT-Beratung, Entwicklung mathematischer Modelle für Prognose und Optimierung, künstliche Intelligenz und Quantencomputing«.

Was braucht ein Mathematiker für diese Art von Gewerbe? Nur einen internetfähigen Laptop. Die Grundlagen seiner Arbeit liegen im Denken, die Rohstoffe dafür – Massendaten – sind in der Cloud gespeichert, und auch die rechenintensiven Arbeiten vollziehen sich im Rechenzentrum. Doch statt der Gewerbeerlaubnis und der dringend benötigten Steuernummer erhielt der Mathematiker folgende Ermahnung seiner Gemeinde: »In Ihrem Fall wurde festgestellt, dass keine baurechtliche Genehmigung für Ihren Gewerbebetrieb vorliegt.« Künstliche Intelligenz made in Germany – ausgebremst von der Bayerischen Bauordnung, noch bevor der erste Gedanke eines Konzepts für eine kognitive Maschine gefasst ist. Tatsächlich schließt das Schreiben der Verwaltung mit dem Satz: »Wir haben unser heutiges Schreiben an die Bauaufsichtsbehörde weitergeleitet.«

Deutschland hat den Schuss noch immer nicht gehört. Während die Vereinigten Staaten von den seismischen Erschütterungen weltweit aufgeschreckt sind und feststellen: »Wenn wir auf künstliche Intelligenz verzichten, werden unsere Altsysteme für die Verteidigung nutzlos, der Zugang zu neuen Märkten, die der Rückhalt für unseren Wohlstand und unseren Lebensstandard sind, erschwert

und der Zusammenhalt mit Verbündeten und Partnern, die das alles
auf ihrer persönlichen Freiheit aufgebaut haben, untergraben«,[1]
scheint besonders Deutschland zu sehr davon überzeugt zu sein,
dass alles so weitergeht wie bisher.

»Die Amerikaner ziehen sich nicht aus dem Weltgeschehen zurück«, widerspricht deshalb auch eine Soldatin der Bundeswehr der
These, dass sich die Amerikaner aus ihrer bisherigen Verantwortung
lösen. »Im Gegenteil, sie rüsten auf. Im Südchinesischen Meer sind
drei amerikanische Flugzeugträger eingesetzt.« Letzteres stimmt,
denn ein chinesischer Admiral drohte, zwei davon zu versenken,[2]
und es ist auch richtig, dass die Briten ihren eigenen Flugzeugträger
in jene Zone des pazifischen geostrategischen Bruchs entsandt haben,[3] in eine Konfliktzone, in der sich entscheiden wird, welche Ordnungsmacht im 21. Jahrhundert auch für Europa bestimmend sein
wird. Dass Amerika dort militärische Stärke demonstriert, wo sich
Entscheidendes zuträgt, widerspricht nicht dem Rückzug der USA,
die für die immer teurer werdenden *Commons* finanziell nicht mehr
alleine aufkommen wollen.

Die deutsche Soldatin, die lokale deutsche Verwaltung und zahlreiche Bürger, wenn man sie danach fragt, können die Wucht, mit
der sich der Umbau der Weltordnung vollzieht, noch nicht vollständig einordnen. Bei diesem Umbruch spielen digitale Technologien
eine entscheidende Rolle, sei es zur Wahrung politischer Kontrolle
oder als Mittel militärischer Gewalt. Dazu gehören auch die pausen-
losen digitalen Angriffe auf europäische Rechner, die Bankkonten
und Köpfe der Nutzer. IT-nahe Unternehmen wie die Telekommuni-
kationsanbieter arbeiten hart, damit die Folgen dieser Angriffe kal-
kulierbar bleiben. Für die Mehrzahl der Bevölkerung bleiben sie so
nicht nur unsichtbar, sondern meist noch ohne persönliche Folgen.

Und trotzdem sind sie ernst zu nehmen. Cyberwar? Blackout?
Online herbeigeführter Unfall vernetzter amerikanischer Nuklearwaffen? Digitale Zerstörung nach dem politischen Willen eines Angreifers ist vorstellbar, auch wenn persistente Nadelstiche schon ge-

nügen, um das Vertrauen einer digitalen Gesellschaft in die Vernetzung und folglich in die Macht des demokratischen Staates, für deren Sicherheit zu sorgen, schleichend zu untergraben. Noch sprechen wir nicht vom Krieg, und ein erklärter Krieg findet auch nicht statt. Auch Menschenleben sind nicht zu beklagen. Aber die Technologien des digitalen 21. Jahrhunderts erlauben ein neues Kräftemessen der Nationen. Das Gefühl brüchigen Friedens und wachsender Bedrohung breitet sich aus. Selbstverständlichkeiten sind nicht mehr selbstverständlich. Es läuft nicht mehr rund. Irgendetwas geht schief. Die Beziehungen zwischen dem einzelnen Menschen und der Welt sind labil geworden. Sprichwörtlich wächst die Unsicherheit und mit ihr die Skepsis gegenüber Regierungen und dem staatlichen Machtmonopol. Doch gerade die Angst vor der Bedrohung ist jener Humus, auf dem der Populismus gedeiht. Er spitzt zu, polarisiert und radikalisiert. Wenn sich etablierte Parteien populistische Inhalte zu eigen machen, um damit Wählerstimmen zu fangen, ist die Demokratie bereits beschädigt, ohne dass ein einziger Schuss gefallen ist.

Die Digitalisierung war einmal vielversprechend, und noch immer singen die Wirtschaft und ihre Berater das Hohelied auf die künstliche Intelligenz, die digitale Ökonomie und die Geschäftsmodelle der nächsten Generation, als sei alles beim Alten. Aber die Hoheit über den digitalen Fortschritt können wir nicht nur der Wirtschaft allein überlassen, weil er mehr als nur die eine Dimension einer besseren Technologie und leistungsfähigen Wirtschaft umfasst. Digitalisierung birgt auch das Potenzial neuer Konflikte zwischen den Staaten. Konflikte, die uns alle persönlich angehen, weil sie den Frieden und die Sicherheit unseres Lebens infrage stellen. Sicherheit im digitalen Zeitalter darf kein sichttoter Raum bleiben. Aber erkennen können wir nur dann, wenn wir uns die ungeliebte Debatte über die Sicherheit Deutschlands und Europas im 21. Jahrhundert nicht länger ersparen.

Wir können nur beherrschen, was wir verstehen.

Danksagung

Inspiriert von den Menschen, die ihre Zeit und ihr großes Wissen mit mir geteilt haben, hat der vorliegende Text die wertvollsten Impulse für Form und Inhalt von meinen hochgeschätzten Interviewpartnern erhalten (in alphabetischer Reihenfolge): Botschafter Michael Biontino, Dr. Heiko Borchert, Oberst im Generalstabsdienst Stefan C. P. Hinz, Botschafter a. D. Wolfgang Ischinger, Professor Dr. Wolfgang Koch, Präsident des Bundesamts für Verfassungsschutz a. D. Dr. Hans-Georg Maaßen, Professor a. D. Dr. Ulrich Menzel, Dr. Jean-Marc Rickli, Dr. Christina Schori Liang und Tobias Vestner.

Genf hat zwei Gesichter. Neben seinem Ruf als Finanzzentrum ist die Stadt die Gastgeberin völkerumfassender Organisationen. Mein ganz besonderer Dank gilt Oberst Stefan Hinz, der, von der Bundeswehr an das Genfer Zentrum für Sicherheitspolitik (GCSP) abgeordnet, mich herzlich empfangen und Expertengespräche vermittelt und organisiert hat.

Eine große Hilfe waren mir Hauptmann Toni Dahmen vom Luftwaffentruppenkommando in Wahn, Dr. Joachim Keppler, der die Geschichte von der Zufallsentdeckung des Jammer-Arrays auf ihre Physik hin geprüft und korrigiert hat, und Dr. Christian Brandlhuber, dessen reicher Anekdotenschatz aus einem Forscherleben fast unerschöpflich ist.

Größter Dank gilt auch meinem lieben Freund Professor Dr. Friedrich Graf von Westphalen, der nicht nur sein anwaltliches Können in Stellung gebracht hat, um meine juristischen Streifzüge ins Völkerrecht zu prüfen, sondern auch mit seiner eigenen jahrzehntelangen journalistischen Erfahrung mahnte: »Sie springen in den Tempi!«

Jeder Einzelne von ihnen hat gerne korrigiert, was ich aus seinen Äußerungen abgeleitet habe. Gefühlt geht die Zahl der ausgetauschten E-Mails weit in die Hunderte. Trotzdem sind alle Fehler, die der Text enthalten sollte, von mir allein zu verantworten.

Anmerkungen

[VORWORT]
Mitten im Frieden

1   Bing, 2018
2   Dazu ausführlich: Rickli & Krieg, 2018, S. 115
3   Ebd.

[EINS]
Code als Waffe

1   United States District Court, 2017, S. 8
2   Bossert, 2017
3   BBC News, 2017
4   Ebd.
5   Aus der Diskussion mit Dipl.-Ing. Manuel Koschuch auf dem Panel »Zukunftsge-spräch« vom 23. November 2017 am FH Campus Wien
6   Tucker, NSA Chief: Rules of War Apply to Cyberwar, Too, 2015
7   Smith B., 2017
8   Ebd.
9   Arendt, Die Freiheit, frei zu sein, 2018, S. 11
10 van Creveld, 2017, S. 17 f.
11 Arendt, On Violence, 1969, S. 9
12 von Clausewitz, 1832–1834, S. 15
13 Gray, 2015, S. 17
14 Arendt, On Violence, 1969, S. 35 f.
15 Ebd., S. 56
16 Schäffle, 1897, S. 589
17 Mills, 1956, S. 171
18 Arendt, On Violence, 1969, S. 11
19 Gabriel S., 2018
20 Simms & Laderman, 2017, S. 29
21 Arendt, On Violence, 1969, S. 9

22 Harari, 2017, S. 28

23 Gray, 2015, S. 22

24 Prisching, 2017, S. 344

25 Ischinger, Interview mit Wolfgang Ischinger, 2018, Zitat 10.1

26 Snyder, Über Tyrannei, 2017, S. 42

27 Ischinger, Interview mit Wolfgang Ischinger, 2018, Zitat 17

28 Dazu im Detail: Münkler, Die neuen Kriege, 2004

29 Ischinger, Interview mit Wolfgang Ischinger, 2018, Zitat 8

30 Nolte, 2018, S. 115

31 Ebd., S. 116

32 Ebd.

33 Münkler, Die neuen Kriege, 2004, S. 11

34 Ebd., S. 7

35 Rickli, Interview mit Jean-Marc Rickli, 2018, Zitat 82

36 Ebd., Zitat 72

37 Zum Freeridertum vgl.: Menzel, Die neue eurasische Weltordnung, 2018, S. 51–53

38 »Because the truth is, under President Obama we've lost control of things that we used to have control over. We came in with an internet, we came up with the internet. And I think Secretary Clinton and myself would agree very much, when you look at what ISIS is doing with the internet, they're beating us at our own game.«, Sottek, 2016

39 Hayden, 2018, S. 15

40 Horowitz, Allen, Kania, & Scharre, 2018, S. 3

41 Am 3. August 2018 hat Apple erstmals eine Marktkapitalisierung von mehr als einer Billion US-Dollar erreicht.

42 Simms & Laderman, 2017, S. 21

43 Ebd.

44 Emmott & Wroughton, 2018

45 Specia, 2018

46 Rickli, Interview mit Jean-Marc Rickli, 2018, Zitat 1

47 Azzellini, 2006

48 Ebd.

49 Kilcullen, 2015, S. 133

50 Arendt, On Violence, 1969, S. 48

51 Rickli, Interview mit Jean-Marc Rickli, 2018, Zitate 11 und 12

52 Ischinger, Interview mit Wolfgang Ischinger, 2018, Zitat 93

53 Ebd., Zitat 98

54 Hofstetter, 2016, S. 28 und 50

55 Brennan, 2017

56 Rickli, Interview mit Jean-Marc Rickli, 2018, Zitate 17 und 19

57 Brennan, 2017

58 Rickli, Interview mit Jean-Marc Rickli, 2018, Zitat 107

59 Galeotti, 2014

60 Calabresi, 2018, S. 34

61 Ebd.

62 Sepulvado, 2017

63 Sainato, 2016

64 Horseman, 2016

65 Brennan, 2017

66 Ebd.

67 Calabresi, 2018, S. 36

68 Eine Special Time Edition mit dem Titel *Cybersecurity: Hacking, the Dark Web and You* fasst eine Reihe von Artikeln zusammen, die in der *Time* zum Thema erschienen sind. In dieser Sonderausgabe wurde ein Beitrag mit der Überschrift *The Secret History of an Election* um folgenden Absatz gekürzt: »From the first report of Russian hacking in mid-June, Donald Trump denied Moscow's involvement, improbably accusing the Democratic National Committee of hacking itself ›as a way to distract from the many issues facing their deeply flawed candidate and failed party leader.‹ As the story accelerated with the dump of stolen emails right before the Democratic National Convention, Trump doubled down on his counterclaims. On Aug. 1 in Columbus, Ohio, he said, ›I'm afraid the election is going to be rigged.‹«, abgerufen am 20. Juni 2018 von http://time.com/4865982/secret-plan-stop-vladimir-putin-election-plot/

69 Tucker, You Have 19 Minutes to React If the Russians Hack Your Network, 2019

70 Brennan, 2017

71 Calabresi, 2018, S. 39

72 Ebd.

73 Brennan, 2017

74 Ebd.

75 Ebd.

76 Ebd.

77 Calabresi, 2018, S. 36

78 Brennan, 2017

79 »I don't think Russian intelligence chiefs want to go beyond their ski tips, as far as what it is that they are doing that could escalate and spiral. So I do think things such as that, or to engage in an election that could have some real significant repercussions, I am confident, very confident, that they would have run those things by Mr. Putin. The actual details of how it would be implemented is something that I think Mr. Putin would leave to his intelligence chiefs, but the ›go‹ signal, the green light would have come from Mr. Putin.«, Brennan, 2017

80 Calabresi, 2018, S. 38
81 Starks, 2017
82 Calabresi, 2018, S. 38
83 Ebd., S. 40
84 Ebd.
85 Starks, 2017
86 Rickli, Interview mit Jean-Marc Rickli, 2018, Zitat 29
87 Maurer, 2018, S. 23
88 Ebd., S. 24
89 Ischinger, Interview mit Wolfgang Ischinger, 2018, Zitat 26
90 »My people came to me – Dan Coats came to me and some others – they said they think it's Russia. I have President Putin; he just said it's not Russia. I will say this: I don't see any reason why it would be.«, Weißes Haus, 2018
91 Rickli, Interview mit Jean-Marc Rickli, 2018, Zitat 40
92 Ebd., Zitat 64
93 Ebd., Zitat 65
94 Ebd., Zitat 67
95 United States District Court, 2018, S. 1
96 *The New York Times*, 2018
97 Dazu ausführlich: Perkins, 2016
98 United States District Court, 2018, S. 10
99 Vgl. https://aws.amazon.com/de/stateandlocal/election-as-a-service/
100 Coats, Dialogues on American Foreign Policy and World Affairs: Director of National Intelligence Dan Coats and Walter Russell Mead, 2018
101 Ebd.
102 Kovacs, 2018
103 Äußerung eines Managers eines deutschen Technologiekonzerns gegenüber der Autorin während eines Gesprächs zur KI-basierten Optimierung einer Anlagensteuerung
104 Äußerung eines Managers eines deutschen Verkehrskonzerns gegenüber der Autorin während eines Gesprächs zur KI-basierten Überwachung der Verkehrsinfrastruktur
105 Dillet, 2018
106 Aus der Diskussion des Panels »Zukunftsgespräch« vom 23. November 2017 am FH Campus Wien
107 Bob, 2018
108 Bundesamt für Verfassungsschutz, 2018, S. 2 f.
109 Wirtschaft.com, 2018
110 Smith R., 2018
111 Maaßen, Interview mit Hans-Georg Maaßen, 2018, Zitat 27

112 Ebd., Zitat 28

113 Ebd., Zitat 29 und 32

114 Borchert, 2018, Zitat 13

115 Borchert, 2018, Zitat 17

116 Maaßen, Interview mit Hans-Georg Maaßen, 2018, Zitat 40

117 Allan, 2018

118 G20, 2017

119 Maurer, Levite & Perkovich, Toward a Global Norm Against Manipulating the Integrity of Financial Data, 2017, S. 11

120 Das & Spicer, 2016

121 Maurer, Levite & Perkovich, Toward a Global Norm Against Manipulating the Integrity of Financial Data, 2017, S. 1

122 Maaßen, Interview mit Hans-Georg Maaßen, 2018, Zitat 104

123 Ebd., Zitat 105

124 Paquette, 2015

125 Ebd.

126 Mansholt, 2018

127 Guardian staff and agencies, 2018

128 Tucker, How NATO Is Preparing to Fight Tomorrow's Information Wars, 2017

129 Feinberg, 2018

130 Coats, Dialogues on American Foreign Policy and World Affairs: Director of National Intelligence Dan Coats and Walter Russell Mead, 2018

[ZWEI]
Informationskrieg

1 Ischinger, Vortrag im Bayerischen Hof, München: Zukunftsfragen deutscher und europäischer Sicherheitspolitik, 2017

2 Ebd.

3 ZDF heute, 2017

4 Snowden, 2018

5 Firmenbewertung Stand Juni 2016; Nutzerzahlen vom November 2016 (gerundet)

6 Vgl. dazu Martínez, 2016

7 Kobek, 2016, S. 82

8 Ebd.

9 Vgl. Art. 21 Abs. I S. 1 Grundgesetz für die Bundesrepublik Deutschland

10 »The U.S. intelligence community is confident the Russian government directed the recent compromise of emails from U.S. persons and institutions. These thefts and disclosures are intended to interfere with the U.S. election process. Russia's senior-

most officials are the only ones who could have authorized the activities.«, Woodward, 2018, S. 29

11 Office of the Director of National Intelligence, 2017, S. 3
12 Rid, 2018, S. 190
13 Ebd., S. 200
14 United States District Court, Februar 2018, S. 6
15 Office of the Director of National Intelligence, 2017, S. ii
16 Rid, 2018, S. 216
17 Google Books Ngram Viewer, 2018
18 Rid, 2018, S. 200
19 »We are all peering eagerly into the future to try to forecast the action of the great dumb forces set in operation by the stupendous industrial revolution which has taken place during the present century. We do not know what to make of the vast displacements of population, the expansion of the towns, the unrest and discontent of the masses, and the uneasiness of those who are devoted to the present order of things.«, Roosevelt, 1924, S. 107
20 Kaiser Wilhelm II., Rede vom 6. August 1914
21 Ferguson, 2018, S. 473
22 Barber, Sevastopulo & Tett, 2017
23 Calamur, 2017
24 Salisbury, 2017
25 Bidder, 2017
26 Ischinger, Interview mit Wolfgang Ischinger, 2018, Zitate 3 und 5
27 McLuhan, 1970, S. 66
28 Dazu ausführlich: Singer & Brooking, 2018
29 Woodward, 2018, S. 23
30 Ebd., S. 25
31 Zeit online, 2018
32 »The information space opens wide asymmetrical possibilities for reducing the fighting potential of the enemy.«, Gerasimov, 2013
33 DeGeurin, 2018
34 Lobe, 2018
35 Garamone, 2018
36 Thomas, 2004, S. 237
37 Arendt, Wahrheit und Lüge in der Politik. Zwei Essays, 1972, S. 40
38 Ebd., S. 60
39 Ebd., S. 60
40 Ebd., S. 50
41 Eichmeier, 2018, S. 3
42 Patrikarakos, 2017, S. 27

43 Ebd., S. 29 f.

44 Prose, 2015

45 Scott, 1921

46 Arendt, Elemente und Ursprünge totaler Herrschaft, 1951, S. 682

47 Ebd., S. 696

48 Ebd., S. 694

49 Informatiker meinen mit dem Begriff der Singularität etwas ganz anderes: Er beschreibt den Zeitpunkt, an dem eine künstliche Intelligenz die menschliche Intelligenz übertrifft.

50 Arendt, Elemente und Ursprünge totaler Herrschaft, 1951, S. 685

51 Vgl. hierzu: Dörr & Natt, 2014

52 Arendt, Elemente und Ursprünge totaler Herrschaft, 1951, S. 679

53 Luhman, 1994

54 Hayden, 2018, S. 48

55 Nichols, 2017, S. 3

56 Ebd., S. 28

57 Dazu ausführlich: Ferguson, 2018, S. 55–60

58 Ebd., S. 37

59 Ebd., S. 35

60 Arendt, Elemente und Ursprünge totaler Herrschaft, 1951, S. 679

61 Auch andere Institutionen – Vereine, Kirchen – machen ähnliche Erfahrungen, die nicht ausschließlich auf den demografischen Wandel oder als Reaktion auf skandalöses Verhalten zurückzuführen sind.

62 Arendt, Elemente und Ursprünge totaler Herrschaft, 1951, S. 695

63 So ist Adolf Hitler verfahren, vgl. Arendt, Elemente und Ursprünge totaler Herrschaft, 1951, S. 699

64 So ist Josef Stalin vorgegangen, vgl. Arendt, Elemente und Ursprünge totaler Herrschaft, 1951, S. 699

65 Dazu ausführlich: Hayden, 2018, aber genauso Woodward, 2018

66 Fredericks, 2018

67 Arendt, Elemente und Ursprünge totaler Herrschaft, 1951, S. 695

68 Ebd., S. 677

69 Ebd., S. 678

70 Trump, An open letter from Donald J. Trump, 1987

71 Trump, Speech: Donald Trump Holds a Political Rally in Wilkes-Barre, PA, 2018

72 Trump, Speech: Donald Trump in Minneapolis, MN, 2016

73 Trump, Speech: Donald Trump Holds a Make America Great Again Rally in Tampa, 2018

74 Trump, Interview: Jeff Glor Interviews Donald Trump in Scotland (Complete), 2018

75 Hamilton, 1787
76 Die nachfolgende Schilderung beruht auf der dokumentarischen filmischen Zusammenfassung von Eberlein, 2018
77 Dazu ausführlich: Stangl, 2011
78 Ebd.
79 Eberlein, 2018, Minute 01:01:30
80 Polizei Bayern, 2017
81 Backes, Jaschensky, Langhans, Munzinger, Witzenberger & Wormer, 2016
82 Eberlein, 2018, Minute 00:32:31
83 Ebd., Minute 00:32:14
84 Backes, Jaschensky, Langhans, Munzinger, Witzenberger & Wormer, 2016
85 Zitiert nach Prisching, 2017, S. 339
86 Dazu ausführlich: Ries, Bersoff, Armstrong, Adkins & Bruening, 2018
87 Tett, 2016
88 Arendt, Elemente und Ursprünge totaler Herrschaft, 1951, S. 668–670
89 Inglehart & Norris, 2016, S. 6
90 Newman, Fletcher, Kalogeropoulos, Levy & Nielsen, 2018, S. 10 f.
91 »Believe in truth. To abandon facts is to abandon freedom. If nothing is true, then no one can criticize power, because there is no basis upon which to do so. If nothing is true, then all is spectacle. The biggest wallet pays for the most blinding lights.«, Snyder, Goodreads, kein Datum
92 Äußerung eines jungen Mannes gegenüber der Autorin im Verlauf einer Veranstaltung
93 Langner, 1969, S. 282
94 Ebd., S. 283
95 Ebd., S. 279
96 Horn, 2008, S. 119
97 Ischinger, Interview mit Wolfgang Ischinger, 2018, Zitate 121, 126 und 127
98 Ebd., Zitat 120
99 Arendt, Elemente und Ursprünge totaler Herrschaft, 1951, S. 840
100 Hayden, 2018, S. 78
101 Schmidt, 2018
102 United States District Court, 2018, S. 7 f.
103 Brennan, 2017
104 Meadows, 2017, S. 5
105 Rickli, Interview mit Jean-Marc Rickli, 2018, Zitat 122
106 Arendt, Wahrheit und Lüge in der Politik. Zwei Essays, 1972, S. 10 f.
107 Ebd., S. 50
108 Dazu ausführlich: Gabriel M., Ich ist nicht Gehirn, 2015
109 Rickli, Interview mit Jean-Marc Rickli, 2018, Zitat 120

110 Ebd., Zitat 113 und 114

111 Kissinger, 2018

112 Rickli, Interview mit Jean-Marc Rickli, 2018, Zitat 116

113 Ebd., Zitat 118

114 Borchert, 2018, Zitat 115 und 116

115 Becker-Wenzel & Beuscher, 2018, Minute 06:15

116 Ebd., Minute 04:40

117 Vgl. die Vorfälle in Chemnitz vom September 2018 oder diejenigen in Köthen vom 09.09.2018, wo ein inszenierter »Trauermarsch« friedlich begann und eine Eskalation der Gewalt nach dem Skandieren nationalsozialistischer Parolen durch den Bürgermeister und die Polizei verhindert wurde.

118 An den iranischen Präsidenten Rouhani: »NEVER, EVER THREATEN THE UNITED STATES AGAIN OR YOU WILL SUFFER CONSEQUENCES THE LIKES OF WHICH FEW THROUGHOUT HISTORY HAVE EVER SUFFERED BEFORE. WE ARE NO LONGER A COUNTRY THAT WILL STAND FOR YOUR DEMENTED WORDS OF VIOLENCE & DEATH. BE CAUTIOUS!«

119 »The Iran sanctions have officially been cast. These are the most biting sanctions ever imposed, and in November they ratchet up to yet another level. Anyone doing business with Iran will NOT be doing business with the United States. I am asking for WORLD PEACE, nothing less!«

120 Coldewey & Hatmaker, 2017

121 Zeit online, 2017

122 Wike, Stokes, Poushter, Silver, Fetterolf & Devlin, 2018

123 General (Ret.d) Allan, General (Ret.d) Breedlove, Lindley-French, & Admiral (Ret.d) Zambellas, 2017, S. 12

124 »Real power is, I don't even want to use the word, fear.«, Trump, Interview: Donald Trump with Woodward, Costa. *The Washington Post*, 2016

125 Woodward, 2018, S. 175

126 Ischinger, Welt in Gefahr, 2018, S. 126

[DREI]
Das Wettrüsten der künstlichen Intelligenz

1 Horowitz, Allen, Kania & Scharre, 2018, S. 5

2 Siegele, 2018, S. 13

3 Ministry of Defence, 2018, S. 6

4 Geiß, Die völkerrechtliche Dimension autonomer Waffensysteme, 2015, S. 4

5 McKinsey & Company, kein Datum

6 Rickli, Interview mit Jean-Marc Rickli, 2018, Zitat 55

7   Koch W., aus einer E-Mail an die Autorin, 2018

8   Vgl. Koch W., On Detecting Radiological Bombs With Potential Applications to Field Camp and Soldier Protection, 2018

9   Zitiert nach Koch W., Menschliche Verantwortung als Leitgedanke für technisches Design bei FCAS. Draft V0.3, 2019, S. 2

10   Biermann & Wiegold, 2015, S. 17

11   Vgl. International Monetary Fund, 2018

12   AFP news agency, 2018

13   CNN Wire Staff, 2011

14   Rickli, Interview mit Jean-Marc Rickli, 2018, Zitat 56

15   Ebd., Zitat 58

16   Federal Aviation Association, 2016

17   Rickli, Interview mit Jean-Marc Rickli, 2018, Zitat 57

18   Siegele, 2018, S. 10

19   Defense One Radio, 2018

20   Koch W., Künstliche Intelligenz? Die Algorithmenwelt und menschliche Verantwortung, 2018, S. 50

21   Ebd., S. 45

22   Stewart, 2018

23   Drevstad, 2012, S. 7

24   Campaign to Stop Killer Robots, 2018

25   General (Ret.d) Allan, General (Ret.d) Breedlove, Lindley-French, & Admiral (Ret.d) Zambellas, 2017, S. 3

26   CDU, CSU & SPD, 2018, Zeile 7062 f.

27   Vestner, 2018, Zitat 17

28   Ebd.

29   Aus einem Gespräch zwischen Wolfgang Koch und der Autorin

30   Department of Defense, 2012, S. 13

31   Geiß, Lethal Autonomous Weapon Systems. Technology, Definition, Ethics, Law & Security, 2014, S. 3

32   Giacca, 2014, S. 119

33   *Welt*, 2018

34   Boyd, 2018

35   Vestner, 2018, Zitat 21

36   Sauer, 2018, S. 2

37   Ebd., S. 3

38   Giacca, 2014, S. 120–124

39   Ebd., S. 125

40   Hellestveit, 2014, S. 140

41   Gabriel M., Der Sinn des Denkens, 2018, S. 52 f.

42 Kalmanovitz & Pablo, 2014, S. 190 ff.

43 Die taktische Kennung der Tornados der deutschen Luftwaffe (…) 43+17 Tornado IDS-T 4017/GT-014 sind abgestellt in Manching. Vgl. https://www.flugzeugforum. de/threads/bw-kennungen-seit-1968.62214/page-3

44 Frequenzplan der Bundesnetzagentur, 2016

45 Koch W., aus einer E-Mail an die Autorin, 2018

46 Theuretsbacher, 2014

47 NASA, 2014

[VIER]
Hack Back

1 Panetta, 2012

2 Tucker, Major Cyber Attack Will Cause Significant Loss of Life By 2025, Experts Predict, 2014

3 Sanger, 2018, S. 43 ff.

4 Maaßen, Interview mit Hans-Georg Maaßen, 2018, Zitat 47 und 43

5 Vestner, 2018, Zitat 24

6 Ebd., Zitat 30

7 Borchert, 2018, Zitat 94

8 Maaßen, Interview mit Hans-Georg Maaßen, 2018, Zitat 33

9 Vestner, 2018, Zitat Nr. 35

10 Maaßen, Interview mit Hans-Georg Maaßen, 2018, Zitat Nr. 45

11 Ebd., Zitat Nr. 40

12 Tanriverdi, 2018

13 Münkler, Die neuen Kriege, 2004, S. 42

14 Carvin & Williams, 2015, S. 188

15 Ein weiteres Beispiel für Menschenrechtsverletzungen ist das Gefangenenlager Guantanamo Bay. Unter Berufung auf ihre Stellung als global führende Ordnungsmacht, zu deren Autonomieverständnis gehört, sich gerade nicht dem geltenden Völkerrecht und einer unabhängigen Justiz zu beugen, erschweren die Vereinigten Staaten die Arbeit der Mitarbeiter des Internationalen Strafgerichtshofs in Den Haag, wenn diese gegen US-Amerikaner wegen mutmaßlicher Kriegsverbrechen ermitteln.

16 Carvin & Williams, 2015, S. 23 ff.

17 Ebd., S. 5

18 Arendt, On Violence, 1969, S. 6

19 Carvin & Williams, 2015, S. 67

20 Nolte, 2018, S. 112

21 Münkler, Hybrid Wars. The Dissolution of the Binary Order of War and Peace, and Its Consequences, 2015, S. 20

22 Vestner, 2018, Zitat 32

23 Westphalen, 1971

24 Tucker, How NATO Is Preparing to Fight Tomorrow's Information Wars, 2017

25 NATO, 2014, Ziffer 13

26 Vgl. dazu Arendt, On Violence, 1969

27 Ebd., S. 36

28 Carvin & Williams, 2015, S. 46

29 Charta der Vereinten Nationen, Art. 2 Abs. 4

30 Dörr O., 2004

31 Charta der Vereinten Nationen, Art. 51

32 Ebd.

33 International Group of Experts at the Invitation of the NATO Cooperative Cyber Defence Centre of Excellence, 2017, Rule 73, S. 352

34 Ebd., S. 563

35 Foltz, 2012, S. 43

36 Sanger, 2018, S. 49

37 Vgl. https://sicherheitstacho.eu/start/main

38 Vestner, 2018, Zitat 29

39 Rid, 2018, S. 257

40 Dörr O., 2004

41 Foltz, 2012, S. 46

[FÜNF]
Der Kampf um die Vorherrschaft

1 »Does the USA want to be the Policeman of the Middle East, getting NOTHING but spending precious lives and trillions of dollars protecting others who, in almost all cases, do not appreciate what we are doing? Do we want to be there forever? Time for others to finally fight …«, Trump, #realdonaldtrump, 2018

2 Menzel, Die Ordnung der Welt, 2015, S. 869 ff.

3 Menzel, Interview mit Ulrich Menzel, 2018, Zitat 123

4 The Economist, 2018

5 Dazu ausführlich: Menzel, Die Ordnung der Welt, 2015

6 Erzählt anlässlich des Interviews mit der Autorin

7 Menzel, Interview mit Ulrich Menzel, 2018, Zitat 36

8 Ebd., Zitat 41

9 Hofstetter, 2016, S. 63–68

10 vgl. https://www.emojione.com/

11 Zuboff, 2018, S. 118

12 Menzel, Interview mit Ulrich Menzel, 2018, Zitat 78

13 Sokolov, 2018

14 Menzel, Interview mit Ulrich Menzel, 2018, Zitat 46

15 Menzel, Interview mit Ulrich Menzel, 2018, Zitat 37.1

16 Der Vollständigkeit halber sei erwähnt, dass Ulrich Menzel ausdrücklich darauf hinweist, auch andere einkommensträchtige Ressourcen seien die Quelle von Renteneinkommen: Entwicklungshilfegelder, die teilweise an korrupte Gangster abgezweigt werden als Gegenleistung für die Erlaubnis, überhaupt Hilfe leisten zu dürfen; Zahlungen von Migranten an Schleuser; Lösegeldzahlungen für Frachtschiffe, die Piraten in die Hände gefallen sind.

17 Menzel, Interview mit Ulrich Menzel, 2018, Zitat 38

18 Ebd., Zitat 118

19 Trump, Speech: Donald Trump in Waterloo, IA, 2015

20 Menzel, Die neue eurasische Weltordnung, 2018, S. 51

21 Gabriel S., 2018

22 Silver, 2018

23 Menzel, Interview mit Ulrich Menzel, 2018, Zitat 42

24 Menzel, Interview mit Ulrich Menzel, 2018, Zitat 48

25 Mortensen, 2017

26 https://tradingeconomics.com/united-states/gdp

27 Central Intelligence Agency, 2019

28 Stockholmer Internationales Friedensforschungsinstitut SIPRI, 2018

29 Eigene Berechnungen aus öffentlich verfügbaren Daten statistischer Datenbanken, darunter Weltbank und Trading Economics

30 Browder, 2016, S. 79 ff.

31 Ebd., S. 112 ff.

32 Trenin, 2017

33 Pearson, 2017, S. 4

34 Carlin, 2018

35 Inozemtsev, 2018, S. 51

36 Steiner, 2018

37 United Nations Conference on Trade And Development, 2018, S. 37

38 Menzel, Interview mit Ulrich Menzel, 2018, Zitat 2 und 3

39 Lepault & Franklin, 2018, Minute 01:30

40 Weigel, 2003, S. 237

41 Zentralkomitee der Kommunistischen Partei Chinas, 2013

42 Siegele, 2018, S. 10

43 Menzel, Interview mit Ulrich Menzel, 2018, Zitat 137

44   Im Detail dazu: Menzel, Die neue eurasische Weltordnung, 2018
45   Menzel, Interview mit Ulrich Menzel, 2018, Zitat 20
46   Ebd., Zitat 19
47   Mayer-Kuckuk, 2018, S. 39
48   Menzel, Interview mit Ulrich Menzel, 2018, Zitat 86

[SECHS]
»Nur bedingt abwehrbereit«

1   Swan & McCammond, Why Trump swears off planning, 2019
2   Swan, Trump's strategic planning inspiration: Mike Tyson, 2019
3   Anonym, 2018
4   Menzel, Die Ordnung der Welt, 2015, S. 888
5   Pompeo, 2018
6   Scholz, 2018
7   Ischinger, Vortrag im Bayerischen Hof, München: Zukunftsfragen deutscher und
     europäischer Sicherheitspolitik, 2017
8   Vgl. dazu Menzel, Die Ordnung der Welt, 2015, S. 958
9   Vgl. dazu Stocker, 2019
10   Ischinger, Vortrag im Bayerischen Hof, München: Zukunftsfragen deutscher und
     europäischer Sicherheitspolitik, 2017
11   Bundesakademie für Sicherheitspolitik; Auswärtiges Amt & Heinrich-Böll-Stif-
     tung, 2019
12   Autorenteam Kdo H II 1 (2), 2017
13   Maaßen, aus einer E-Mail an die Autorin, 2018
14   Sanger, 2018, S. 279
15   Coats, Worldwide Threat Assessment of The Intelligence Community, 2019
16   Office of the Secretary of Defense, 2018, S. VII f.
17   Barnes, 2018
18   Ischinger, Interview mit Wolfgang Ischinger, 2018, Zitat 31
19   Koch & Riedel, 2018
20   Vestner, 2018, Zitat 39
21   Beim *Süddeutsche Zeitung*-Wirtschaftsgipfel am 13. November 2018 in Berlin im
     »Kreuzverhör«
22   Chomsky, 2016, S. 15
23   University of Cambridge; DROG, kein Datum
24   Scola & Gold, 2018
25   Stanton, 2019
26   Chesney, 2018

27 Vergleiche dazu die zahlreichen Beispiele von Menzel, Die Ordnung der Welt, 2015

28 Horowitz, Allen, Kania & Scharre, 2018, S. 8

29 Bundesregierung, 2018, S. 1

30 Koch W., aus einer E-Mail an die Autorin, 2018

[SCHLUSSWORT]

Wenn der Anspruch auf die Realität trifft

1 Department of Defense, 2019

2 Lockie, 2019

3 Reid, 2019

Bibliografie

Zitate aus englischsprachigen Quellen sind von der Autorin übersetzt. Die von ihr geführten Interviews sind einzusehen unter: **https://www.yvonnehofstetter.de/der-unsichtbare-krieg/interviews/**

AFP news agency (4. August 2018): »Footage shows moment of explosion during Maduro's speech«, abgerufen am 24. Oktober 2018 von *YouTube*: https://www.youtube.com/watch?v=tI0Hrz9FqJk&feature=player_embedded

Allan, I. (13. Juni 2018): »US imposes sanctions on companies for helping Russian spy agencies«, abgerufen am 27. Juli 2018 von *intelNews*: https://intelnews.org/2018/06/13/01-2338/

Anonym (5. September 2018): »I Am Part of the Resistance Inside the Trump Administration«, abgerufen am 15. Januar 2019 von *The New York Times*: https://www.nytimes.com/2018/09/05/opinion/trump-white-house-anonymous-resistance.html?utm_source=newsletter&utm_medium=email&utm_campaign=sendto_newslettertest&stream=top

Arendt, H. (1969): *On Violence*. Cheshire: Stellar Classics.

Arendt, H. (1972): *Wahrheit und Lüge in der Politik. Zwei Essays*. München/Berlin: Piper.

Arendt, H. (2015): *Elemente und Ursprünge totaler Herrschaft*. 18. Auflage. München/Berlin: Piper.

Arendt, H. (2018): *Die Freiheit, frei zu sein*. München: dtv.

Autorenteam Kdo H II 1 (2) (2017): »Thesenpapier II. Digitalisierung von Landoperationen«, hrsg. v. K. Heer, K. D. MGO & G. F. Leidenberger, abgerufen am 16. Mai 2019 von *Deutsches Heer*: https://www.deutschesheer.de/portal/a/heer/start/aktuell/nachrichten/jahr2018/maerz2018/!ut/p/z1/hVBLT4NAEP41XJmF0lq8bdOIVUtMUQp-7MVMYFwzuku1CjPHHu6RJL7VxDpPMfI95gIAChMKxlWhbbBzdSkWb-4s42iRhxrZJ-MoZz3cvj_k2DZIsgBz2_1GEg9mV4AyymqB0HjdXPcIIMhAgavIrrchO2ZKyrc

Azzellini, D. (3. März 2006): »Wie Söldner zu Geschäftleuten wurden«, abgerufen am 13. Juni 2018 von *Heise*: https://www.heise.de: https://www.heise.de/tp/features/Wie-Soeldner-zu-Geschaeftleuten-wurden-3405196.html

Backes, T., Jaschensky, W., Langhans, K., Munzinger, H., Witzenberger, B. & Wormer, V. (30. September 2016): »Timeline der Panik«, abgerufen am 15. August 2018 von *Süddeutsche Zeitung*: https://gfx.sueddeutsche.de/apps/57eba578910a46f716ca829d/www/

Barber, L., Sevastopulo, D. & Tett, G. (2. April 2017): »Donald Trump: Without Twitter, I would not be here – FT interview«, abgerufen am 9. August 2018 von *Financial Times:* https://www.ft.com/content/943e322a-178a-11e7-9c35-0dd2cb31823a

Barnes, J. (28. Oktober 2018): »U.S. Begins First Cyberoperation Against Russia Aimed at Protecting Elections«, abgerufen am 30. Januar 2019 von *The New York Times:* https://www.nytimes.com/2018/10/23/us/politics/russian-hacking-usa-cyber-command.html?smtyp=cur&smid=tw-nytimes

BBC News (17. Mai 2017): »Massive ransomware infection hits computers in 99 countries«, abgerufen am 28. Mai 2018 von *BBC:* http://www.bbc.com/news/technology-39901382

Becker-Wenzel, A. & Beuscher, M. (4. September 2018): »Kulturzeit«, abgerufen am 10. September 2018 von *3sat Kulturzeit:* http://www.3sat.de/mediathek/?mode=play&obj=75552

Bidder, B. (5. Juni 2017): »Darum geht es beim Konflikt am Golf«, abgerufen am 8. August 2018 von *Manager Magazin:* http://www.manager-magazin.de/politik/weltwirtschaft/katar-die-hintergruende-des-konflikts-mit-saudi-arabien-a-1150743.html

Biermann, K. & Wiegold, T. (2015): *Drohnen. Chancen und Gefahren einer neuen Technik.* Bonn: Bundeszentrale für politische Bildung.

Bing, C. (6. Dezember 2018): »Exclusive: Clues in Marriott hack implicate China-sources«, abgerufen am 14. Februar 2019 von *Thomson Reuters:* https://uk.reuters.com/article/uk-marriott-intnl-cyber-china/clues-in-marriott-hack-implicate-china-sources-idUKKBN1O504B

Bob, Y. J. (18. Juni 2018): »Ex-›Israeli NSA‹ chief: Target Iran, Hezbollah energy infrastructure first«, abgerufen am 26. Juli 2018 von *The Jerusalem Post:* https://www.jpost.com/Israel-News/Ex-Israeli-NSA-chief-Target-Iran-Hezbollah-energy-infrastructure-first-560210

Borchert, H. (4. März 2018): Interview mit Heiko Borchert. (Y. Hofstetter, Interviewer)

Bossert, T. P. (18. Dezember 2017): »It's Official: North Korea Is Behind WannaCry«, abgerufen am 24. Juni 2018 von *Wall Street Journal:* https://www.wsj.com/articles/its-official-north-korea-is-behind-wannacry-1513642537#comments_sector

Boyd, A. (31. Oktober 2018): »Pentagon Doesn't Want Real Artificial Intelligence In War, Former Official Says«, abgerufen am 2. November 2018 von *Defense One:* https://www.defenseone.com/technology/2018/10/pentagon-doesnt-want-real-artificial-intelligence-war-former-official-says/152450/?oref=d_brief_nl

Brennan, J. (27. Juli 2017): »The Putin Files: John Brennan (2013–2017). Putins Revenge II«, abgerufen am 20. Juni 2018 von *Public Broadcasting Service:* https://www.pbs.org/wgbh/frontline/interview/john-brennan/

Browder, B. (2016): *Red Notice: Wie ich Putins Staatsfeind Nr. 1 wurde.* München: dtv.

Bundesakademie für Sicherheitspolitik, Auswärtiges Amt & Heinrich-Böll-Stiftung

(2019): *Künstliche Intelligenz und Autonomie – Autonome und halbautonome Waffensysteme als Herausforderung für die Sicherheitspolitik.* Berlin: Bundesakademie für Sicherheitspolitik; Auswärtiges Amt; Heinrich-Böll-Stiftung.

Bundesamt für Verfassungsschutz (2018): *Cyber-Brief Nr. 01/2018.* Berlin/Köln: Bundesamt für Verfassungsschutz.

Bundesregierung (2018): *Eckpunkte der Bundesregierung für eine Strategie Künstliche Intelligenz.* Berlin: Bundesregierung.

Calabresi, M. (2018): »The Secret History of an Election«, in: *Special Time Edition.* New York, NY: Time Inc. Books, S. 34–41.

Calamur, K. (17. Juli 2017): »Who Hacked Qatar's News Sites?«, abgerufen am 8. August 2018 von *The Atlantic:* https://www.theatlantic.com/news/archive/2017/07/uae-denies-qatar-hack-charges/533826/

Campaign to Stop Killer Robots (13. April 2018): »Convergence on retaining human control of weapons systems«, abgerufen am 31. Oktober 2018 von *stopkillerrobots. org:* https://www.stopkillerrobots.org/wp-content/uploads/2018/04/KRC_Country-Views_13Apr2018.pdf

Carlin, J. (16. Juli 2018): »Putin Is Running a Destructive Cybercrime Syndicate Out of Russia«, abgerufen am 2. Januar 2019 von *The New York Times:* https://www.nytimes. com/2018/07/16/opinion/trump-putin-russia-cybercrime.html?mkt_tok=eyJpIjoiTVdRNFkyWTNZV0ppWldFMCIsInQiOiJOaWJNMFVvTnlwQlkzMFVR-VXlobk9yWDRUNWtcL0ZyU2FOWTZDbmZmQ0M5dDdTNXFzcGVqTzByBUG-9pc1dUT0RVU0k5b1ZcL0FcL1NGbkhmTUdXcE5mVjZuZQkdSTUdBZ05vT

Carvin, S. & Williams, M. (2015): *Law, Science and Liberalism and the American Way of Warfare.* Cambridge: Cambridge University Press.

CDU, CSU & SPD (7. Februar 2018): »Koalitionsvertrag zwischen CDU, CSU und SPD«, abgerufen am 31. Oktober 2018 von *Die Bundesregierung:* https://www.bundesregierung.de/breg-de/themen/koalitionsvertrag-zwischen-cdu-csu-und-spd-195906

Central Intelligence Agency (28. Februar 2019): »CIA World Factbook«, abgerufen am 5. März 2019 von *Central Intelligence Agency:* https://www.cia.gov/library/publications/resources/the-world-factbook/geos/rs.html

Chesney, R. (17. Oktober 2018): »How Realistic Fake Video Threatens Democracies«, abgerufen am 8. Februar 2019 von *Defense One:* https://www.defenseone.com/threats/2018/10/how-deep-fakes-threaten-democracies/152093/

Chomsky, N. (2016): *Profit Over People. War Against People.* 8. Auflage. München/Berlin: Piper.

CNN Wlre Staff (29. September 2011): »Man, 26, charged in plot to bomb Pentagon using model airplane«, abgerufen am 24. Oktober 2018 von *CNN:* https://edition.cnn.com/2011/09/28/us/massachusetts-pentagon-plot-arrest/

Coats, D. (13. Juli 2018): *Dialogues on American Foreign Policy and World Affairs: Director of National Intelligence Dan Coats and Walter Russell Mead.* Washington, D.C.:

Hudson Institut; abgerufen am 27. Juli 2018 von https://www.hudson.org/research
/14456-full-transcript-dialogues-on-american-foreign-policy-and-world-affairs-di-
rector-of-national-intelligence-dan-coats-and-walter-russell-mead

Coats, D. (29. Januar 2019): »Worldwide Threat Assessment of The Intelligence Community«, abgerufen am 7. Februar 2019 von *US Senate Select Committee on Intelligence:*
https://www.intelligence.senate.gov/sites/default/files/documents/os-dcoats-012919.
pdf

Coldewey, D. & Hatmaker, T. (11. November 2017): »Here are the Russian ads that
deceived users on Facebook and Instagram«, abgerufen am 26. September 2018 von
TechCrunch: https://techcrunch.com/gallery/here-are-15-of-the-russian-bought-ads-
aimed-at-influencing-the-election/slide/9/

Das, K., & Spicer, J. (21. Juli 2016). »How the New York Fed fumbled over the Bangla-
desh Bank cyber-heist«, abgerufen am 15. Februar 2019 von *Thomson Reuters:* https:
//www.reuters.com/investigates/special-report/cyber-heist-federal/

Defense One Radio (21. September 2018): »Episode 21: How to Kill a Drone«, abgerufen
am 10. November 2018 von *Defense One Radio:* https://www.defenseone.com/
ideas/2018/09/ep-21-how-kill-drone-toward-smarter-cheaper-us-presence-middle-
east-and-more/151468/?oref=d-channelriver

DeGeurin, M. (13. Juli 2018): »Russia's Alternate Internet«, abgerufen am 9. August 2018
von *SelectAll by New York Media:* http://nymag.com/selectall/2018/07/russia-dns-al-
ternative-internet-could-yield-cyberattack.html?mkt_tok=eyJpIjoiTVdRNFkyWT-
NZV0ppWldFMCIsInQiOiJOaWJNMFVvTnlwQlkzMFVRVXlobk9yWDRUNWt-
cL0ZyU2FOWTZDbmZmQ0M5dDdTNXFzcGVqTzByUG9pc1dU0RVU0k5b1Z-
cL0FcL1NGbkhmTUdXcE5

Department of Defense (21. November 2012): »Directive 3000.9«, abgerufen am 30. Oktober 2018 von *Executive Services Directorate:* www.esd.whs.mil/Portals/54/Docu-
ments/DD/issuances/dodd/300009p.pdf

Department of Defense (12. Februar 2019): »Summary of the 2018 Department of Defense Artificial Intelligence Strategy: Harnessing AI to Advance Our Security and
Prosperity«, abgerufen am 13. Februar 2019 von *media.defense.gov:* https://media.
defense.gov/2019/Feb/12/2002088963/-1/-1/1/SUMMARY-OF-DOD-AI-STRA-
TEGY.PDF

Dillet, R. (26. Juli 2018): »Facebook officially loses $123 billion in value«, abgerufen am
26. Juli 2018 von *TechCrunch:* https://techcrunch.com/2018/07/26/facebook-official-
ly-loses-123-billion-in-value/?utm_medium=TCnewsletter

Dörr, D. & Natt, A. (2014): »Suchmaschinen und Meinungsvielfalt – Ein Beitrag zum
Einfluss von Suchmaschinen auf die demokratische Willensbildung«, in: *ZUM-Zeit-
schrift für Urheber- und Medienrecht.* Baden-Baden: Nomos, S. 829–853.

Dörr, O. (15. Oktober 2004): »Gewalt und Gewaltverbot im modernen Völkerrecht«,
abgerufen am 6. Dezember 2018 von *Bundeszentrale für politische Bildung:* http://

www.bpb.de/apuz/28036/gewalt-und-gewaltverbot-im-modernen-voelker-recht?p=all

Drevstad, C. (27. September 2012): »TAURUS KEPD 350. The Modular Stand-off Missile for Precision Strike against HDBT«, abgerufen am 30. Oktober 2018 von *Wikimedia Toolforge:* https://tools.wmflabs.org/giftbot/deref.fcgi?url=http%3A%2F%2F-www.dtic.mil%2Fndia%2F2008psa_apr%2Fdrevstad.pdf

Eberlein, S. [Regisseur] (2018): *Stadt in Angst* [Kinofilm]. München: ARD; abgerufen am 15. August 2018 von *ARD:* https://www.ardmediathek.de/tv/DoX-Der-Dokumentarfilm-im-BR/M%C3%BCnchen-Stadt-in-Angst/BR-Fernsehen/Video?bcastId=24831852&documentId=54155602

Eichmeier, R. (2018): »Maschinerie der NS-Propaganda Lug im ›Dritten Reich‹«. München: Bayerischer Rundfunk, BR2 radioWissen; abgerufen am 20. August 2018 von *BR:* https://www.br.de/mediathek/podcast/radiowissen/ns-propagandamaschinerie-lug-im-dritten-reich/1029719

Emmott, R. & Wroughton, L. (8. Juli 2018): »Transatlantic ties hang in the balance as Trump comes to Europe«, abgerufen am 11. Juli 2018 von *Reuters:* https://www.reuters.com/article/us-usa-trump-europe/transatlantic-ties-hang-in-the-balance-as-trump-comes-to-europe-idUSKBN1JY059?mkt_tok=eyJpIjoiTURFd01XTmppNak13Tm1SaCISInQiOiJOTGRKQ3NuV2lZdkVBSmd2Rk5Td01sV2VTeVUZ4OUZDM-0wrdlFcL242dEtQRGhOVWMzcCtlSHhqRHVVMe

Federal Aviation Association (24. März 2016): »FAA Releases 2016 to 2036 Aerospace Forecast«, abgerufen am 24. Oktober 2018 von *FAA:* https://www.faa.gov/news/updates/?newsId=85227

Feinberg, A. (11. Januar 2018): »Exclusive: Here Is A Draft Of Trump's Nuclear Review. He Wants A Lot More Nukes«, abgerufen am 28. Juli 2018 von *Huffington Post:* https://www.huffingtonpost.com/entry/trump-nuclear-posture-review-2018_us_5a-4d4773e4b06d1621bce4c5

Ferguson, N. (2018): *Türme und Plätze.* Berlin: Propyläen.

Foltz, A. C. (2012): »Stuxnet, Schmitt Analysis, and the Cyber ›Use-of-Force‹ Debate«, abgerufen am 6. Dezember 2018 von *National Defense University Press:* http://ndupress.ndu.edu/Portals/68/Documents/jfq/jfq-67/JFQ-67_40-48_Foltz.pdf

Fredericks, B. (28. Juli 2018): »Trump will campaign ›6 or 7‹ days a week for GOP candidates«, abgerufen am 20. August 2018 von *New York Post:* https://nypost.com/2018/07/27/trump-will-campaign-6-or-7-days-a-week-for-gop-candidates/

G20 (17./18. März 2017): »G20 Finance Ministers and Central Bank Governors Meeting – Communiqué«, abgerufen am 27. Juli 2018 von *Carnegie Endowment:* http://carnegieendowment.org/files/g20-communique.pdf

Gabriel, M. (2015): *Ich ist nicht Gehirn.* Berlin: Ullstein.

Gabriel, M. (2018): *Der Sinn des Denkens.* Berlin: Ullstein.

Gabriel, S. (17. Februar 2018). »Rede von Außenminister Sigmar Gabriel bei der Münchner Sicherheitskonferenz«, abgerufen am 8. Juni 2018 von *Auswärtiges Amt*: https://www.auswaertiges-amt.de/de/newsroom/rede-muenchner-sicherheitskonferenz/1599848

Galeotti, M. (12. September 2014): »Wie weit wird er gehen?«, abgerufen am 14. Februar 2019 von *The European*: https://www.theeuropean.de/mark-galeotti--3/8984-putins-taktik-gegen-den-westen

Garamone, J. (26. Juni 2018): »Defense Intelligence Agency Bringing Forewarning into 21st Century«, abgerufen am 19. August 2018 von *U.S. Department of Defense*: https://www.defense.gov/News/Article/Article/1560813/defense-intelligence-agency-bringing-forewarning-into-21st-century/

Geiß, R. (2014): »Lethal Autonomous Weapon Systems. Technology, Definition, Ethics, Law & Security«, in: *Lethal Autonomous Weapon Systems. Technology, Definition, Ethics, Law and Security*. Berlin: Federal Foreign Office, S. 2–4.

Geiß, R. (Juni 2015): »Die völkerrechtliche Dimension autonomer Waffensysteme«, abgerufen am 5. Oktober 2018 von *Friedrich Ebert Stiftung*: library.fes.de/pdf-files/id/ipa/11444-20150619.pdf

General (Ret.d) Allan, J., General (Ret.d) Breedlove, P., Lindley-French, J. & Admiral (Ret.d) Zambellas, G. (2017): *Future War NATO? From Hybrid War to Hyper War via Cyber War*. Bratislava: Globsec.

Gerasimov, V. (27. Februar 2013): »The Value of Science in Prediction«, in: *Military-Industrial Kurier*, Nr. 8 (476), S. 2–3; abgerufen am 6. Juni 2018 von http://vpk-news.ru/sites/default/files/pdf/VPK_08_476.pdf

Giacca, G. (2014): »Legal Review of New Weapons, Means and Methods of Warfare«, in: *Lethal Autonomous Weapon Systems. Technology, Definition, Ethics, Law and Security*. Berlin: Federal Foreign Office, S. 119–127.

Google Books Ngram Viewer (24. September 2018): »subversion, subversive«, abgerufen am 24. September 2018 von *Google Books Ngram Viewer*: https://books.google.com/ngrams/graph?content=subversion%2Csubversive&case_insensitive=on&year_start=1800&year_end=2008&corpus=20&smoothing=3&share=&direct_url=t4%3B%2Csubversion%3B%2Cc0%3B%2Cs0%3B%3BSubversion%3B%2Cc0%3B%3Bsubversion%3B%2Cc0%3B.t4%3B%2Cs

Gray, C. S. (2015): *The Future of Strategy*. Malden, MA: Polity Press.

Guardian staff and agencies (19. Juli 2018): »›Very aggressive‹: Trump suggests Montenegro could cause world war three«, abgerufen am 28. Juli 2018 von *The Guardian*: https://www.theguardian.com/us-news/2018/jul/19/very-aggressive-trump-suggests-montenegro-could-cause-world-war-three

Hamilton, A. (17. Oktober 1787): »The Federalist Papers. The Federalist 1«, abgerufen am 27. August 2018 von *American History*: http://www.let.rug.nl/usa/documents/1786-1800/the-federalist-papers/the-federalist-1.php

Harari, Y. N. (2017): *Homo Deus*. München: C.H. Beck.

Hayden, M. V. (2018): *The Assault on Intelligence. American National Security in an Age of Lies*. New York, NY: Penguin Press.

Hellestveit, C. (2014): »Accountability for Lethal Autonomous Weapon Systems under International Humanitarian Law«, in: *Lethal Autonomous Weapon Systems. Technology, Definition, Ethics, Law and Security*. Berlin: Federal Foreign Office, S. 135–147.

Hofstetter, Y. (2016): *Das Ende der Demokratie*. München: C. Bertelsmann.

Horn, E. (September 2008): »Schweigen, Lügen, Schwätzen. Eine kurze Geschichte der politischen Unwahrheit«, hrsg. v. U. van Loyen & M. Neumann, in: *Tumult Nr. 34: Unter uns – Strategien der Diskretion*, S. 112–122; abgerufen am 29. August 2018 von https://germanistik.univie.ac.at/fileadmin/user_upload/inst_germanistik/Wiss_Arbeiten/Horn/Schweigen__L%C3%BCgen__Schw%C3%A4tzen.pdf

Horowitz, M. C., Allen, G. C., Kania, E. B. & Scharre, P. (2018): »Strategic Competition in an Era of Artificial Intelligence«, abgerufen am 4. August 2018 von *Center For A New American Security*: https://www.cnas.org/publications/reports/strategic-competition-in-an-era-of-artificial-intelligence

Horseman, J. (8. Juli 2016): »Claims of tampering with state's online voter registration«, abgerufen am 20. Juni 2018 von *Record Bee Community News*: http://www.record-bee.com/article/NQ/20160708/NEWS/160709894

Inglehart, R. F. & Norris, P. (August 2016): *Trump, Brexit, and the Rise of Populism*. Cambridge, MA: Harvard Kennedy School.

Inozemtsev, V. (März/April 2018): »Der russische Kreisel«, in: *Internationale Politik*, Nr. 2, 73. Jahr, S. 50–57.

International Group of Experts at the Invitation of the NATO Cooperative Cyber Defence Centre of Excellence (2017): *Tallinn Manual 2.0 on the International Law Applicable to Cyber Operations*. Cambridge: Cambridge University Press.

International Monetary Fund (Oktober 2018): »Inflation rate, average consumer prices«, abgerufen am 24. Oktober 2018 von *IMF*: https://www.imf.org/external/datamapper/PCPIPCH@WEO/WEOWORLD/VEN

Ischinger, W. (12. Dezember 2017): Vortrag im Bayerischen Hof, München: Zukunftsfragen deutscher und europäischer Sicherheitspolitik.

Ischinger, W. (22. Mai 2018): Interview mit Wolfgang Ischinger. (Y. Hofstetter, Interviewer)

Ischinger, W. (2018): *Welt in Gefahr*. Berlin: Econ.

Kalmanovitz, P. (2014): »Lethal Autonomous Weapon Systems and the Risk of ›Riskless Warfare‹«, in: *Lethal Autonomous Weapon Systems. Technology, Definition, Ethics, Law and Security*. Berlin: Federal Foreign Office, S. 184–195.

Kilcullen, D. (2015): *Out of The Mountains. The Coming Age of The Urban Guerilla*. London: C. Hurst & Co. (Publishers) Ltd.

Kissinger, H. (15. Mai 2018): »How the Enlightenment Ends«, abgerufen am 5. Septem-

ber 2018 von *The Atlantic*: https://www.theatlantic.com/magazine/archive/2018/06/
henry-kissinger-ai-could-mean-the-end-of-human-history/559124/

Kobek, J. (2016): *Ich hasse dieses Internet*. Frankfurt am Main: S. Fischer.

Koch, M., & Riedel, D. (6. Juni 2018):»Germany could dispatch armed forces in res-
ponse to cyberattacks«, abgerufen am 31. Februar 2019 von *Handelsblatt*: https://
www.handelsblatt.com/today/politics/hacker-soldiers-germany-could-dispatch-
armed-forces-in-response-to-cyberattacks/23582348.html?mkt_tok=eyJpIjoiWm-
1JMlkySXhPV0UwWlRKaSIsInQiOiJxNkwzekcwSWxCeGVKS0hcL2ZwOUZ-
KR21ZWDgxZWdRaE9vdWRUTEtZV09sMHpSdWlrOGFKM

Koch, W. (2018): *Künstliche Intelligenz? Die Algorithmenwelt und menschliche Verantwortung*. Bonn: Fraunhofer-Institut für Kommunikation, Informationsverarbeitung
und Ergonomie FKIE.

Koch, W. (30. August 2018). E-Mail an die Autorin.

Koch, W. (5. September 2018): *On Detecting Radiological Bombs With Potential Applications to Field Camp and Soldier Protection*. Bonn: Fraunhofer-Institut für Kommunikation, Informationsverarbeitung und Ergonomie FKIE.

Koch, W. (2019): *Menschliche Verantwortung als Leitgedanke für technisches Design bei
FCAS. Draft V0.3*. Bonn: Fraunhofer-Institut für Kommunikation, Informationsverarbeitung und Ergonomie FKIE.

Kovacs, E. (16. Februar 2018):»U.S., Canada, Australia Attribute NotPetya Attack to
Russia«, abgerufen am 26. Juli 2018 von *Securityweek*: https://www.securityweek.
com/us-canada-australia-attribute-notpetya-attack-russia

Langner, A. (1969):»Philosophie und Politik bei Karl Jaspers«, in: *Jahrbuch für Christli-
che Sozialwissenschaften*, CSW 10 (1969), S. 273–299; abgerufen am 29. August 2018
von https://www.uni-muenster.de/Ejournals/index.php/jcsw/article/view/900/847

Lepault, S. & Franklin, R. (18. Dezember 2018): *Die Welt des Xi Jinping*, abgerufen am
26. Dezember 2018 von *ARTE*: https://www.arte.tv/de/videos/078193-000-A/die-
welt-des-xi-jinping/

Lobe, A. (31. Juli 2018):»Die Gesellschaft der Metadaten«, abgerufen am 19. August
2018 von *Süddeutsche Zeitung*: https://www.sueddeutsche.de/digital/philosophie-
die-gesellschaft-der-metadaten-1.4070474

Lockie, A. (11. Januar 2019):»China sets the stage for a ›bloody nose‹ attack on US
aircraft carriers, but it would backfire horribly«, abgerufen am 12. Februar 2019 von
Business Insider Deutschland: https://www.businessinsider.de/chinas-threats-to-at-
tack-us-aircraft-carriers-would-backfire-horribly-2019-1?r=US&IR=T

Luhman, N. (1994). Interview, abgerufen am 10. Juni 2018 von *Fifo Ost*: http://www.fi-
foost.org/?p=904

Maaßen, H.-G. (14. Mai 2018). Interview mit Hans-Georg Maaßen. (Y. Hofstetter, Interviewer)

Maaßen, H.-G. (21. Dezember 2018). E-Mail an die Autorin.

Mansholt, M. (28. Februar 2018): »APT28 – das sind die Hacker hinter dem Angriff auf das Bundesnetzwerk«, abgerufen am 27. Juli 2018 von *Stern:* https://www.stern.de/digital/online/apt28---das-sind-die-hacker-hinter-dem-angriff-auf-das-bundesnetz-werk-7881400.html

Martínez, A. G. (2016): *Chaos Monkeys. Obscene Fortune and Random Failure in Silicon Valley.* New York, N.Y.: HarperCollins.

Maurer, T. (2018): *Cyber Mercenaries.* Cambridge: Cambridge University Press.

Maurer, T., Levite, A. & Perkovich, G. (27. März 2017): »Toward a Global Norm Against Manipulating the Integrity of Financial Data«, abgerufen am 27. Juli 2018 von *Carnegie Endowment for International Peace:* http://carnegieendowment.org/2017/03/27/toward-global-norm-against-manipulating-integrity-of-financial-data-pub-68403

Mayer-Kuckuk, F. (Juli/August 2018): »KI für Xi«, in: *Internationale Politik,* Nr. 4, 73. Jahr, S. 36–39.

McKinsey&Company (kein Datum): »Real-World AI«, abgerufen am 5. Oktober 2018 von *McKinsey&Company:* https://www.mckinsey.com/featured-insights/artificial-intelligence/five-fifty-real-world-ai?cid=other-eml-alt-mkq-mck-oth-1806&hlkid=ea15729fca644854ab83bee7b1ce84aa&hctky=9214885&hdpid=c6a15a76-825b-42e9-ae81-731a83b89db5

McLuhan, H. M. (1970): *Culture is our Business.* Eugene, OR: Wipf and Stock.

Meadows, D. (12. September 2017): Presentation to the Club of Vienna.

Menzel, U. (2015): *Die Ordnung der Welt.* Berlin: Suhrkamp.

Menzel, U. (7. März 2018). Interview mit Ulrich Menzel. (Y. Hofstetter, Interviewer)

Menzel, U. (Juni 2018): »Die neue eurasische Weltordnung«, in: *Blätter für deutsche und internationale Politik,* 6/18, S. 49-60.

Mills, C. W. (1956): *The Power Elite.* Oxford: Oxford University Press.

Ministry of Defence (2018). *Joint Concept Note 1/18: Human-Machine Teaming.* London: Ministry of Defence.

Mortensen, D. R. (20. Juni 2017): »Using AI to program humans to behave better«, abgerufen am 26. Dezember 2017 von *LinkedIn:* https://www.linkedin.com/pulse/using-ai-program-humans-behave-better-dennis-r-mortensen/?trk=eml-email_feed_ecosystem_digest_01-hero-0-null&midToken=AQE2Xrxn6jNXEw&fromEmail=fromEmail&ut=3xzMM1-m4Hl8g1

Münkler, H. (2004): *Die neuen Kriege.* Berlin: Rowohlt.

Münkler, H. (2015): »Hybrid Wars. The Dissolution of the Binary Order of War and Peace, and Its Consequences«, in: *Ethics and Armed Forces,* Nr. 2, S. 20–23; abgerufen am 24. November 2018 von http://www.ethikundmilitaer.de/fileadmin/inhalt/medizinethik/Hybrid_Warfare-Enemies_at_a_Loss_2015-2.pdf

NASA (11. Juni 2014): »Sun Emits 3 X-class Flares in 2 Days«, abgerufen am 10. November 2018 von *NASA:* https://www.nasa.gov/content/goddard/sun-emits-3-x-class-flares-in-2-days/

NATO (5. September 2014): »Wales Summit Declaration«, abgerufen am 26. November 2018 von *NATO:* https://www.nato.int/cps/en/natohq/official_texts_112964.htm

Newman, N., Fletcher, R., Kalogeropoulos, A., Levy, D. A. & Nielsen, R. K. (2018): *Reuters Institute Digital News Report 2018*. Oxford: University of Oxford; Reuters Institute for the Study of Journalism; abgerufen am 9. September 2018 von http://media. digitalnewsreport.org/wp-content/uploads/2018/06/digital-news-report-2018. pdf?x89475

Nichols, T. M. (2017): *The Death of Expertise*. New York, N.Y.: Oxford University Press.

Nolte, G. (2018): »Recht in Kriegen – Herfried Münkler als Herausforderung«, in: G. Straßenberger & F. Wassermann (Hrsg.), *Staatserzählungen*. Berlin: Rowohlt, S. 110–126.

Office of the Director of National Intelligence (6. Januar 2017): »Background to ›Assessing Russian Activities and Intentions in Recent US Elections‹: The Analytic Process and Cyber Incident Attribution«, abgerufen am 22. September 2018 von *Office of the Director of National Intelligence:* https://www.dni.gov/files/documents/ICA_2017_01. pdf

Office of the Secretary of Defense (Februar 2018): »Nuclear Posture Review«, abgerufen am 24. November 2018 von *U.S. Department of Defense:* https://dod.defense.gov/ News/SpecialReports/2018NuclearPostureReview.aspx

Panetta, L. E. (11. Oktober 2012): »Remarks by Secretary Panetta on Cybersecurity to the Business Executives for National Security«, abgerufen am 20. November 2018 von *U.S. Department of Defense:* http://archive.defense.gov/transcripts/transcript. aspx?transcriptid=5136

Paquette, E. (9. Juni 2015): »Piratage de TV5 Monde: l'enquête s'oriente vers la piste russe«, abgerufen am 27. Juli 2018 von *L'Express:* https://www.lexpress.fr/actualite/ medias/piratage-de-tv5-monde-la-piste-russe_1687673.html

Patrıkarakos, D. (2017): *War in 140 Characters*. New York, NY: Basic Books.

Pearson, R. (2017): *Advanced Technologies for Collective Defence within NATO*. Wimborne Minster, Dorset: Cobham plc.

Perkins, J. (2016): *Bekenntnisse eines Economic Hit Man. Unterwegs im Dienst der Wirtschaftsmafia*. München: Goldmann.

Polizei Bayern (17. März 2017): »Ermittlungen zum Münchner Amoklauf abgeschlossen«, abgerufen am 27. August 2018 von *Polizei Bayern Landeskriminalamt:* http:// archive.is/wiHMz#selection-1149.0-1149.48

Pompeo, M. (4. Dezember 2018): »Restoring the Role of the Nation-State in the Liberal International Order«, abgerufen am 5. März 2019 von *US Department of State:* https://www.state.gov/secretary/remarks/2018/12/287770.htm

Prisching, M. (2017): »Soziologie der kollektiven Ängste«, in: *Theologisch-praktische Quartalsschrift* (4), Regensburg: Verlag Friedrich Pustet, S. 339–347.

Prose, F. (15. Mai 2015): »Writing From a War Zone Doesn't Make You Anne Frank«, abgerufen am 18. August 2018 von *Foreign Policy:* https://foreignpolicy.com/2015/05/15/writing-from-a-war-zone-doesnt-make-you-anne-frank-girl-emulated-farah-baker-zlata-filipovic/

Reid, D. (11. Februar 2019): »UK to send new aircraft carrier loaded with F35 jets into South China Sea«, abgerufen am 12. Februar 2019 von *CNBC.com:* https://www.cnbc.com/2019/02/11/uk-to-send-new-aircraft-carrier-loaded-with-f35-jets-into-south-china-sea.html

Rickli, J.-M. (24. März 2018). Interview mit Jean-Marc Rickli. (Y. Hofstetter, Interviewer)

Rickli, J.-M. & Krieg, A. (2018): »Surrogate warfare: the art of war in the 21st century?«, in: *Defence Studies,* 18/2, S. 113–130. doi:10.1080/14702436.2018.1429218

Rid, T. (2018): *Mythos Cyberwar – Über digitale Spionage, Sabotage oder andere Gefahren.* Hamburg: Edition Körber.

Ries, T., Bersoff, D., Armstrong, C., Adkins, S. & Bruening, J. (2018): »2018 Edelman Trust Barometer: Global Report«, abgerufen am 28. September 2018 von *Edelman:* https://www.edelman.com/trust-barometer

Roosevelt, T. (1924): *Literary Essays.* Bd. 14, hrsg. v. T. R. Association, New York: Charles Scribner's Sons; abgerufen am 22. September 2018 von www.theodore-roosevelt.com/images/research/worksoftheodoreroosevelt/TRMEMORIALWORKS14.pdf

Sainato, M. (14. Juli 2016): »California Calls Fraud: Demands DNC Investigation«, abgerufen am 19. Juni 2018 von *Observer:* http://observer.com/2016/07/california-calls-fraud-demands-dnc-investigation/

Salisbury, P. (20. Oktober 2017): »The fake-news hack that nearly started a war this summer was designed for one man: Donald Trump«, abgerufen am 8. August 2018 von *Quartz:* https://qz.com/1107023/the-inside-story-of-the-hack-that-nearly-started-another-middle-east-war/

Sanger, D. (2018): *The Perfect Weapon.* London: Scribe.

Sauer, F. (2018): *Künstliche Intelligenz in den Streitkräften: Zum Handlungsbedarf bei Autonomie in Waffensystemen.* Arbeitspapier Sicherheitspolitik, Nr. 26, Berlin: Bundesakademie für Sicherheitspolitik.

Schäffle, A. (1897): »Über den wissenschaftlichen Begriff der Politik«, hrsg. v. A. Schäffle, in: *Zeitschrift für die gesamte Staatswissenschaft,* 53 (4), S. 579–600; abgerufen am 12. Juni 2018 von https://www.digizeitschriften.de/dms/img/?PID=GDZPPN001726501&physid=phys615#navi

Schmidt, M. S. (13. Juli 2018): »Trump Invited the Russians to Hack Clinton. Were They Listening?«, abgerufen am 25. Juli 2018 von *The New York Times:* https://www.nytimes.com/2018/07/13/us/politics/trump-russia-clinton-emails.html

Scholz, R. (16. Oktober 2018). Aus einer E-Mail an die Autorin.

Scola, N., & Gold, A. (4. September 2018): »Twitter says Trump not immune from getting kicked off«, abgerufen am 8. Februar 2019 von *Politico:* https://www.politico.eu/article/donald-trump-twitter-not-immune-from-getting-kicked-off/

Scott, C. P. (1921): *History of the Guardian and The Observer.* Manchester: Guardian.

Sepulvado, J. (21. Juli 2017):»DA: Hackers Penetrated Voter Registrations in 2016 Through State's Election Site«, abgerufen am 19. Juni 2018 von *KQED:* https://www.kqed.org/news/11579541/hackers-penetrated-voter-registrations-in-2016-through-states-election-site

Siegele, L. (Juli/August 2018):»Eine Frage der Zeit«, in: *Internationale Politik,* Nr. 4, 73. Jahr, S. 8–13.

Silver, A. (30. November 2018):»China set to launch first-ever spacecraft to the far side of the Moon«, abgerufen am 5. Januar 2019 von *Nature:* https://www.nature.com/articles/d41586-018-07562-z

Simms, B. & Laderman, C. (2017): *Wir hätten gewarnt sein können: Donald Trumps Sicht auf die Welt.* Bonn/München: Deutsche Verlags-Anstalt.

Singer, P. W. & Brooking, E. T. (2018): *LikeWar: The Weaponization of Social Media.* Boston MA: Houghton Mifflin Harcourt.

Smith, B. (14. Mai 2017):»The need for urgent collective action to keep people safe on-line: Lessons from last week's cyberattack«, abgerufen am 28. Mai 2018 von *Microsoft:* https://blogs.microsoft.com/on-the-issues/2017/05/14/need-urgent-collective-action-keep-people-safe-online-lessons-last-weeks-cyberattack/#sm.00000xl4qc-z818edarjiw7w28w6qj

Smith, R. (23. Juli 2018):»Russian Hackers Reach U.S. Utility Control Rooms, Homeland Security Officials Say«, abgerufen am 27. Juli 2018 von *Wall Street Journal:* https://www.wsj.com/articles/russian-hackers-reach-u-s-utility-control-rooms-homeland-security-officials-say-1532388110?emailToken=f9a3eb74337e39394377173dacbbc68e4V/69O5n6wC3K9wgMxw4IuAL+6Ce1fUkotu3Dlz/SlO9kdm+AcrT-ba4sqleBWXpGRBmAu2c8MDZAC4Jf5enBPLZm2wdU

Snowden, E. (17. März 2018):»@Snowden«, abgerufen am 27. August 2018 von *Twitter* @*Snowden:* https://twitter.com/snowden/status/975147858096742405?lang=de

Snyder, T. (kein Datum):»Timothy Snyder«, abgerufen am 10. September 2018 von *Goodreads:* https://www.goodreads.com/quotes/8068974-believe-in-truth-to-abandon-facts- is-to-abandon-freedom

Snyder, T. (2017): *Über Tyrannei.* München: C.H. Beck.

Sokolov, D. A. (20. Dezember 2018):»Irreführung beim Datenschutz: Washington verklagt Facebook«, abgerufen am 22. Dezember 2018 von *Heise:* https://www.heise.de/newsticker/meldung/Irrefuehrung-beim-Datenschutz-Washington-verklagt-Facebook-4257054.html

Sottek, T. C. (26. September 2016):»Transcript: Here are words Trump just used to talk about ›the cyber‹«, abgerufen am 23. Juli 2018 von *The Verge:* https://www.theverge.com/2016/9/26/13068578/transcript-here-are-words-trump-just-used-to-talk-about-the-cyber

Specia, M. (16. Mai 2018):»E.U. Official Takes Donald Trump to Task: ›With Friends

Like That‹ ...«, abgerufen am 11. Juli 2018 von *New York Times:* https://www.nytimes.com/2018/05/16/world/europe/europe-donald-tusk-tweet-trump.html

Stangl, W. (2011): »Massenpanik – Massenhysterie«, abgerufen am 15. August 2018 von *Werner Stangls Psychologie News:* http://psychologie-news.stangl.eu/1247/massenpanik-massenhysterie

Stanton, C. (28. Januar 2019): »How Should Countries Tackle Deepfakes?«, abgerufen am 8. Februar 2019 von *Carnegie Endowment For International Peace:* https://carnegieendowment.org/2019/01/28/how-should-countries-tackle-deepfakes-pub-78221?utm_source=ctw&utm_medium=email&utm_content=buttonlink&mkt_tok=eyJpIjoiTlRZM01USXlOakExTlRndyIsInQiOiJNY1hhXC9wMlcyWE5QRlMwa3EzS1MwSG5UNUVLVERrV2loNXN2QzlzWnI2NzVwaTh

Starks, T. (21. Juli 2017): »Top White House official talks Cyber Command, international engagement, more«, abgerufen am 22. Juni 2018 von *Politico:* https://www.politico.com/tipsheets/morning-cybersecurity/2017/07/21/top-white-house-officialtalks-cyber-command-international-engagement-more-221454

Steiner, E. (9. Juli 2018): »Enttäuscht von Europa wendet sich Russland nach China«, abgerufen am 5. März 2019 von *Welt:* https://www.welt.de/wirtschaft/article179007162/WegenEU-Sanktionen-Russland-wirbt-um-Investitionen-aus-China.html

Stewart, P. (5. Juni 2018): »Deep in the Pentagon, a secret AI program to find hidden nuclear missiles«, abgerufen am 17. Oktober 2018 von *Reuters:* https://www.reuters.com/article/us-usa-pentagon-missiles-ai-insight/deep-in-the-pentagon-a-secret-aiprogram-to-find-hidden-nuclear-missiles-idUSKCN1J114J

Stocker, F. (16. Januar 2019): »Der Dollar verspielt seinen Status als ›sicherer Hafen‹«, abgerufen am 7. Februar 2019 von *Welt:* https://www.welt.de/finanzen/article187130552/US-Dollar-Warum-die-Waehrung-kein-sicherer-Hafen-mehr-ist.html

Stockholmer Internationales Friedensforschungsinstitut SIPRI (2018): *SIPRI Yearbook 2018.* Abgerufen am 4. März 2019 von *SIPRI:* https://www.sipri.org/yearbook/2018

Swan, J. (16. Januar 2019): »Trump's strategic planning inspiration: Mike Tyson«, abgerufen am 16. Januar 2019 von *Axios:* https://www.axios.com/donald-trump-miketyson-planning-strategy-bc799c7f-d1f2-432e-96e9-9e87d08a01ef.html

Swan, J. & McCammond, A. (3. Februar 2019): »Why Trump swears off planning«, abgerufen am 7. Februar 2019 von *Axios:* https://www.axios.com/donald-trump-whitehouse-meeting-preparation-eee8f937-a45d-499d-b322-acde6b50268c.html

Tanriverdi, H. (5. Oktober 2018): »Wie moderne Gesellschaften in den Cyberkrieg abdriften«, abgerufen am 24. November 2018 von *Süddeutsche Zeitung:* https://www.sueddeutsche.de/digital/buch-rezension-zu-cyberwar-wie-moderne-gesellschaften-in-den-cyberkrieg-abdriften-1.4155704

Tett, G. (1. Juli 2016): »Why we no longer trust the experts«, abgerufen am 28. August 2018 von *The Irish Times:* https://www.irishtimes.com/opinion/gillian-tett-why-weno-longer-trust-the-experts-1.2706715

The Economist (29. November 2018): »Russia has emerged as an agricultural power-house«, abgerufen am 5. Januar 2019 von *The Economist:* https://www.economist.com/business/2018/12/01/russia-has-emerged-as-an-agricultural-powerhouse

The New York Times (16. Februar 2018): »Read the Special Counsel's Indictment Against the Internet Research Agency and Others«, abgerufen am 24. Juli 2018 von *The New York Times:* https://www.nytimes.com/interactive/2018/02/16/us/politics/document-The-Special-Counsel-s-Indictment-of-the-Internet.html

Theuretsbacher, W. (12. Juni 2014): »Flugsicherung: Protokoll zweier Störangriffe«, abgerufen am 10. November 2018 von *Kurier:* https://kurier.at/chronik/oesterreich/flugsicherung-protokoll-zweier-stoerangriffe/70.083.561

Thomas, T. L. (2004): »Russia's Reflexive Control Theory and the Military«, in: *Journal of Slavic Military Studies,* 17, S. 237–256. doi:10.1080/13518040490450529

Trenin, D. (22. August 2017): »Looking out Five Years: Ideological, Geopolitical, and Economic Drivers of Russian Foreign Policy«, abgerufen am 14. Februar 2019 von *Carnegie Moscow Center:* https://carnegie.ru/commentary/72812

Trump, D. (2. September 1987): »An open letter from Donald J. Trump«, abgerufen am 20. August 2018 von *Factba.se:* https://factba.se/transcript/donald-trump-letter-foreign-policy-september-2-1987

Trump, D. (7. Oktober 2015): »Speech: Donald Trump in Waterloo, IA«, abgerufen am 26. Dezember 2018 von *Factba.se:* https://factba.se/transcript/donald-trump-speech-waterloo-ia-october-7-2015

Trump, D. (31. März 2016): »Interview: Donald Trump with Woodward«, abgerufen am 5. Oktober 2018 von *Factba.se:* https://factba.se/transcript/donald-trump-washing-tonpost-transcript-march-31-2016

Trump, D. (6. November 2016): »Speech: Donald Trump in Minneapolis, MN«, abgerufen am 20. August 2018 von *Factba.se:* https://factba.se/transcript/donald-trump-speech-minneapolis-mn-november-6-2016

Trump, D. (14. Juli 2018): »Interview: Jeff Glor Interviews Donald Trump in Scotland (Complete)«, abgerufen am 20. August 2018 von *Factba.se:* https://factba.se/transcript/donald-trump-jeff-glor-cbs-news-full-interview-july-14-2018

Trump, D. (31. Juli 2018): »Speech: Donald Trump Holds a Make America Great Again Rally in Tampa«, abgerufen am 20. August 2018 von *Factba.se:* https://factba.se/transcript/donald-trump-speech-maga-tampa-july-31-2018

Trump, D. (2. August 2018): »Speech: Donald Trump Holds a Political Rally in Wilkes-Barre, PA«, abgerufen am 20. August 2018 von *Factba.se:* https://factba.se/transcript/donald-trump-speech-maga-wilkes-barre-pa-august-2-2018

Trump, D. (19. Dezember 2018): »#realdonaldtrump«, abgerufen am 21. Dezember 2018 von *Twitter:* https://twitter.com/realdonaldtrump/status/1075721703421042688

Tucker, P. (29. Oktober 2014): »Major Cyber Attack Will Cause Significant Loss of Life By 2025, Experts Predict«, abgerufen am 27. November 2018 von *Defense One:*

https://www.defenseone.com/threats/2014/10/cyber-attack-will-cause-significant-loss- life-2025-experts-predict/97688/

Tucker, P. (20. April 2015): »NSA Chief: Rules of War Apply to Cyberwar, Too«, abgerufen am 28. Mai 2018 von *Defense One:* http://www.defenseone.com/technology/2015/04/nsa-chief-rules-war-apply-cyberwar-too/110572/

Tucker, P. (26. Oktober 2017): »How NATO Is Preparing to Fight Tomorrow's Information Wars«, abgerufen am 28. Juli 2018 von *Defense One:* https://www.defenseone.com/technology/2017/10/how-nato-preparing-fight-tomorrows-information-wars/142084/?oref=d1-related-article

Tucker, P. (19. Februar 2019): »You Have 19 Minutes to React If the Russians Hack Your Network«, abgerufen am 24. Februar 2019 von *Defense One:* https://www.defenseone.com/technology/2019/02/russian-hackers-work-several-times-faster-chinese-counterparts-new-data-shows/154952/?oref=defenseone_today_nl

United Nations Conference on Trade And Development (2018): *Review of Maritime Transport.* Genf: United Nations.

United States District Court (2017): *MalwareTechBlog Indictment.* Wisconsin: Eastern District of Wisconsin.

United States District Court (2018): *Indictment.* Columbia: Courts for the District of Columbia, abgerufen am 24. Juli 2018 von https://d3i6fh83elv35t.cloudfront.net/static/2018/07/Muellerindictment.pdf

United States District Court (Februar 2018): *Indictment.* Columbia: Courts for the District of Columbia.

University of Cambridge; DROG (kein Datum): »Bad News«, abgerufen am 8. Februar 2019 von *Get Bad News:* https://getbadnews.com/#intro

van Creveld, M. (2017): *More on War.* Oxford: Oxford University Press.

Vestner, T. (24. März 2018). Interview mit Tobias Vestner. (Y. Hofstetter, Interviewer)

von Clausewitz, C. (1832–34): *Vom Kriege* (Bd. II. Zweites Buch: Über die Theorie des Krieges. 3. Kapitel), hrsg. v. W. Hahlwe, Bonn: Dümmler; abgerufen am 28. Mai 2018 von https://www.clausewitz.com/readings/VomKriege1832/Book2.htm

Vosoughi, S., Roy, D. & Aral, S. (13. März 2018): »The spread of true and false news online«, in: *Science,* 359 (6380), S. 1146–1151. doi:10.1126/science.aap9559

Weigel, G. (2003): *Zeuge der Hoffnung.* Paderborn: Ferdinand Schöningh.

Weißes Haus (16. Juli 2018): »Remarks by President Trump and President Putin of the Russian Federation in Joint Press Conference«, abgerufen am 23. Juli 2018 von *Whitehouse:* https://www.whitehouse.gov/briefings-statements/remarks-president-trump-president-putin-russian-federation-joint-press-conference/

Welt (25. August 2018): »Dürfen Roboter über Menschenleben entscheiden?«, abgerufen am 1. November 2018 von *Welt:* https://www.welt.de/politik/ausland/article181301462/Autonome-Waffen-Duerfen-Roboter-ueber-Menschenleben-entscheiden.html

Westphalen, F. (April 1971): *Der Richter als Revolutionär.* Köln: Rheinischer Merkur.

Wike, R., Stokes, B., Poushter, J., Silver, L., Fetterolf, J. & Devlin, K. (1. Oktober 2018): »Trump's International Ratings Remain Low, Especially Among Key Allies«, abgerufen am 4. Oktober 2018 von *Pew Research Center:* http://www.pewglobal.org/2018/10/01/trumps-international-ratings-remain-low-especially-among-key- allies/

Wirtschaft.com (20. Juni 2018): »Maaßen: Russland für Hackerangriff auf Stromnetze verantwortlich«, abgerufen am 27. Juli 2018 von *Wirtschaft.com:* https://wirtschaft.com/maassen-russland-fuer-hackerangriff-auf-stromnetze-verantwortlich/

Woodward, B. (2018): *Fear.* New York, N.Y.: Simon and Schuster.

ZDF heute (11. Januar 2017): »Trump beschimpft Reporter«, abgerufen am 27. Januar 2017 von *ZDF:* http://www.heute.de/nach-der-pressekonferenz-donald-trump-und-die-medien-berichterstattung-aus-dem-weissen-haus-46304588.html

Zeit online (30. Oktober 2017): »US-Wahlkampf: Facebook zeigte 126 Millionen Nutzern russische Propaganda«, abgerufen am 26. September 2018 von *Zeit online:* https://www.zeit.de/politik/ausland/2017-10/us-wahlkampf-facebook-russland-polit-werbung-einflussnahme

Zeit online (18. März 2018): »Ermittlungen gegen Wahlkampfhelfer von Donald Trump«, abgerufen am 24. September 2018 von *Zeit online:* https://www.zeit.de/digital/datenschutz/2018-03/cambridge-analytica-ermittlungen-datenschutzverletzungen-us-wahlkampf

Zentralkomitee der Kommunistischen Partei Chinas (8. November 2013): »Document 9: A ChinaFile Translation«, abgerufen am 26. Dezember 2018 von *Chinafile:* http://www.chinafile.com/document-9-chinafile-translation

Zuboff, S. (2018): *Das Zeitalter des Überwachungskapitalismus.* Frankfurt/New York: Campus.